責任ある
科学技術ガバナンス
概論

標葉隆馬

ナカニシヤ出版

は じ め に

　現代社会は科学技術研究の成果から多くの恩恵を得ている。同時に、科学技術研究は人の社会的活動の一種である。それゆえに、科学技術研究という営みとその成果の活用は、時々の社会的・政治的・経済的状況から陰に陽にさまざまな影響を受けてしまうことになる。

　科学技術研究の社会における位置づけを考察するためには、さまざまな「知」を生み出すこの活動がどのような社会的基盤の上で行われているのか、先端的な「知」に対する人びとの関心にはどのようなものがあるのか、科学技術研究がどのような倫理的・法的・社会的課題（Ethical, Legal, and Social Issues: ELSI）と関わるのかといった問いと向き合うことが必要となる。

　本書が「科学技術と社会」という言葉を使用するのは、このような問いを背景としている。本書では、ここで「科学技術」と並べている「社会」という言葉を、科学技術研究（あるいは知識生産）が行われまたその成果が活用される社会環境、研究に関わる制度などの社会システム、関係する人びとの広く多様なコミュニティの総体を指すものとして使っている。そして本書は、このような「科学技術」と「社会」の間で生じる多様な関係性とその展開を、「科学技術と社会」と表現する。

　本書の目的は、「科学技術と社会」に関わるさまざまなテーマについて、これまでの研究蓄積に依拠しながら、その議論の現状と課題についてできる限りの説明を行い、検討することである。

本書の基本的視座——科学技術ガバナンスと「科学技術と社会」
　科学技術研究の実施またその成果が活用される際に生じる課題について、社会的判断を行うための仕組みあるいは具体的な制度設計を行う営みは「科学技術ガバナンス」と呼ばれている。城山英明はこの科学技術ガバナンスについて以下のように述べている。

i

科学技術は多様な社会的含意を持つ。〔……〕社会と科学技術との境界に
　　は、様々な問題や考慮事項が存在し、それらを踏まえて、社会的判断を
　　行わなければならない。このような社会的判断という機能のための仕組
　　みが必要であり、様々な問題に対処するための具体的な制度設計のあり
　　方が重要になる。このような仕組みや具体的制度設計が、科学技術ガバ
　　ナンスである。そして、科学技術ガバナンスにおいては、様々な分野の
　　専門家、様々なレベルの政府（国際組織、国、地方自治体）、様々な団
　　体（専門家団体、事業者団体等）や市民といった多様なアクターが連
　　携・分担、時に対立しつつ、科学技術と社会の境界に存在する諸問題を
　　マネジメントしていく。（城山 2007: 44）

　「科学技術と社会」に関わる多様なテーマや問題への対応が求められるな
か、科学技術ガバナンスのあり方はますます重要な論点となっている。また
昨今では「責任ある研究・イノベーション」（Responsible Research &
Innovation: RRI）という視点も登場し、議論の充実と制度構築が試みられつ
つある。RRI は、科学技術政策や研究開発に関わるプロセスの正統性・妥当
性・透明性の向上、応答責任の所在の明確化、倫理的な受容可能性、社会的
要請への応答、潜在的危機への洞察の深化を目指す試みであり、「現在にお
ける科学とイノベーションの集合的な管理を通じた未来に対するケアを意味
する」とも表現されている（Stilgoe et al. 2013: 1570）。それは、いかにしてより
よい形で科学技術研究を社会のなかに位置づけることができるかという関心
といえる。はたして、どのような議論と知見、そして制度設計があれば、こ
の関心に応えることができるのだろうか。

　この科学技術ガバナンスや RRI の議論において取り扱われる議題、あるいはその実践のあり方についての探究は、近年より幅広いアクターが参加する、複数の価値が関わる複合的なプロセスへと変容しつつある。このプロセスにおいては、城山が指摘するように多様なアクターの参加が重要となり、またそのような多様なアクターによる議論の土台となる基本的な情報や知見の整理が必要となる。

　本書はこのような視点と問題意識からスタートし、「科学技術政策」、「科学技術とELSI」、「科学と社会のコミュニケーション」といったテーマを中心に、今後の「科学技術と社会」をめぐる洞察ならびによりよい科学技術ガバナンスのあり方を議論するために必要となるであろう基本的な知見を整理している。

本書の対象について

　本書は、筆者がこれまでに発表してきた論文ならびに、東京大学、京都大学、北海道大学、総合研究大学院大学などでの講義資料をベースとして執筆したものである。これらの講義を通じて、「科学技術と社会」や科学技術ガバナンスに関わるさまざまなテーマを考察するために必要となる基礎的な知見や情報を通覧できる形でまとめておくことの重要性を感じたことが、執筆の背景となっている。

　そのため、本書は、「科学技術と社会」あるいは科学技術ガバナンスに関する専門的な教科書としても使用できるものであることを意識した。関連分野の研究者に加えて、これらのテーマに興味のある次のような人たちを読者として想定している。

- 科学社会学・科学技術政策・科学技術社会論などの分野を志す学部生・大学院生
- 科学技術政策に関わる政策担当者
- 科学技術政策やELSIの問題に関心のある理工系分野の学部生・大学院生・研究者
- 科学ジャーナリスト

　人文・社会科学領域を専門としない読者も想定していることから、科学社会学的な理論的考察などは控えめにし、具体的な議論・事例の叙述を重視するように心がけた。

　ただし、ここで本書の限界について書いておく必要がある。筆者がこれま

でに関わってきた研究テーマや実践フィールドの性格から、本書が取り上げる事例は生命科学分野の話題に偏ってしまっている。一般的な含意をもつ事例群であると筆者は考えているが、この点について、あらかじめご了解願いたい。

本書の構成

　本書は大きく三つのパートに分かれている。その概要を簡単に示しておきたい。なお第Ⅰ部から第Ⅲ部ならびに各章は、相互に関連しているが、基本的には興味のあるパートから読んでいただいてかまわない。

　第Ⅰ部のテーマは、「科学技術政策」である。科学技術研究の社会的基盤の重要な要素として科学技術政策ならびに研究評価制度に注目し、その現在を俯瞰するとともに、今後の課題について考察する。

　第1章では、科学技術政策が登場した経緯とその考え方を確認したのち、アメリカならびに欧州委員会の科学技術政策の枠組みについて概観する。これまでの政策的変化、そして先端的な研究や知識への投資の状況とその経緯、またイノベーションの創出を促すような政策・制度の展開、先端的な研究を可能にする環境基盤・人材育成・知識移転交流の整備（イノベーション・エコシステムの構築）が指向されている点などについて、説明を行う。

　第2章では、日本の科学技術政策をめぐる歴史的経緯を概観する。日本の科学技術政策では、基礎研究の振興と政策的重点領域の設定による研究推進が行われてきたが、緊縮財政を背景とした公的セクターにおけるニュー・パブリック・マネジメントの導入、グローバル化の圧力、研究機関への資金配分の効率化要求、そして説明責任の増大などの文脈のなかで科学技術政策の内容が変化してきた。また科学技術イノベーション政策という表現のもとで、経済・社会的課題への関心の強調と大学改革などが同時的に生じてきた状況についても検討する。

　第3章では、研究評価制度をめぐる経緯と現在を俯瞰的に検討する。研究評価の枠組みは、ファンディング構造の変化にともない、「質の管理」から「質のモニタリング」へとその視点が世界的に変化しつつある。日本の場合

は、とりわけ 1995 年の科学技術基本法とそれに続く科学技術基本計画の策定を経て、運営費交付金と競争的研究資金を併用するマルチファンディング構造への移行が強化されてきた。そのなかで研究評価制度がどのように変化してきたのかについて概観する。また日本の研究評価制度をめぐる議論の分析から、「評価疲れ」問題、政策評価／プログラム評価の実質化、中間組織評価、経済・社会的インパクトの評価、「評価の評価」（メタ評価）を主な課題として指摘する。

　現代の科学技術ガバナンスでは、「科学技術と社会」に関する多様なテーマについて考察し、またそのコミュニケーションのあり方を検討することが重要な課題となっている。第Ⅱ部では、この「科学技術と社会」をめぐる議論に注目する。

　第 4 章では、「科学コミュニケーション」をキーワードとして、イギリスを中心に海外における科学コミュニケーションの議論の経緯を確認する。続いて、科学技術をめぐるフレーミング（問題枠組み）についての議論に注目する。よりよい科学技術ガバナンスを構築するうえで、さまざまなアクターの間での関心あるいはフレーミングの違いを把握することが重要なプロセスとなる。ここでは、遺伝子組換え生物（Genetically Modified Organisms: GMO）、フードナノテク、ゲノム編集に関する国内外の議論から、さまざまな階層のフレーミングとその多様性について概観する。

　第 5 章では、引き続き科学コミュニケーションをキーワードとして、日本における歴史と事例を紹介するとともに、その課題についての知見をまとめていく。

　第 6 章では、日本再生医療学会の意識調査の結果から、再生医療研究を事例として、研究者コミュニティと一般の人びとの間の関心の差異を明らかにする。特に、一般の人びとの間では再生医療の実現後の状況とそのガバナンスへの関心が顕著であることに注目し、コミュニケーション活動における視点の変化の可能性、そして幹細胞・再生医療研究のガバナンスのあり方に含意をもつ昨今の取り組み事例を検討する。

　第 7 章では、第 6 章で扱った日本再生医療学会の意識調査の結果から、研

究者のコミュニケーション活動における参加障壁について分析する。その結果、機会・場の提供、コミュニケーション活動に関する費用、時間的余裕の創出、活動の評価システム構築といった政策的課題を見出す。

　第8章では、先端バイオテクノロジーをめぐる報道に注目し、これまでの国内外の研究の知見とその含意について精査する。バイオテクノロジーをめぐる報道では、医療への応用はポジティブに、農業・食品への応用はネガティブに語られる傾向にあることが指摘されている。そして再生医療研究に関する報道は基本的にポジティブに語られる傾向が強いことが見出されているが、特に日本の場合、2007年のヒトiPS細胞の樹立を契機として、国家的推進フレームが顕在化し、それと呼応する形でELSIに関する報道は周辺化してきた。この状況は、ELSIをめぐる現状の議論と乖離したものであり、研究開発にとってもリスクをもたらすものであることを指摘する。

　第Ⅲ部は、科学技術をめぐる「インパクト」、「倫理的・法的・社会的課題」（ELSI）、そして「責任ある研究・イノベーション」（RRI）に関する議論に注目する。われわれに多くの恩恵をもたらす科学技術の発展は、同時にこれまではみえていなかったELSIもまた顕在化させてきた。科学技術ガバナンスの観点からは、科学技術をめぐるELSIや構造的課題について、社会との間で可能な限りの論点共有と議論を行い、それがもつ幅広いインパクトと社会的位置づけについて考察していくことが肝要となる。

　第9章では、近年話題となりつつあるインパクト評価についての議論に注目する。研究開発活動は、（最も重要な貢献である）知識生産のみならず、イノベーションや新規産業領域の創出、政策立案のための根拠の提供、人材育成システムの改善、文化的価値の多様化など、幅広い社会的影響（インパクト）の可能性をもつものである。そしてそのインパクトをどのように理解し、また評価するのかについて、各国で試行錯誤が続けられている。このインパクト評価をめぐるこれまでと現在の議論を概観するとともに、より最近の試行的取り組みについて紹介し、その含意を考察する。

　第10章では、科学技術をめぐるELSIの議論、とりわけ幹細胞・再生医療研究分野の事例に注目する。幹細胞・再生医療研究の分野では、これまで

にもヒト胚に対する倫理的懸念や幹細胞ツーリズムへの対応、試料提供における同意のあり方（インフォームド・コンセント）、生殖医療との関わりなどをはじめとして、さまざまな ELSI の議論が重ねられてきた。それらを概括しながら、ヒト動物キメラに関する意識調査の結果を取り上げ、インフォームド・コンセントをめぐる制度的課題について指摘する。加えて、イギリスにおける近年の ELSI に関わる議論と実践がもたらす含意についてのレビューを行う。

　第 11 章では、近年、欧米の科学技術政策において注目されつつある RRI 概念を取り上げる。RRI は、プロセスの正統性・妥当性・透明性の向上、応答責任の所在の明確化、倫理的な受容可能性、社会的要請への応答、潜在的危機への洞察の深化を目指す試みである。遺伝子組換えをめぐる社会的議論についての反省を背景として、ナノテクノロジーや合成生物学分野において、RRI の議論が先行してきた状況をみていく。そして、RRI に関する議論の内容、評価指針、教育プログラムへの取り組みについて検討を行う。

＊　　＊　　＊

　本書で行う知見の整理・検討が、今後のよりよい科学技術ガバナンスの洞察のための土台づくりの一助となることを期待するとともに、「科学技術と社会」に関わるさまざまな議論の活発化に貢献することができれば幸いである。

目　　　次

略 語 一 覧

略語	正式名称	日本語名
AAAS	American Association for the Advancement of Science	全米科学振興協会
AEBC	Agriculture and Environment Biotechnology Commission	イギリス政府・農業環境バイオテクノロジー委員会
AHRC	Arts and Humanities Research Council	英国人文科学リサーチカウンシル
AI	Artificial Intelligence	人工知能
AMED	Japan Agency for Medical Research and Development	日本医療研究開発機構
BBSRC	Biotechnology and Biological Sciences Research Council	英国バイオテクノロジー・生物科学リサーチカウンシル
BSE	Bovine Spongiform Encephalopathy	牛海綿状脳症
CBD	Convention on Biological Diversity	生物多様性条約
CENELEC	European Committee for Electrotechnical Standardization	欧州電気標準化委員会
CODEX	CODEX Alimentarius	コーデックス・アリメンタリウス
COE	Center of Excellence	センター・オブ・エクセレンス
CoPUS	Committee on the Public Understanding of Science	科学公衆理解増進委員会
CUDOS	Commonnalism, Universalism, Disinterestedness, Organized Scepticism.	キュードス
DHHS	Department of Health and Human Services	米国健康福祉省
DOD	Department of Defense	米国国防省
DOE	Department of Energy	米国エネルギー省
DTC	Direct to Consumer	消費者直結型サービス
ELSI	Ethical, Legal, and Social Issues	倫理的・法的・社会的課題
EPSRC	Engineering and Physical Sciences Research Council	英国工学・物理科リサーチカウンシル
EPTA	European parliamentary technology assessment	欧州議会テクノロジーアセスメントネットワーク
ERC	European Research Council	欧州研究会議

ES 細胞	Embryonic Stem Cell	胚性幹細胞
EU	European Union	欧州委員会
FDA	Food and Drug Administration	米国食品医薬品局
GMO	Genetically Modified Organisms	遺伝子組換え生物
IEC	International Electrotechnical Commission	国際電気標準会議
IF	Impact Factor	インパクトファクター
iGEM	international Genetically Engineered Machine	アイジェム（国際遺伝子工学マシン競技会）
iPS 細胞	induced Pluripotent Stem cell	人工多能性幹細胞
HEFCE	Higher Education Funding Council for England	イングランド高等教育助成会議
ISO	International Organization for Standardization	国際標準化機関
ISSCR	International Society for Stem Cell Researches	国際幹細胞研究学会
JSPS	Japan Society for the Promotion of Science	日本学術振興会
JST	Japan Science and Technology Agency	科学技術振興機構
KPI	Key Performance Indicator	業績評価指標
MIT	Massachusetts Institute of Technology	マサチューセッツ工科大学
NAPA	National Academy of Public Administration	米国公共経営アカデミー
NAS	National Academy of Sciences	全米科学アカデミー
NASA	National Aeronautics and Space Administration	米国航空宇宙局
NEDO	New Energy and Industrial Technology Development Organization	新エネルギー・産業総合開発機構
NIH	National Institution of Health	米国立衛生研究所
NNI	National Nanotechnology Initiative	米国ナショナル・ナノテクノロジー・イニシアティブ
NRC	National Research Council	全米研究会議
NSF	National Science Foundation	米国国立科学財団
NSTC	National Science and Technology Council	全国科学技術会議
OECD	Organisation for Economic Co-operation and Development	経済協力開発機構
OSTP	Office of Science and Technology Policy	科学技術政策局
OTA	Office of Technology Assessment	技術評価局
PDCA	Plan-Do-Check-Action	PDCA サイクル
PEST	Public Engagement with Science and Technology	科学技術の市民参加
PI	Principal Investigator	研究代表者

PLACE	Proprietary, Local, Authoritarian, Commissioned, and Expert work.	プレイス
PPI	Public Patient Involvement	患者参画
PPP	Public-Private Partnership	官民パートナーシップ
PUS	Public Understanding of Science	科学技術の公衆理解
RAE	Research Assessment Exercise	リサーチ・アセスメント・エクササイズ
RCUK	Research Council UK	英国リサーチカウンシル
REF	Research Excellence Framework	リサーチ・エクセレンス・フレームワーク
RRI	Responsible Research & Innovation	責任ある研究・イノベーション
RTTA	Real-Time Technology Assessment	リアルタイム・テクノロジーアセスメント
SDGs	Sustainable Development Goals	持続可能な開発目標
SIAMPI	Social Impact Assessment Methods for research and funding instruments through the study of Productive Interactions between science and society	科学と社会の生産的相互作用研究を通じた研究と投資のため社会的インパクト・アセスメントの方法
SPS 協定	Agreement on Sanitary and Phytosanitary Measures	衛生植物検疫措置の適用に関する協定
STAFF	Society for Techno-innovation of Agriculture, Forestry and Fisheries	農林水産技術産業振興センター
STEM（人材）	Science, Technology, Engineering, Mathematics	科学・技術・工学・数学（分野等の理工系人材）
TA	Technology Assessment	テクノロジーアセスメント
TRIPS 協定	Agreement on Trade-Related Aspects of Intellectual Property Rights	知的所有権の貿易の側面に関する協定
UKRI	UK Research and Innovation	英国研究・イノベーション機構
UNESCO	United Nations Educational, Scientific and Cultural Organization	国際連合教育科学文化機関
URA	University Research Administrator	ユニバーシティ・リサーチ・アドミニストレーター
USDA	US Department of Agriculture	米国農務省
WTO	World Trade Organization	世界貿易機関
米 国 COMPETES 法	America Creating Opportunities to Meaningfully Promote Excellence in Technology, Education, and Science Reauthorization Act	米国の技術・教育・科学における卓越性に関する意味ある促進機会の創造法（あるいは米国競争力法）

第Ⅰ部
科学技術政策

第1章

科学技術政策という視点

　本章では、科学技術政策の基本的な考え方とその歴史的経緯を確認するとともに、アメリカと欧州における展開を概観する。

　科学技術政策とは、政府の援助が必要な科学技術活動の支援、公共的ニーズのための科学技術活動の推進、科学技術活動に対する規制・統制・誘導、科学技術活動への国民の参画などに関して国が行う計画的・組織的な行動の方針と体系であり、世界各国においてその社会情勢や文脈に即した政策が模索されている。

　そのなかで、アメリカにおける科学技術政策の展開とファンディングシステムの概要をみたのち、近年の科学技術政策の議論において参照点とされることの多い欧州委員会の政策枠組みについて確認していく。先端的な「知識」・「研究」への投資とイノベーション・エコシステム構築のための環境整備などを趣旨とした欧米の政策的展開・現状・課題についてみておくことは、今後の日本の科学技術政策を考えるうえでも重要な作業となる。

1　「科学技術政策」の登場

　科学技術研究は社会における人の営みの一つである。そして社会活動の一つであるがゆえに、その国や時々の社会的・政治的・経済的状況からさまざまな影響を受けてしまうことになる。現代社会が科学技術研究の成果から多くの恩恵を得ていることは間違いないが、科学技術研究が社会のなかでどのように位置づけられているのかを考察するためには、科学技術研究がどのような社会的基盤の上に構築されているのかについて考えることが肝要となる。そこで、本章では、科学技術研究という社会的活動の基盤を形成する要素の

一つとして科学技術政策に注目し、アメリカと欧州の状況と経緯を中心に概観していく。

　そもそも科学技術政策（Science & Technology Policy）とは何か。科学技術政策の概念的定義の試みはこれまでにも数多く行われているが、国による事情やシステムの違い、対象となる議論の範囲などにより、その内容は多岐にわたる。ひとまずは公的資金を用いた研究開発に対する支援、ならびに国家的な研究開発の推進に関する政策体系や活動を指すと解されることが多い。

　科学技術政策という考え方の成立経緯については、小林信一が詳しく論じているので、ここで重要なポイントをみておくことにしたい（小林 2012）。研究機関の整備やファンディングシステム（研究助成制度）の構築など、科学技術の研究開発に関わる政策自体は、かつてより行われていた。しかしこのような営為が、「科学技術政策」という「言葉」で世界的に了解されるようになった歴史は、意外にも新しいものである。各国でさまざまに行われてきた科学技術政策「的」な政策や制度を整理する試みは、1960 年代に入り経済協力開発機構（Organisation for Economic Co-operation and Development: OECD）を舞台として取り組まれるようになった。小林は、そのなかでも、アレクサンダー・キング（Alexander King）による報告書『科学と政策——国際的な刺激となるもの』（*Science and Policy — The International Stimulus*）において、各国の制度のなかで「科学政策」（science policy）という言葉が登場するのは 1947 年から 1955 年の間であると指摘されていることに注目している。また同時に、OECD が最初の科学担当大臣会合を開催した 1963 年の時点において、加盟国中、「科学技術担当大臣」が存在した国はイギリス、ドイツ、フランス、オランダの 4 カ国であり、ほかは教育担当大臣が出席していたことに注目する。1960 年前後は、「科学政策」という言葉自体が各国の制度のなかに登場しはじめてきて間もない頃であり、あくまで教育・文化政策のサブカテゴリという位置づけとなっていた国がまだまだ多かった時代であった（小林 2012: 9）。

　そして 1971 年、ハーベイ・ブルックス（Harvey Brooks）による報告書『科学・成長・社会——問い直される科学技術』（*Science Growth and*

Society: A New Perspective : Report、通称ブルックス報告）が公表され、科学政策が文化政策とは異なり、技術も対象として含むことが明言されることになる（OECD 1971=1972; 小林 2012: 10）。

　つまり、「科学技術政策」という言葉が世界的に共通のある程度明確なコンセプトになってくるのは、1970年前後であった。文部官僚から科学技術政策研究者へと転じた乾侑は、その著書『科学技術政策——その体系化の試み』のなかで、このような動きをふまえながら科学技術政策に対して次のような定義づけを試みている。

　　　科学技術政策とは、人的・物的資源を駆使して、政府や民間の諸機関における科学技術の諸活動を推進するとともに、その科学技術の基盤の整備を図るために、環境との調和に留意しつつ、国が計画的かつ組織的に行う、科学技術に関する行動方針およびそれを実現するための行動の体系である。（乾 1982: 1-2）

この乾の定義は、ブルックス報告をはじめとする議論を視野に入れたものであり、科学技術政策に関してひとまず了解しておくべき事柄を押さえている。

　また科学技術政策に国が取り組む動機や背景は、何もイノベーションの創出や経済的利益だけではない。そもそもさまざまな形で生産・活用される知識を、一つの視点だけで評価することは難しい。もしそのようなことをすれば、知識生産の形は一様となり、潜在的な知識生産とその活用の機会損失にもつながる。

　当たり前のことだが、知識生産は公的セクターだけで行われているものではないことに注意が必要である。暗黙知的なもの、形式化されたものを問わず、新しい技術、サービス、ノウハウなどの先端的な「知」は、民間セクターをはじめとした多様なアクター同士の関わりのなかで生み出されている（むしろ最も大きな知識生産者は民間セクターであろう）。

　しかしながら、民間セクターが取り組みにくい課題も数多く存在している。そのような課題に関わる知識生産、あるいは中・長期的な視点が必要となる

リスクの高い基礎研究などは、公共的課題としての性格が強い。また科学技術研究がもたらすリスクの最小化とベネフィット（便益）の配分、そのための規制の構築、公正性や公平性の担保なども公的性格の強い取り組みとなり、公的セクターの関わりが重要となる。科学技術政策を、国が行う必要がある理由の一端もそこにある。

　このような状況をふまえ、小林信一は、政府が科学技術政策に取り組む目的を以下のように分類・整理している（小林 2011a: 27-29）。

　　①政府の援助が必要な科学技術活動の支援
　　②公共的ニーズのための科学技術活動の推進
　　③公共的観点からの科学技術活動に対する規制・統制・誘導
　　④科学技術活動の悪影響からの国民の保護および科学技術活動への国民
　　　の参画

　これらの実現のために、各国がそれぞれ独自の科学技術政策の体制やファンディングシステムを構築し、政策的ノウハウの蓄積を行っている（小林2011a）。

　以下では、現在の科学技術政策を考えるうえでよく引き合いに出されるアメリカならびに欧州の状況を例として、その展開と現状を概観していくことにしたい。

2　アメリカの科学技術政策枠組み——歴史と概況

2.1　アメリカにおける科学技術政策の展開

　現在の世界的な科学技術政策の状況を考えるうえで、ごく簡単にではあるが、まずアメリカの状況についてみることにしたい。第二次世界大戦後におけるアメリカの科学技術政策の歴史的展開を簡単に確認し、そのうえで現在のアメリカの科学技術政策の基本的な特徴について述べていく[1]。

　現在につながるアメリカの科学技術政策の歴史的展開として、第二次世界

大戦終結直前に発表された『科学——終わりなきフロンティア』（*Science: the Endless Frontier*）からスタートしたい。ヴァネヴァー・ブッシュ[2]（Vannevar Bush）は、この文書のなかで、基礎研究力の振興が後々の応用や実用化の苗床となり、国の産業競争力の根幹となると位置づけ、「基礎研究」から「応用研究」、「実用化」と順次知識が移転していくと考えるイノベーションの「リニアモデル」を提示した。実際には、このリニアモデル的な視点は単純に過ぎることはよく認識されてもおり、実際のイノベーションは「連鎖モデル」（Chain Linked Model）などのように、さまざまな段階にある研究開発に対してフィードバックが相互に働きながら生じてくると考えられている（Kline 1985）。しかしながら、このリニアモデル的な考え方は、アメリカに限らず、のちの世界各国の科学技術政策（あるいは研究者側の主張）における予算要求の理由づけとして広くみられるようになる（小林 2011b）。

　いずれにせよ、ここで重要な点は、戦争を契機とした研究費の向上のあとにおいても、『科学——終わりなきフロンティア』を経由しつつ、基礎研究への投資をアメリカが拡大的に行い、それが現在まで継続されてきたということにある。そして、このような基礎研究への支援に加えて、冷戦構造のなかで、米国航空宇宙局（National Aeronautics and Space Administration: NASA）での研究開発に代表されるような大型研究開発や政策課題に応じた研究も盛んに行われた。

　その後、1971 年のニクソン政権下で成立した「国家がん法」（National Cancer Act of 1971）に代表されるように、1970 年代に入る頃には、アメリカの科学技術投資は NASA を中心とする宇宙開発部門から、米国国立衛生研究所（National Institution of Health: NIH）を中心としたバイオテクノロジー研究への投資にシフトしていく。また、1986 年、レーガン政権下における『ヤング・レポート』（*Global Competition The New Reality: Young Report*）を契機として、IT 産業とバイオテクノロジー分野への積極的投資

---

(1)　なおアメリカにおける科学技術政策の歴史的展開の概略を知るうえでは、佐藤（2019）などが入門書として優れている。

(2)　マンハッタン計画の推進者などとしても知られている。

と知的財産権の優先的保護が行われるなどの変遷を遂げていく。

　そしてアメリカの研究環境に大きな変化をもたらした展開が 1980 年に成立した「バイ・ドール法」（Patent and Trademark Act Amendments: the Bayh-Dole Act）であった。このバイ・ドール法[3]により、それまで政府帰属とされていた大学発の特許の所属権が、大学や研究者に帰属する余地が認められた。また同年、研究開発の技術移転支援政策として「スティーブン・ワイドラー技術革新法」（Stevenson-Wydler Technology Innovation Act）、1989 年には同法が改訂される形で、「国家競争力技術移転法」（National Competitiveness Technology Transfer Act of 1989）が制定され、連邦政府機関の研究者と民間企業との共同研究や技術移転における制度が整えられることで、大学から産業への技術移転促進の基盤整備が大きく進むこととなった。実際に、大学発特許の数は 2000 年頃まで増加している（e.g. Leydesdorff & Meyer 2010）。

　また 1998 年アメリカ合衆国議会下院（代議員）の科学技術委員会[4]が公表した報告書、『われわれの未来を拓く——新しい国家の科学政策に向けて』（*Unlocking Our Future: Toward a New National Science Policy*）（U. S. Congress House of Representatives Committee on Science 1998）は、冷戦型の科学技術政策の終焉を宣言したこと、また基礎研究と応用研究の間を「死の谷」（death valley）と表現し、その橋渡しを政策的課題として設定したことなどから、イノベーション政策上の重要な文書として位置づけられる（小林 2017a）。

　より近年の動きとしては、「2007 年米国 COMPETES 法」（America Creating Opportunities to Meaningfully Promote Excellence in Technology, Education, and Science Reauthorization (COMPETES) Act of 2007, P.L.

---

(3)　ライデスドルフとメイヤーは、大学発特許の推移の分析から、2000 年代初頭を境としたアメリカならびに欧州の大学における大学発特許取得の鈍化を見出している。彼らはこの結果から、大学の社会的役割・位置づけの変化、そしてバイ・ドール法の効果の「期限切れ」の可能性を指摘している（Leydesdorff & Meyer 2010）。

(4)　一方で、アメリカ合衆国議会上院（元老院）には、商務・科学・運輸委員会（Senate Committee on Commerce, Science and Transportation）が設置されている（伊地知 2011a: 161）。

110-69）ならびに、「2010 年米国 COMPETES 再授権法」（America COMPETES Reauthorization Act of 2010, P.L. 111-358）などの動きがある。当時のバラク・オバマ（Barack H. Obama II）大統領が署名したこれらの法案は、アメリカの競争力確保のために研究開発によるイノベーションの創出、人材育成、そのための政府予算の増額などを指示している。

　またオバマ政権時代の 2009 年には、「持続的成長と質の高い雇用の実現に向けたイノベーション」のために『米国イノベーション戦略』（*A Strategy for American Innovation: Driving Towards Sustainable Growth and Quality Jobs*）が発表され、研究開発や教育・情報インフラへの投資不足の解消、イノベーションを促進するような市場の整備など、イノベーションの創出を促す生態系（エコシステム）の構築に関わる課題が論じられている[5]（National Economic Council and Office of Science and Technology Policy 2009; 岡村 2011）。オバマ政権は 2011 年と 2015 年に『米国イノベーション戦略』の更新を行っている。この新しい 2015 年版『米国イノベーション戦略』では、基本的方針の確認とともに、2009 年版・2011 年版以上の数の国家的優先課題が提示されている。2015 年版戦略で提示された国家的優先課題は、「グランドチャレンジへの取り組み」、「精密医療による疾患への対応」、「BRAIN イニシアティブによる神経科学における新たな技術開発の加速」、「ヘルスケアにおける革新的イノベーションの創出」、「先進自動車により死亡率の劇的な削減」、「スマートシティの建設」、「クリーンエネルギー技術および先進エネルギー効率化の促進」、「教育技術の改革実施」、「革新的宇宙技術開発」、「コンピューティングのニューフロンティア探索」、「イノベーションの活用により 2030 年までに世界における最貧困状態を終焉」であった。また、2015 年版戦略では、「国民のための／国民とともにあるイノベーティブな政府の実現」や

---

(5)　なおオバマ政権の前の政権となるブッシュ政権は、オバマ政権ほどに科学技術政策に対して積極的ではなかったことが指摘されている。ブッシュ政権時代における動きとしては、2006 年の一般教書演説の一部として発表された「米国競争力イニシアティブ」があるが、政権発足 6 年目にして発表されていることなどから、その関心の度合いがうかがえる。ただし、その内容については、オバマ政権の科学技術イノベーション政策や『米国イノベーション戦略』の内容と重なる部分も多い（岡村 2011）。

「2015 年新しいホライズンとその先」という新しい章が追加されており、社会的イノベーションの促進（政府機能改善による効率的なサービスの提供など）、萌芽的科学技術の研究支援につながるスマートな規制の設計などの方向性が提示されている[6]（National Economic Council and Office of Science and Technology Policy 2015; JST-CRDS 2015）。

　このような政策方針を示していたオバマ政権は、それ以前の政権と比較しても科学技術イノベーション政策の重点化が明確に打ち出されている点で際立っており、また理工系人材（STEM 人材）育成[7]への投資重点化などにも特徴がみられた。

　このアメリカの科学技術政策は、政権与党と政治状況によって変わってくる。トランプ政権になって以降、研究開発への関心そのものはオバマ政権時と比較して減少傾向にある。また、国防を中心とした国家安全保障関連の予算が増えている一方で、多くの関係省庁・機関で予算が削減されている[8]（e.g. 白川 2017; 遠藤 2018; JST-CRDS 2017a, 2017b, 2018, 2019a, 2019b）。加えてオバマ政権時代に重視されていた STEM 人材育成の方針は、トランプ政権では予算が縮小するとともに、言及自体が減少傾向にあるといえる[9]（標葉靖子 2018）。

2.2　アメリカにおけるファンディングの枠組み

　アメリカの科学技術政策[10]に関わる行政組織ならびにファンディングの基本的な流れをみておこう。アメリカの研究開発予算の策定プロセスでは、まず大統領によって予算教書が議会に送付される。予算教書は、議会の上院・

---

[6]　訳語は、以下の資料などを参考とした。JST-CRDS（2015）。

[7]　科学（Science）、技術（Technology）、工学（Engineering）、数学（Mathematic）の領域について、各分野の頭文字をとって STEM と総称される。また最近では、ここにアート（Art）を追加し、STEAM と呼ばれることも多い。

[8]　なおアメリカの科学技術政策については、遠藤悟のホームページでモニタリングと概説がなされており有用である。（http://endostr.la.coocan.jp/sci-index.htm#　最終アクセス 2019 年 8 月 19 日）

[9]　2018 年 12 月になって、STEM 教育に関する 5 カ年戦略が発表されている（Committee on STEM Education of the National Science and Technology Council 2018）。

下院それぞれで審議され、関係する各種委員会による見解が提出されたうえで、予算委員会が予算編成の方針を作成し、予算決議を成立させる。このようなプロセスを経たうえで、歳出委員会によって歳出予算法案が作成され、大統領の署名により成立する[11]（遠藤 2012a; 伊地知 2011a: 165-166）。

　そしてアメリカ政府による研究開発に関するファンディングの特徴に、各担当省庁の専門性と権限の大きさがある。研究助成を行う主な連邦政府機関としては、例えば以下の機関が挙げられる。

- 米国国立科学財団（National Science Foundation: NSF）
- 米国国立衛生研究所（National Institutes of Health: NIH）
  　—— NIH は、健康福祉省（Department of Health and Human Services: DHHS）の一部門である。
- 米国国防省（Department of Defense: DOD）
- 米国農務省（US Department of Agriculture: USDA）
- 米国エネルギー省（Department of Energy: DOE）
- 米国航空宇宙局（National Aeronautics and Space Administration: NASA）

　これらの機関における研究助成の性格をみるならば、NSF と NIH は、基礎研究を中心として、幅広い学術分野に対する助成を行っている。NSF と NIH の助成の多くは、研究者あるいは研究グループにより提案された個別の研究に対して行われるものであり、同じ分野の研究者による評価（ピアレビュー）により採否が決定される。また近年では、NSF において、社会の

---

[10]　なお伊地知寛博がまとめているように、アメリカの科学技術政策の根拠法例に、合衆国法典第 42 編公衆衛生・厚生（Title 42-The Public Health and Welfare）ならびに第 79 章科学技術の政策・組織・優先事項（Chapter79-Science and Technology Policy, Organization and Priorities）がある。そこで記載されている優先目的として、経済や社会の安定的発展、（雇用や健康など）生活の質の向上、教育機会の質の向上、国の安全保障への寄与、そして科学技術による世界的リーダーシップの向上などがある（伊地知 2011a: 139-140）。

[11]　この審議プロセスの間で、議員による修正案により予算が増額される場合も多い（伊地知 2011a; 遠藤 2012a）。

ためのイノベーションの創出が大きな柱として展開されるようになっている。一方で、NASA や DOE をはじめとする他の機関のファンディングは性格が異なっており、各機関のミッションや政策的課題に沿ったプロジェクトやプログラムを通じた支援を行っている（e.g. 遠藤 2012b）。

　各機関がそれぞれの所掌範囲において独立的に政策策定を行いながら研究開発への助成を実施している点に、アメリカのファンディングの特徴がある。しかしながら、大統領のイニシアティブなどによって、より大きな政策枠組みと機関横断的な連携が必要となる、あるいは連邦政府全体としての首尾一貫性の確保などが求められる場合には、全国科学技術会議（National Science and Technology Council: NSTC）や科学技術政策局（Office of Science and Technology Policy: OSTP）による調整と政策策定が行われることになる[12]。

　加えてアメリカの科学技術政策では、政府や行政組織だけでなく、全米科学アカデミー（National Academy of Sciences: NAS）や全米研究会議（National Research Council: NRC）に代表される学術アカデミー、全米科学振興協会（American Association for the Advancement of Science: AAAS）などによる委託研究、分析報告、助言、議論が、重要な知見の源となっており、政策の質の向上に貢献している（伊地知 2011a: 158-159）。

　ここまでにみてきたような形で、産官学の各セクターにおける研究開発、経済活動、起業創出、そしてそれらを支援する政策や制度などが相互に関連・影響しながら展開され、イノベーション・エコシステムを形成することが志向されている[13]。

---

[12]　1976 年全国科学技術政策・組織・優先事項法（National Science and Technology Policy, Organization, and Priorities Act of 1976, P.L. 94-282）に基づき、大統領行政府内に設置された。NSTC は、大統領が議長を務め、関係各省庁の長官などから構成される連邦政府の科学技術に関する最高意思決定・調整機関である。さまざまな省と領域をまたがる科学技術関連のプログラムの立案・調整機能とともに、科学技術投資に対する国の目標の明確化の役割を担っている。また OSTP は、大統領に対する助言機関であると同時に、NSTC の事務局として各省庁や領域に横串しを通す役割をもっており、実質的な調整業務を行っている（e.g. 伊地知 2011a: 148）。

3　欧州委員会における近年の科学技術政策枠組み
　　──ホライズン 2020 を中心として

　欧州における科学技術政策は、各国独自のものと欧州委員会による政策枠組みとが組み合わさる形で形成されている。そのなかで、イノベーション・エコシステムを構築するための基盤整備やファンディングが行われている。ここでは、現在の欧州委員会の科学技術政策の枠組みについて、その概要をみていくことにしたい。

　近年の科学技術政策についての議論では、欧州委員会の科学技術政策枠組みである「ホライズン 2020[14]」（Horizon 2020）への言及・参照がよくなされる。ホライズン 2020 は、欧州委員会の科学技術振興政策であるフレームワークプログラム（FP）の後継プログラムであり、2014 年から 2020 年までの欧州委員会の科学技術政策における基本枠組みである。

　欧州委員会は、2010 年に成長戦略『ヨーロッパ 2020』（*Europe 2020*）を発表した（EU Commission 2010a）。そのなかで、「スマートな成長」、「持続可能な成長」、「包摂的な成長」という三つの成長目標を礎定し、その実現のため、イノベーション・ユニオン、若者の発展的展開、デジタルアジェンダ、高資源効率社会、グローバリゼーション対応産業政策、新しい能力と職業、貧困対策プラットフォーム、という七つの基幹的なテーマ、（フラッグシップ・イニシアチブ）を設定した。ホライズン 2020 は、このヨーロッパ 2020 成長戦略におけるフラッグシップ・イニシアチブの一つであるイノベーション・ユニオン（Innovation Union）に対応するためのものとして位置づけられている。

---

(13)　国内外の科学技術政策を知るうえでは、例えば国立国会図書館による「科学技術に関する調査プロジェクト」が 2011 年より行われており、その報告書が参考となる。例えば 2011 年報告書は『科学技術政策の国際的な動向』となっており、国内外の科学技術政策の状況を概観している。またドイツやフランスをはじめとする欧州各国の科学技術政策については、大久保（2011）や伊地知(2011a)、永野（2016）などが参考となる。

(14)　https://ec.europa.eu/programmes/horizon2020/en（最終アクセス 2019 年 5 月 18 日）

　ホライズン 2020 の予算規模は約 770 億ユーロとなっており、その基幹プ
ログラムと予算は表 1-1 のようになっている[15]。ホライズン 2020 における
基幹プログラムのうち、「卓越した科学」、「産業的リーダーシップ」、「社会
的課題への挑戦」の三つが特に重点的な研究支援を受けており[16]、約 710 億
ユーロの予算となっている。

　例えば「卓越した科学」プログラムでは、244 億 4100 万ユーロの予算に
よって、欧州研究会議（European Research Council: ERC）を通じ、先端的
研究あるいはハイリスク研究を行う研究者グループへの柔軟なファンディン
グ、10 億ユーロ規模のフラッグシップ・プロジェクトの採択、6 年間で 61
億 6200 万ユーロ規模の若手研究者支援の充実（マリー・キュリーアクショ
ン[17]強化）、先端研究施設の整備ならびに欧州内外からのアクセシビリティ
向上が行われている。

　また、296 億 7900 万ユーロの予算となる「社会的課題への挑戦」プログ
ラムでは、医療・健康・福祉、持続可能農業・食糧、エネルギー、気候変動、
セキュリティ、輸送、包摂的・イノベーティブな社会という、七つの社会的
課題領域に対する研究投資が行われ、基礎／応用、文理融合、領域横断型の
知識伝達が目指されている（EU Commission 2013a）。

　ホライズン 2020 の政策枠組みの根底にある研究開発とイノベーションの
ための基盤整備という視点は、産官学間の連携の支援にもみることができる。
ホライズン 2020 の「産業リーダーシップ」プログラムでは、ICT 分野（マ
イクロ・ナノエレクトロニクス、光通信など）、ナノテクノロジー、先端材
料、バイオテクノロジー、先端製造・加工、宇宙空間などの産業領域を対象

---

[15]　表 1-1 の作成においては、元資料の検討のうえで、訳語や概要について以下の資料も参考に
　　している。JST-CRDS（2013）、高野・山下（2015a）、EU Commission（2013a）。

[16]　ホライズン 2020 の前身となる FP7 プログラム（Framework Programme 7: 2007〜13 年）
　　では、「協同」（cooperation）プログラムが最も大きな資金配分を受けていたが、この「協同」
　　プログラムはホライズンでは「産業リーダーシップ」と「社会的課題への挑戦」に分割される
　　形となっている（高野・山下 2015a; 徳田 2016）。

[17]　欧州委員会による若手研究者助成プログラム。このプログラムに採択された若手研究者は博
　　士研究員（ポストドクトラルフェロー：ポスドク）として欧州域内の大学・研究所にて研究に
　　従事する。

表 1-1　ホライズン 2020 における基幹プログラム概要

基幹プログラム	予算規模概算	概要
卓越した科学 Excellent Science	244 億 4100 万ユーロ	・欧州研究会議 (European Research Council: ERC) を通じた先端的研究／ハイリスク研究を行う研究者・グループへの柔軟なファンディング ・新分野・有望分野における連携研究支援 (フラッグシップ・プロジェクトには 10 年間で 10 億ユーロの支援を 2 件採択) ・若手研究者支援の充実 (マリー・キュリーアクション強化：6 年間で 61 億 6200 万ユーロ規模)。そのなかには、研究ネットワーク構築のための支援も含まれている ・先端研究施設の整備ならびに欧州内外からのアクセシビリティ向上
産業的リーダーシップ Industrial Leadership	170 億 1600 万ユーロ	・ICT、バイオテクノロジー、ナノテク、材料、宇宙などを中心とした産業競争力強化 ・欧州レベルにおけるベンチャーキャピタル設立などのリスクファイナンスの充実 ・中小規模アントレプレナーの支援／ネットワーキング
社会的課題への挑戦 Societal Challenges	296 億 7900 万ユーロ	・七つの社会的課題に対する研究投資 (医療・健康・福祉、持続可能農業・食糧、エネルギー、気候変動、セキュリティ、輸送、包括的・イノベーティブな社会などがキーワード) ・課題横断型研究により、基礎／応用、文理融合、領域横断型の知識伝達を目指す
社会と共にある／社会のための科学 Science with and for Society	4 億 6200 万ユーロ	・「責任ある研究・イノベーション」(Responsible Research & Innovation: RRI) の提唱・展開 ・一般の人びとの科学的成果へのアクセシビリティ向上、科学技術への市民参加の拡大、科学技術における男女平等の実現、倫理的課題対応、科学教育の促進
卓越した科学の展開と拡大的参加 Spreading Excellence and Widening Participation	8 億 1600 万ユーロ	・欧州域内における格差の是正／さらなるメンバー国の参加促進 ・チーム化促進アクション、(研究機関の) 結合、研究者人材派遣、政策支援局設置、卓越した研究者らの国際的ネットワークへの支援対象アクセスの向上、参加者支援の促進
欧州イノベーション技術研究機構 European Institute of Innovation and Technology	27 億 1100 万ユーロ	・知識・イノベーション共同体 (KIC) プロジェクトの進展：気候変動、持続可能エネルギー、ICT イノベーション ・健康な生活、生体材料、高付加価値工業、食糧供給、都市移動などのテーマも今後展開
(原子力関係を除く) 共同研究センター Non-Nuclear Direct Actions of the Joint Research Centre	19 億 300 万ユーロ	・EU における政策研究、エビデンス獲得、シンクタンク機能 ・エネルギー、環境、セキュリティなどに関わる研究所の設置 ・欧州原子力共同体 (EURATOM) に関わる予算は別立てことなっている

(出所) Horizon 2020 ホームページ、EU Commission (2013a)、JST-CRDS (2013)、高野・山下 (2015a) をもとに筆者作成。

とした「実現技術・産業技術におけるリーダーシップ」（Leadership in Enabling and Industrial Technologies）プログラムに、およそ136億ユーロという最大の資金配分がなされている。なかでも、マイクロ・ナノエレクトロニクス、光通信、ナノテクノロジー、先端材料、バイオテクノロジー、先端製造・加工の6技術を、競争力と経済成長を駆動し、社会的課題への挑戦（Societal Challenge）に貢献し、多くのセクターに横串を通した、知識集約的・資本集約的な技術であるとして「鍵となる実現技術」（Key Enabling Technologies）と位置づけ、70億ユーロ近い予算を確保している（徳田2016）。

　ここで注意が必要であるのは、これらの政策プログラムにおいて、イノベーション創出のためのエコシステム形成をどのように行うのかが基本的な問いとなっている点である。「卓越した科学の展開と拡大的参加」プログラムにおいても主眼とされているように、研究活動を通じたネットワーキングならびに若手研究者の支援がかなり意識された内容となっており、研究開発に関与する人材をめぐる環境と交流の整備がイノベーション促進の基盤となると考えられている点は強調しておきたい。

　またホライズン2020では人文・社会科学系分野へのファンディングの強化も行われている。ホライズン2020の前身となるFP7のもとに設置されたERC[18]による75億ユーロのファンディングのうち、約17％が人文・社会科学への助成となった。これは欧州委員会が行う他のファンディングと比べて突出した割合であり、またERC以前と比較して人文・社会科学分野からの申請数が増加していることが注目されている（König 2015）。このERCのレビュープロセス[19]では、人文・社会科学分野への出資を活発化するために、以下の視点が強調されている（König 2015）。

　・「付加価値」の創出：著名研究者による厳格なレビューに基づく評判
　　（Reputation）と研究機関間競争の創出

---

[18]　2009年に欧州研究会議執行機関（ERC Executive Agency: ERCEA）が設置され、約380名のスタッフが配置された。

- 「知識」（Wissenschaft）への資金提供
- 「包摂的アプローチ」：基礎研究ではなく「先端的な研究」への投資という位置づけによる人文・社会科学分野への投資可能性の増大

　この「知識への資金提供」ならびに「包摂的アプローチ[20]」という方針をとることに、ERC の特徴が見出せる。また「先端的な研究」への資金提供と表現することにより、自然科学・工学分野だけでなく、人文・社会科学分野を含めたより広い知識生産につながる学術活動全般へのファンディングが活発化すると考えられている（Nowotony 2009; Enserink 2011）。FP7 の後継となったホライズン 2020 では、ERC のファンディング予算は 131 億ユーロと増額されており、多様な分野へのファンディングが強化されているといえる[21]。

4　ホライズン 2020 からホライズン・ヨーロッパへ

　2019 年 5 月の時点において、ホライズン 2020 の後継となる、「ホライズン・ヨーロッパ」（Horizon Europe）の策定に関する議論が進みつつある。

---

(19)　それぞれのファンディングメカニズムに 25 のパネル（12〜16 名のメンバーで構成された国際的な専門家パネル）、三つのカテゴリがあり、物理・工学、生命科学、人文・社会科学、1600 名の外部専門家レビューが関与する。また個別の研究の研究代表者（Principal Investigator: PI）によるボトムアップのプロジェクトを重視する形で人文・社会科学分野の基礎研究へ投資し、分野を問わず優れた研究を採用しようというエクセレンス・オンリーアプローチ（Excellence-only）を基本方針としており、その評価プロセスでは、まず書類審査（内容と経歴）がなされ、続いてグラントの種類によって異なるプロセスが実施される。例えばシニア向けグラントであれば、申請者の評判（Reputation）、若手であれば PI からの評価や PI が本当にその若手の研究にコミットする気があるかについての審査員からのインタビューが実施されるなど（その際 PI 自身もその能力が審査される）である。

(20)　基礎研究ではなく「先端的な研究」に投資をするという意味づけを強調することで、分野融合的な研究、人文・社会科学分野の研究者の積極的な参加、そして人文・社会科学分野も含めた研究投資の増大を目指している。このように、より多くのアクターの関与が想定されることなどを鑑みて包摂的と呼ばれている。

(21)　ERC では、150 万ユーロを上限とした若手向けスタートアップグラント（学位取得後 2〜7 年の研究者が主な対象となる助成金）、学位取得後 7〜12 年向けのグラント、5 年で 250 万ユーロを上限とするシニア向けのグラントが設定され、研究者のキャリアに応じたファンディングの充実が試みられている。

ここでは、これまでに公表されたホライズン・ヨーロッパ関連の資料ならびに、ホライズン 2020 の中間評価と後継プログラム設計のための調査報告群から、欧州委員会における今後の科学技術政策の展開について概観しておくことにしたい。

　まず欧州委員会が 2017 年に発表した『ホライズン 2020 中間評価報告』(*Interim Evaluation of Horizon 2020*) をみておきたい (EU Commission 2017a)。この中間評価報告の議論の射程は多岐にわたる。しかしながら、この中間評価報告が、ホライズン 2020 が FP7 と比較して、産業セクターの参加の向上、ネットワーキングの強化、雇用創出・成長などへの影響、優れた研究論文の生産、付加価値の創出、運営・管理（アドミニストレーション）のスマート化などにおいて、一定程度以上の成功を収めたものとしている点は、まず指摘しておくべきであろう (EU Commission 2017a, 2017b)。

　そのうえで、中間報告において最も目を引くのは、ホライズン 2020 で得られた教訓として「野心的な投資の必要性」が論じられている点である。ホライズン 2020 では、ブレークスルーを起こしうるハイリスク研究への支援を行っているが、ファンディングの審査において落とされる研究課題提案が多すぎることに注目し、さらなる追加投資によってこのような研究の採択数を増やすべきであると指摘しているのである。ただ大きなプロジェクトを打ち上げるための投資ではなく、すでにある優れた課題提案の機会損失を防ぐという意味合いが大きい点を強調しておく必要があるだろう。

　また、ホライズン 2020 において改善が進んだ EU 域内における科学行政システム間の標準化とアドミニストレーション（管理）の簡素化のさらなる促進、欧州レベルと各国における科学技術政策・ファンディング間のシナジー（相乗効果）の形成、プログラムのアジェンダ構築（Co-design）とその共創（Co-creation）における市民参加の拡大、研究活動における公開性の強化、「持続可能な開発目標」（Sustainable Development Goals: SDGs）とのつながりの強化、国際共同研究の増加などの問題意識が提示されている[22] (EU Commission 2017a, 2017b, 2018a)。

　また欧州委員会が設置した研究・イノベーションインパクト最大化のため

表1-2　「LAB・FAB・APP——われわれが望む欧州の未来への投資」における提言内容

提言	行動内容
EUと各国における研究とイノベーションの優先項目化	ポストホライズン2020の研究・イノベーションプログラムにおける投資の倍化
市場形成のためのEUイノベーション政策の構築	研究者・イノベーター・産業・政府のエコシステム強化、欧州イノベーション会議を通じたイノベーティブなアイデアへの速やかなスケールアップした投資と促進
将来世代への教育と変化を生み出す人びとへの投資	創造的・イノベーティブな欧州の構築のための教育と訓練の近代化と提供
より大きなインパクトのための研究・イノベーションプログラムをデザインせよ	目的とインパクトに駆動された将来プログラムの柱の構築、よく調整された申請評価システムの構築、柔軟性の向上
世界的挑戦に対応するためのミッション志向インパクト注目型アプローチの適用	世界的挑戦に対応する研究・イノベーションのミッション設定、その実現のための研究者・その他のステークホルダーの動員
構造的な投資によるEUのファンディング状況の合理化とシナジー形成	研究・イノベーションのファンディングスキーム・手段の数を削減、相互強化とプログラム間のシナジー構築
（アドミニストレーションなどの）さらなる簡素化	世界中の研究・イノベーションの投資家に最も魅力的的な制度、プロセスを通じた特権的インパクト
市民の動員と巻き込み	市民参加を通じたプログラムの共同デザイン（Co-design）と共創（Co-creation）を刺激
EUと各国の研究・イノベーション投資のよりよい提携	EUの研究・イノベーションに関わる大志とミッションに価値を付加するようなEUと国家の提携の保証
EUの研究・イノベーションのトレードマークの国際協働形成	協力国家間における共同ファンド（あるいはそこへのアクセス）に基づく、最も適したあるいは全体の参加による研究・イノベーションプログラムの開放
インパクトに関する幅広いコミュニケーション	EUの研究・イノベーションのブランド化、その結果とインパクトに関する幅広いコミュニケーションの保証

（出所）EU Commission (2017c) より筆者訳出。

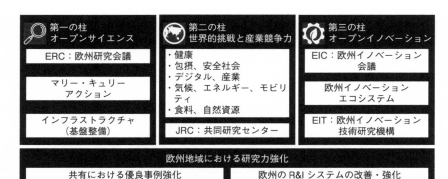

図1-1　ホライズン・ヨーロッパ（Horizon Europe）の概要
（出所）　EU Commission（2018a）をもとに筆者訳出。

　の独立高等グループによる報告書『LAB-FAB-APP——われわれが望む欧州の未来への投資[23]』（*LAB-FAB-APP: Investing in the European Future We Want*）報告書では、より望ましい未来のための積極的な投資を促す趣旨のもと、表1-2に示したような11の提言がなされている（EU Commission 2017c）。基本的には『ホライズン2020中間評価報告』における内容と軌を一にした提言が行われている。

　このようななかで、ホライズン2020の後継プログラムとなるホライズン・ヨーロッパでは、「オープンサイエンス」、「世界的挑戦と産業競争力」、「オープンイノベーション」という三つの柱のもとで、976億ユーロとさらに拡大された予算案が提示されている（EU Commission 2018b）。発表された資料からみえるホライズン・ヨーロッパの概要を図1-1に示しているが、ホライズン2020における基本路線を引き継ぎつつ、その教訓と提言をふまえた形での発展と投資の増額が企図されているといえる。

（22）　またミッション志向の研究・イノベーションに関する議論のレポート類として、例えば、EU Commission（2018b）などがある。

（23）　研究（Labs）、競争的なものづくりにおけるイノベーション（Fabs）、そしてすべての人びととのベネフィットのためのアプリケーション（Apps）の姿を想像・共有・創造していく必要があるという含意で、このようなタイトルがつけられている。

5　欧州委員会の政策議論における工夫

　ここまで欧州の科学技術政策の枠組みであるホライズン 2020、ならびに
その後継プログラムとなるホライズン・ヨーロッパの概要についてみてきた。
欧州委員会における政策形成では、そのプロセスにおいても、政策分析なら
びにエビデンス収集と政策へのフィードバックのための工夫がなされている。
　欧州委員会全体の政策では、「よりよい規制」から、欧州域内におけるイ
ノベーション障壁を低減するような「よりスマートな規制」への転換が図ら
れるなかで、経済的・社会的・環境的影響を考慮するためのシステム構築と
その強化が目指されてきた（EU commission 2010b）。そのなかで、研究開発が
もつ中長期的かつ多様な効果・影響を評価する試み（インパクト評価）と、
ステークホルダー・コンサルテーション（政策形成とその成果に関連してス
テークホルダーの意見や視点を継続的に収集・反映させていくプロセス）を
両輪とした政策形成が目指されている（なおインパクト評価については第 9 章でよ
り詳細に論じる）。欧州委員会では、インパクト評価は以下のプロセスとして
表現される（EU Commission 2001, 2005, 2010b, 2015a, 2016a; 政策科学研究所 2004）。

　　①政策決定過程の構築を支援する。
　　②議論されるべき問題や追求する目的を設定・評価する。
　　③目的達成のための主要な選択肢の提示と、その選択肢がもたらしうる
　　　影響を分析する。
　　④可能な選択肢のメリットとデメリットの提示に加えて、相乗効果（シ
　　　ナジー）やトレードオフの概要を説明する。

また実際のアセスメントの過程では、ステークホルダー・コンサルテーショ
ンと関連する専門家の探索・専門的知識の収集も並行して行われ、以下のこ
とが目指されている。

- 問題の明確化
- 対象の定義
- 主要な政策オプションの開発
- それらのインパクトの分析
- オプション間の効果の比較
- 政策モニタリングと評価のためのアウトライン作成

　このような視点から試みられているインパクト評価は、ホライズン2020がEU域内の経済と社会にもたらすことが予想される影響を評価し、研究開発活動をより適切に社会のなかに位置づけるための試みであり[24]（EU Commission 2011a）、研究者個人よりも研究開発プロジェクトあるいは研究プログラムがもたらすアウトプットとインパクトにより注目する点が特徴である（EU Commission 2015a, 2015b）。ホライズン2020の後継プログラムであるホライズン・ヨーロッパにおいても、政策の形成・モニタリング・修正にステークホルダー・コンサルテーションとインパクト評価を併用していくことが強調されている（EU Commission 2018a）。

　またホライズン・ヨーロッパにおいては、ホライズン2020からの継続プログラムの形成過程についても、フォーサイト[25]による未来シナリオ形成とデルファイ調査[26]が活用されている（EU Commission 2017d）。加えて、透明性や公開プロセス、オープンデータ、より広範な潜在的オーディエンスとの接触拡大、国家間ネットワーク協働、多言語化、長期で幅広い参加、公共的で誠実な評価、意思決定等への明確なフィードバックなどの論点を提示しつつ、ホライズン・ヨーロッパにおける市民参加（Public Engagement）をめぐる議論がすでにスタートしている（EU Commission 2018c, 2018d, 2018e）。

　このような政策的な調査・分析の工夫を行いつつ、先端的な「知識」への

---

[24]　ホライズン2020のインパクト評価における評価フォーマットは基本的に欧州委員会のインパクト評価ガイドラインに沿って議論される。EU Commission (2011a).

[25]　未来予測やシナリオ形成に際して使われる意見収集方法の一つ。

[26]　未来予測や技術予測、課題状況に関する意見について、専門家を対象とした反復型の質問紙調査により、ある程度意見を収斂した形で知見形成を行う手法。

投資を増やす努力を怠っていないこと、イノベーション創出のためのエコシステム形成を目指す政策的支援に関する議論の充実が目指されていること（またそのための専門知の動員が行われていること）、研究活動を通じたネットワーキングならびに若手研究者の育成・支援の充実が図られていること、人と知識をめぐる交流環境がイノベーション促進の基盤となることが意識されていることなどが重要である。こうした方向性のもとにさまざまな取り組みが行われており、試行錯誤が重ねられている。

——【コラム1】欧州における学協会と大学の成立——————————

　科学者という言葉は1840年頃から登場し、またその時期に科学者が専門の職業として成立していったといわれている（それまでは哲学の分野の一つであった）。この科学者という職業成立の背景には、研究者の活動基盤である大学と学協会（学会や学術アカデミー）の成立が関わっている。

　世界で最初の学術アカデミーは、イギリスで1662年に正式発足したロンドン王立協会（The Royal Society）である。ロンドン王立協会は、現在でも学術雑誌『プロシーディングス A/B』（*Proceedings A/B*）の発行元としても有名であるが、同時に世界初の学術誌である『フィロソフィカル・トランザクション』（*Philosophical Transaction*）の発行でも歴史的に重要な位置づけを担っている。

　その直後、フランスでも1666年に王立科学アカデミーがパリに設立される。このフランス王立科学アカデミーは、文字通り国王による設置・援助で運営された世界初の科学アカデミーであった（イギリスのものは、王立とあるがあくまで「認可」を与えただけで性格が異なる）。なおフランスの科学アカデミーの成立過程とその当時の科学者たちについては、隠岐さや香の労作『科学アカデミーと「有用な科学」——フォントネルの夢からコンドルセのユートピアへ』（名古屋大学出版会、2011）が詳しい。

　一方ドイツでも、イギリス・フランスにやや遅れて、1700年にベルリン王立科学協会が設立されている。イタリアでも17世紀初頭に小規模のアカデミーの形成があった。

　そして19世紀に入る頃になると専門分野の学会が登場しはじめるようになる。

フランスの王立農業学会（1761 年）、パリ薬学アカデミー（1803 年）、地理学会（1821 年）などである。

　そして当時の社会情勢や産業との関わりのなかで、専門教育の必要性が認識されるようになり、そのための機関整備が進んでいくことになる。19 世紀に入ると、科学の専門教育が正規のものとなり、大学が中心的な役割を果たすようになる。世界で最初の本格的な高等科学技術者養成機関としては 1794 年に設立されたフランスのエコール・ポリテクニクが有名であるが、その後フランスでは、「鉱山学校」や「工兵学校」などでの応用教育との機能分化が行われ、高等師範学校なども教育機関として台頭してくるようになる。

　ドイツ（プロイセン）では、1806 年のフランスとの戦争（イエナの戦い）での敗北を契機として、フランスの展開を参考とした教育・学制改革が進むことになる。1810 年に設立されたフンボルト大学ベルリンは「教える自由」と「学ぶ自由」を基本とした研究型大学の先駆けといわれ、いわゆるゼミナール形式が登場する。また同時期（1822 年）には、ドイツ自然科学者・医学者協会（GDNÄ）第 1 回大会が行われるなど動きが活発化していく。またドイツ国内では、当時ギーセン大学に所属していた化学者リービッヒが、エコール・ポリテクニクを参考としながら、新しい教育実践をはじめることになる。これは学生が研究室に所属し、そこでの実験経験を通じて専門家として学ぶという現在の研究室教育の雛形であった。

　これらの歴史的な動きについてより知りたい人は、古川安『科学の社会史——ルネサンスから 20 世紀まで』（ちくま学芸文庫、2018）、ならびに中島秀人『社会の中の科学』（放送大学教育振興会、2008）などをご覧いただきたい。

——【コラム 2】標準と標準化——

　国際的な標準団体である国際標準化機関（International Organization for Standardization: ISO）と国際電気標準会議（International Electrotechnical Commission: IEC）によれば、標準（Standard）とは「与えられた状況において最適な程度の秩序を達成することを目的に、共通に、かつ、繰り返し使用するために、活動またはその結果に関する規則、指針または特性を規定する文書であって、コンセンサスによって確立し、一般に認められている団体によって承認されたもの」と定義されている。そして、標準化（Standardization）は、「実在の問題または起こる可能性がある問題に関して、与えられた状況において最適な秩序を得ることを目的として、共通に、かつ、繰り返して使用するための記述事項を確

立する活動」であるとされる（ISO/IEC 2004; 塩沢 2008）。

　標準をめぐる営みとは、自由な競争のなかで多様化、複雑化、無秩序化する可能性のあるさまざまな技術・システム・活動について、相互互換性を担保し、新しい相互作用を促すための行動であるといえる。標準をめぐる行動体系は一つではなく、表にみるように複数のアプローチが併用されている。

標準の種類	概要
デ・ジュール標準 （De Jure Standard）	国際標準化機関、国を単位とした国家標準化機関、あるいは国内の標準化団体などにより公的な標準として作成され、明文化された標準。作成への参画はオープンで、標準作成に関心のある団体、企業が参画する。
フォーラム標準 （Forum Standard）	標準作成に関心のある企業が自発的に集まってフォーラムを形成し、それらの合意によって業界の標準として作成する標準。
コンソーシアム標準 （Consortium Standard）	技術開発を複数の社が共同で行い、それによって生み出された技術により生産された製品によって、同様の目的で形成された他の競合する企業連合との間の市場競争での勝利を目指す企業連合標準。デ・ファクト標準の獲得を目指す場合もある。
デ・ファクト標準 （De Fact Standard）	デ・ジュール標準のように公的に決められ明文化されたものではないが、市場に占めるシェアから事実上の標準とみなされるようになった特定の企業または業界の標準。
コンセンサス標準 （Consensus Standard）	サプライヤー側主導によるデ・ファクト標準と異なり、競争段階の前の時点で関連企業が企業間コンソーシアムなどを形成し、コンソーシアムにおける合意をベースに仕様を固めた標準。特定企業の優位構築のための手段というよりも、非競争領域を構築する取り組みの側面がある。

（出所）　標葉隆馬（2018）より引用。高山（2011）ならびに糸久（2016）をもとに作成。

　例えばホライズン 2020 では、イノベーション・エコシステム形成を重要な政策的課題と捉え、積極的な取り組みを行っている（官民パートナーシップ（PPP）をはじめとするイノベーション・エコシステム形成のための政策的展開の一例として、「標準化」をめぐる動きについては、阿部 2015; 高野・山下 2015b; 安本 2016; 徳田 2016; 標葉 2018 などを参照のこと。また、研究イノベーション学会の学会誌である『研究技術計画』の 2016 年 31 巻 1 号は、科学技術政策、標準化、イノベーション・エコシステムに関わる特集号となっている）。

第2章

日本の科学技術政策
——経緯、現在、課題

　本章では、日本の科学技術政策の経緯、そしてその現状と生じつつある構造的課題について、俯瞰的に理解していくための基礎的な分析を提供する。

　日本の科学技術政策においては、基礎研究の振興と政策的重点領域の設定による研究推進が行われてきたが、それは緊縮財政を背景とする公的セクターにおけるニュー・パブリック・マネジメントの導入、グローバル化の圧力、研究機関への資金配分の効率化要求、そして説明責任の増大などの文脈のなかで変化してきた。とりわけ科学技術基本法や科学技術基本計画の策定を経て、日本の研究基盤は、運営費交付金と競争的研究資金を併用するマルチファンディング構造へと変容している。

　そしてより最近の動きは、経済・社会的課題への関心を強調する「科学技術イノベーション政策」や大学改革などと並行して生じている。社会的・経済的課題への関心の高まりは近年においてますます顕在化しており、2018年12月の「科学技術・イノベーション創出の活性化に関する法律」、そして科学技術基本法の改定の議論などもそのなかで生じている。この状況において、自然科学系分野のみならず人文・社会科学系分野も含めた研究環境の変化が予想される。分野に即した支援と評価制度の構築などの全体的な議論が望まれるが、同時に各分野における学術ビジョンの提示が重要となる。

1　日本における科学技術政策
——1970年代と1980年代における展開

　本章では、日本の科学技術政策の展開を概観する。ここでは現在の科学技術政策の構造と課題により注目するため、特に1970年代以降の流れに絞っ

てみていくことにしたい。

　なお日本における大学の登場や、戦前・戦中における日本学術振興会や理化学研究所の成立過程など、本来であればこれらの歴史的経緯をふまえることは、現代の科学技術政策をめぐる構造とその背景を理解するうえで非常に重要である。興味のある方は、章末のコラム3ならびに、巻末のブックガイド「さらに学びたい人のために」に挙げた推薦文献をご覧いただきだい。

1.1　現代に至る科学技術政策——1970年代

　1970年代は、現在に至る科学技術政策史を考えるうえで転換点の一つであった。科学技術政策上のさまざまな文書が精力的に作成、発表された時代であり、その内容は多岐にわたる。

　例えば科学技術会議（現在の総合科学技術・イノベーション会議）が1971年に公表した『諮問第5号「1970年代における総合的科学技術政策の基本について」に対する答申』（通称第5号答申）では、1970年代における科学技術政策の目標として、以下の三つが掲げられている（科学技術会議1971: 7-8）。

> 1．社会・経済などのニーズに科学技術面でこたえ、その実現に寄与すること[(1)]
> 2．科学技術のシーズを培養すること[(2)]
> 3．基礎科学を振興すること

そのうえで、各種のナショナルプロジェクトや重要研究開発分野を提示しながらその推進を提起する内容となっている。第5号答申において強調される領域は、原子力利用、宇宙科学・開発（ロケット・人工衛星）、海洋開発、

---

(1)　①人間の資質の向上、②国民生活の向上、③社会・経済基盤の整備と環境の保全、④経済の効率的発展、⑤国際的責務の遂行の五つに分類されている。
(2)　社会・経済的にいま要請されているものを超えて、長期的視野から将来的あるいは新規な科学技術領域の発展を目指す方向性が示されている。

核融合、新材料、ライフサイエンス、ソフトサイエンス、基礎電子技術およ
び情報科学、超高温、超高圧、極低温、各種標準に関する分野であった。例
えば、いまでこそ普通に使われているライフサイエンスという言葉は、この
第 5 号答申を境として科学技術政策に登場するようになったものである（斎
藤 1995）。また第 5 号答申では、環境問題や公害問題などを背景としつつ、
科学技術がもつ正負両方のさまざまな影響への関心と人間の生命・人権の尊
重の立場について言及されている点が特徴的である。そして環境技術分野と
の協調、（言葉そのものは出てこないものの）倫理的・法的・社会的問題へ
の対応に関する視点、政策のための科学（Science for Policy）、テクノロジ
ーアセスメント（Technology Assessment: TA）、国際的な科学技術協力、
プロジェクトマネージャーの育成などについての状況認識と今後の方向性に
ついての論点が提示され[3]、その活動強化のための基盤構築についての記述
がなされている（科学技術会議 1971）。

　1977 年には、『諮問第 6 号「長期的展望に立った総合的科学技術政策の基
本について」に対する答申』（通称第 6 号答申）が公表されている。第 6 号
答申内容は、基本的に第 5 号答申を踏襲するものとなっているものの、1973
年のオイルショックを契機としていることもあり、資源問題やエネルギー分
野、それらに関わる社会的・経済的安全への関心をより強く示す形となって
いる（科学技術会議 1977）。

　これらの事柄をまとめて少し踏み込んだ言い方をするならば、現在いわれ
るような科学技術政策上のテーマの多くは、第 5 号答申などをはじめとして、
1970 年代の時点ですでに認識されていたともいえる[4]。またこれらの答申は、
作成に関わった委員の構成も公的セクターと民間セクターを横断したものと
なっており（むしろ民間セクターからの参加者のほうが多い）、内容も官民
横断的となっている点に注意が必要である。

---

(3)　この時点においてすでに、人文科学・社会科学を含めた知見の活用が提起されている。

(4)　またこの前の時代における政策文書の例としては、1960 年の『諮問第 1 号「10 年後を目標
　　とする科学技術振興の総合的基本法策について」に対する答申』などがあり、理工系人材育成
　　や研究活動の大幅な強化が提起されている（科学技術会議 1960）。

1.2　1980 年代における科学技術政策の変化と基礎研究シフト

　1970 年代における科学技術政策に関する議論の充実は、1980 年代に入る頃から次第に変化をみせていくことになる。その特徴の一つは、基礎研究重視への転換であった[5]。

　日本の基礎研究政策の転換において、1980 年から鈴木善幸内閣によって設置された科学技術関係閣僚連絡会議が大きな役割を果たしたことが指摘されている。科学技術関係閣僚連絡会議は 1980 年 12 月に『科学技術政策のあり方について』をまとめ、「研究開発投資の充実・効率化」、「科学技術会議の総合調整機能の強化」、「評価システムの拡充・強化」、「学会、産業界、政府の有機的連携の強化」、「自主技術開発の推進」、「人材の育成、確保」、「国際協力の推進」を基本項目とした提言をまとめている。この提言が、その後の科学技術政策ならびに予算措置に大きな影響を与えていくことになる[6]。1981 年の科学技術振興調整費や創造科学技術推進制度（ERATO）、通商産業省の次世代産業基盤技術研究開発制度などの登場は、こうした動きを背景の一つとしている（國谷 2015）。

　このようななかで、1984 年に科学技術会議が公表した、『諮問第 11 号「新たな情勢変化に対応し、長期的展望に立った科学技術振興の総合的基本方策について」に対する答申』（通称第 11 号答申）では、応用開発面では欧米諸国に肩を並べたという認識が前提となり、一方でこれまで以上に基礎研究振興への関心が明示されることになる。

　第 11 号答申では、「創造性豊かな科学技術の振興」、「人間及び社会との調和ある科学技術の振興」、「国際性を重視した展開」の三つが重要な基本的テーマとされ[7]、これまで以上の人材育成[8]、研究評価、知的財産の帰属の検

（5）　小林信一は、1980 年代からの日本の科学技術政策の変容を「長い転換期」と表現している（小林 2011b: 23）。

（6）　なおこの時期の政策関連文書の概要については、國谷実の著作に詳しい。大平総理政策研究会・科学技術の史的展開グループ（佐々学議長）報告書、議員研究会アルファクラブ提言『新しい日本のために——日本の新しい科学と技術を考える　中間報告』、日本経済調査協議会長期専門委員会提言『今後の技術革新の方向』、そして経団連や経済同友会提言、産業構造審議会答申などが、関連する文書としてこの時期にさまざまに出ている（國谷 2015）。

討なども含めた研究開発・運営・協力体制の見直しや整備、国際交流・協力の促進（科学技術協力協定や多国間協力事業等交流などに関わる枠組み整備、人材と情報の交流）などの論点が強調されている。そして基礎的・先導的科学技術の推進が国際社会において積極的な役割を果たすことにつながるという認識を示すとともに、物質・材料系、情報・電子系、ライフサイエンス、ソフト系、宇宙、海洋、地球といった分類ごとに重点的なテーマを提示している（科学技術会議 1984）。そして、この答申を受けて、科学技術庁「生命と地球科学研究計画」や通商産業省「ヒューマン・フロンティア研究計画」などの大型基礎研究の計画がまとめられていく。

　ここでもう一つ重要な点は、このような基礎研究への政策シフトと投資関心の動きが、この時代に同じく発生していた外圧に乗る形で展開していったことである（中山 1999）。1980 年代の科学技術政策における大きな出来事に、1980 年に結ばれた「科学技術における研究開発のための協力に関する日本政府とアメリカ合衆国政府との間の協定」（日米科学技術協定）と、その改訂が 1988 年に締結されるまでの一連の議論と交渉がある（國谷 2014）。

　日本の急速な戦後復興と高度経済成長は、アメリカの経済力の相対的な地位低下を招くこととなった[9]。この状況に対するアメリカの危機感の高まりを背景として、科学技術をめぐる摩擦もまた大きくなっていった[10]。この過程でアメリカ側から、日本はアメリカの大学で行われた基礎研究の知見を使

⑺　そのうえで、「研究評価の充実を含めた総合的、機動的な政策展開」、「国の財政状況を踏まえたより効率的効果的な推進」、「異分野間、産学官の間におけるそれぞれの組織の枠組みを超えた連携協力の促進等による経済及び社会からのニーズに対する総合的な対応力の強化」、「省資源・省エネルギー技術等資源の有限性に立脚した科学技術の展開と信頼性、耐久性の向上等による長期的かつ総合的なストックの形成」が、科学技術政策において考慮すべき事項として提起されている（科学技術会議 1984: 17-18）。
⑻　理工系人材における国内外の文化・伝統理解と人文科学分野の人材育成における科学技術理解の重要性、民間の研究者らの大学院での再教育の拡充や人事交流などもうたわれている（科学技術会議 1984: 30-35）。
⑼　本章でみてきた 1970 年代以降の答申群においても、日本の技術開発力が国際的な水準に追いついたとの認識が登場している。
⑽　同時期にアメリカでは産官学をつなぐ試みと、その基盤としてのプロパテント政策が展開されていく。その概要については、第 10 章コラム 7 にて説明している。

用した技術開発を行っているという、「基礎研究ただ乗り論」が提示されて
いく（中山 1999, 2006; 國谷 2014）。科学史家の中山茂は、「基礎研究ただ乗り
論」、特に 1980 年代後半におけるアメリカ側からの要求を以下のように整理
している（中山 1999, 2006）。

- 日本企業はアメリカに知的所有権料を支払うこと
- 日本政府はもっと基礎研究に支出すること
- 日本はアメリカの科学技術情報を自由にとれるが、アメリカは日本の
  それをとれない。その日米間の情報流通の不均衡を是正して、シンメ
  トリカル・アクセスにすること
- アメリカの科学技術者をもっと日本に招くこと
- 日本もアメリカの防衛努力に協力し、守秘義務を守り、アメリカの秘
  密特許を認めること（中山 2006: 156-157）

これらは理不尽な要求内容も多分に含まれているものであったものの、アメ
リカ側の圧力のなかで、日本側は要求のかなりの部分を受け入れていくこと
になる（中山 1999, 2006）。

　つまり 1980 年代の日本の科学技術政策については、日本の科学界と科学
行政の基礎研究政策振興への関心、日米科学技術協定の改訂論議によく現れ
るアメリカからの圧力（あるいは追い風として）、これらが組み合わさった
流れのなかで生じてきた政策全体の基礎研究シフトが特徴といえる[11]。

---

(11)　ただし、後述するように、これは行政側だけが関わった動きではない。当時の大学の資金難
　　も背景として、1980 年代後半から 1990 年代にかけて学セクターも含めて科学研究に携わる幅
　　広いアクターが関与した事柄であることは指摘しておく必要がある（中山 1999, 2006; 小林
　　2015）。また小林信一は、1992 年科学技術会議答申『新世紀に向けてとるべき科学技術の総合
　　的基本方策について』や学術審議会答申『21 世紀を展望した学術研究の総合的推進方策につ
　　いて』などの文書に基礎研究シフトの一つのピークをみてとり、同時代の各国の科学技術政策
　　との差異を指摘している（小林 2011b）。

2　日本における科学技術政策
——現在の科学技術政策枠組みの誕生

2.1　1990 年代——科学技術基本法と科学基本計画

　1990 年代前半の注目すべき動きの一つに大学院重点化がある。かねてよ
り指摘されてきた理工系の人材不足の解消のため、1980 年代から工学系を
中心に大学院が拡大され、それにともない、当時の大学院の制度的課題もみ
えてくることになった。

　この大学院重点化に関わる政策文書の例として、1991 年に大学審議会が
出した二つの答申、『大学院の整備充実について』ならびに『大学院の量的
整備について』がある。これらの答申では、2000 年までに大学院生数を
1991 年時点の規模の 2 倍に拡大すること、大学院生の処遇改善（日本学術
振興会特別研究員採用数拡充や、ティーチングアシスタントやリサーチアシ
スタントの導入支援）などの課題が提示され、大学院の積極的拡大と制度的
整備が提起されている[12]。

　実際の大学院重点化の取り組みは、東京大学法学部の教員の所属が法学部
から大学院法学政治学研究科へと移行することにともなう、制度上の改革か
らスタートした。そして急速に増えた大学院生に対応する形で東京大学の理
工系大学院、そして他大学の大学院においても、同様の組織上の変化と制度
改革が進むことになる（小林信一 2004: 53）。

　そして、この大学院重点化が本格的にはじまる 1990 年代前半は、いまの
大学をとりまく研究環境を形成する歴史的転換点の一つであったといえる。
小林信一のまとめに沿ってみていくことにしたい（小林 2015）。

　1980 年代から続く工学系分野を中心とした大学院生数の増加、また研究
費の不足から、当時の大学では、機器の更新・維持や増加した大学院生のた
めの研究スペース確保などが困難となっていった。このようななかで、当時

---

[12]　http://www.mext.go.jp/b_menu/shingi/chukyo/chukyo4/gijiroku/03052801/003/001.htm
（最終アクセス 2019 年 7 月 21 日）

の東京大学総長であった有馬朗人は、1989 年に大学の研究環境の悪化を訴える論文を書き、その内容が一般誌でも取り上げられていくことになる。大学の窮状は次第にメディアの、そして政治家や経済界の関心を集めていくことに成功したのである。その結果、1991 年には自民党文教部会ならびに経済団体連合会（経団連）による提言のとりまとめが行われている。この後押しを受け、1992 年には、科学技術会議が『諮問第 18 号「新世紀に向けてとるべき科学技術の総合的基本方策について」答申』をまとめ、緊縮財政下において研究費の予算拡大の動きがつくられていった（小林 2015: 13-18）。

　しかし、ここで注意すべき点がある。小林信一が指摘するように、この流れのなかで経団連の提言には、ニュー・パブリック・マネジメント[13]（New Public Management）的な観点から大学と大学教員側に改革を求める内容も含まれていた（小林 2015）。前段で述べたような関心の獲得や緊縮財政下における予算拡大といった「成功体験」は、それと引き換えに大学改革といういまにも続くテーマを引き受けることが表裏一体となったものであったといえる。

　このような動きと並行して、1995 年に「科学技術基本法[14]」が成立する。科学技術基本法は、日本の科学技術研究推進のための一連の施策の根拠法であり、また 5 年ごとの『科学技術基本計画』の策定と実施を定めている。そして 1996 年に『第一期科学技術基本計画』が閣議決定され（内閣府 1996）、また同じタイミングで「ポストドクター等 1 万人支援計画」もスタートしている。

　科学技術基本法と第一期科学技術基本計画の策定によって、研究費予算などはこれまで以上の措置を受けることが可能となった。また第一期科学技術基本計画によって、競争的資金拡充と研究助成制度が複数並行して運用されるマルチファンディング構造が加速していくことになるが、その後の日本で

---

[13]　行政や大学などの公的セクターのマネジメントに、民間企業において行われているような経営手法を取り入れることで業務の効率化や質の向上を図る試み。

[14]　http://elaws.e-gov.go.jp/search/elawsSearch/elaws_search/lsg0500/detail?lawId=407AC1000000130&openerCode=1 （最終アクセス 2019 年 7 月 21 日）

拡大する「選択と集中」の色合いは、以降の文書群と比較してまだ薄いものとなっている。

　基礎研究シフトの名残、大学院重点化による研究環境の逼迫、予算をめぐる研究者側の「成功体験」と引き換えの大学改革の圧力の下地形成、これらが同床異夢のように混在しながら展開していったことが、1990年代における日本の科学技術政策の特徴の一つであるといえよう。

2.2　2000年代——第二期科学技術基本計画、第三期科学技術基本計画

　日本の科学技術政策の枠組みは、2001年に閣議決定された『第二期科学技術基本計画』の前後からおおよそ現状のものとなったと考えてよい。第二期科学技術基本計画における大きな特徴の一つは、知的資産の増大・経済的効果、社会的効果といった観点から寄与が大きい重点4分野として「ライフサイエンス」・「情報通信」・「環境」・「ナノテクノロジー・材料」を、また国の基盤領域に位置づけられる推進4分野として「エネルギー」・「ものづくり技術」・「社会基盤」・「フロンティア」の、あわせて8分野を指定していることである（内閣府 2001a）。

　第二期科学技術基本計画においても基礎研究の推進は重要視されているものの、上記の重点・推進分野を中心として政策課題対応型研究開発への重点的なファンディング、「選択と集中」がより明示的にはじまることになる。詳細は後述するが、この時期に、経常的予算低減と競争的資金増加という形で研究費の性格とその配分方法がより明確に変化していくことになる。

　2006年には『第三期科学技術基本計画』が策定され、2008年6月には「研究開発システムの改革の推進等による研究開発能力の強化及び研究開発等の効率的推進等に関する法律」（研究開発力強化法）が施行される。この第三期科学技術基本計画では、重点・推進領域の指定については第二期科学技術基本計画のものを引き継ぎつつ、「イノベーション」が重要なキーワードとしての地位を占めるようになったことが大きな特徴となっている。第三期科学技術基本計画では「イノベーション」について、以下のように記述している（科学技術イノベーション政策をめぐる議論と課題の詳細は本章にて後述する）。

　　科学的発見や技術的発明を洞察力と融合し発展させ、新たな社会的価値
　　や経済的価値を生み出す革新（内閣府 2006: 4）

科学技術政策は、「イノベーション」の創出を意識したものへと変容し、そ
のもとで重点領域への投資、競争的環境の創出、大学改革などが推し進めら
れることになっていく。

　これらの変化はニュー・パブリック・マネジメントを中心とする行政改革
を背景として進んでいったものである。この時期に生じた大きな動きである
2004 年の国立大学法人化もこの流れの一環であった。これ以降、国立大学
は、各種の独立行政法人と同じように、国による法人評価制度のなかに置か
れることになった（標葉・林 2013）。

2.3　2010 年代——第四期科学技術基本計画、第五期科学技術基本計画

　2011 年 8 月 19 日に閣議決定された『第四期科学技術基本計画』は、2011
年 3 月 11 日に発生した東日本大震災の影響を受けた内容となっている（な
お、その策定と閣議決定の作業も、東日本大震災の影響により遅れている）。
「科学技術イノベーション政策の一体的展開」、「人材とそれを支える組織の
役割の一層の重視」、「社会と共に創り進める政策の実現」などが基本的な方
針として掲げられ、またこれまでの重点・推進領域が二つのカテゴリのイノ
ベーション（ライフイノベーションとグリーンイノベーション）に貢献する
研究分野として再区分されるなどの変化もみられる。しかしながら、第四期
科学技術基本計画の大きな特徴は、東日本大震災とそれに続く福島第一原子
力発電所事故のインパクトへの政策的・社会的対応を背景とした問題設定に
ある。例えば、「科学技術イノベーション」と地域イノベーションの連携に
関する目標・方針の設定などが試みられ、またリスクコミュニケーションや
倫理的・法的・社会的課題（Ethical, Legal, and Social Issues: ELSI）などの
テーマが明確に登場することも特徴である（内閣府 2011）。

　また 2010 年代における日本の科学技術政策の特徴として、5 年ごとに策
定される科学技術基本計画に加えて、2013 年以降毎年閣議決定される『科

学技術イノベーション総合戦略』の存在がある。おおまかにいうならば、科学技術基本計画が5年ごとの行政における科学技術政策の大枠を示すものであるのに対して、科学技術イノベーション総合戦略は政府の成長戦略と結びついた形で提示される年度ごとの戦略・予算方針である。その内容の特徴として、経済・社会的課題への対応が重要視され、特定の政策課題への重点的投資の方針が色濃く反映されている。

　2013年の『科学技術イノベーション総合戦略——新次元日本創造への挑戦』（内閣府 2013）ならびに2014年の『科学技術イノベーション総合戦略2014』（内閣府 2014）では、経済・社会的課題の解決が強調され、グローバル化の進展、持続可能性への脅威（人口、エネルギー、資源、テロ、水・食糧、感染症など）、グローバル経済構造の変化、自然災害に関わる問題認識を前提として、エネルギーシステム、健康長寿社会、次世代インフラ、地域資源活用による地域再生、東日本大震災からの早期復興・再生などが、科学技術イノベーションが取り組むべき課題として想定されている。そして、戦略的イノベーション創造プログラム[15]（SIP）との連動の強調、施策を評価するための業績評価指標[16]（Key Performance Indicators: KPI）の設定への注目などの特徴がある。

　このような方向性は、『科学技術イノベーション総合戦略2015』（内閣府 2015a）ならびに『科学技術イノベーション総合戦略2016』（内閣府 2016a）においても、章構成が変わり、経済・社会的課題の位置づけがより目立つようになるものの、基本的に同じである。また『科学技術イノベーション総合戦略2017』ならびに2018年からの『統合イノベーション戦略』では、経済財政諮問会議ならびに未来投資会議における議論の内容が強く意識される形となっている（内閣府 2017, 2018）。

　そして2016年1月に閣議決定された『第五期科学技術基本計画』は、科

---

[15]　戦略的イノベーション創造プログラム（SIP）は、「総合科学技術・イノベーション会議が府省・分野の枠を超えて自ら予算配分して、基礎研究から出口（実用化・事業化）までを見据えた取組を推進」するプログラムとされる。http://www8.cao.go.jp/cstp/gaiyo/sip/sip gaiyou.pdf（最終アクセス 2019年7月21日）

[16]　組織やプロジェクトの目標達成に関する測定、戦略判断に資する指標群。

学技術イノベーション総合戦略を視野に入れた内容になっており、産業や価値の創出、持続的発展・課題解決など、より経済的・社会的な観点からの記述が増している[17]。また科学技術イノベーションの基盤強化として、大学改革や機能強化がうたわれている（内閣府 2016b）。

3　科学技術政策から科学技術イノベーション政策へ
──その展開、課題、今後

　現在の日本における科学技術政策ならびに大学などの高等教育機関に関わる学術政策と高等教育政策[18]は、緊縮財政を背景とする公的セクターにおけるニュー・パブリック・マネジメントの導入、グローバル化の圧力、研究機関への資金配分の効率化要求、そして説明責任の増大などの文脈のなかで生起してきたものであり、先に概観したように、運営費交付金などの基盤経費を中心としたファンディングシステムから競争的研究資金を併用するマルチファンディング構造への変化をともなって展開されてきたものでもある。

　ここでこのファンディング構造の変化、とりわけ大学をとりまく状況についてもう少しつぶさにみておこう。昨今におけるファンディング構造の変化は、大学改革と表裏一体の形で展開されている。例えば 2016 年の第五期科学技術基本計画ならびに国立大学第三期中期目標・中期計画が並行して動いている現在において、小林信一はその議論の特徴を以下のようにまとめている（小林 2015: 3）。

---

[17]　第五期科学技術基本計画の第 3 章「経済・社会的課題への対応」では、「エネルギー・資源・食糧の安定的な確保」、「超高齢化・人口減少社会に対応する持続可能な社会の実現」、「国家安全保障上の諸課題への対応」などが挙げられている（内閣府 2016b: 21）。

[18]　日本における科学技術政策、学術政策、高等教育政策、そして各種の評価に関する議論や政策枠組みは、たがいに関連する内容をもちながらも必ずしも整合的に進んできたわけではない（標葉・林 2013）。なお、近年の大学教育をとりまく政策的議論の状況の一端、また一時期話題となった G 型・L 型大学をめぐる議論の顛末などについては、小林（2016）などをまずは参照のこと。大学の置かれた状況を検討するためには、このような議論の整理が今後ますます必要となる。

　①大学改革と競争的研究費改革の一体的推進
　②国立大学の自己収入の拡大
　③大学間の連携や学部などの再編・統合の促進
　④新たな重点支援制度

　また同じく小林信一は、『経済財政運営と改革の基本方針 2015――経済再生なくして財政健全化なし』（内閣府 2015b）ならびに『「日本再興戦略」改訂 2015――未来への投資・生産性革命』（内閣府 2015c）などの近年の政策文書の検討から、以下のようなテーマを見出している（小林 2015）。

- 大学改革と競争的研究費改革の一体的推進
- 国立大学法人運営費交付金等の重点配分を通じた大学間の連携や学部などの再編・統合の促進
- 民間資金の導入促進
- 国立大学法人に対する個人からの寄付金の税制上の扱いに関する検討
- 国立大学重点支援のための三つの枠組み「地域貢献」・「特定分野」・「世界水準」の選択に応じた改革取り組みの評価と配分（これは 2013 年の『国立大学改革プラン』の 3 類型を継承したものである）
- 国立大学の自己収入拡大のための財政運営自由度の拡大
- 競争的研究費への間接経費 30％の措置

　ここでわかるように、『経済財政運営と改革の基本方針 2015――経済再生なくして財政健全化なし』や『「日本再興戦略」改訂 2015――未来への投資・生産性革命』などで出てきているテーマは、第五期科学技術基本計画ならびに国立大学第三期中期目標・中期計画における上記の論点に引き継がれている。またすでに述べたとおり、第五期科学技術基本計画が、未来投資戦略や科学技術イノベーション総合戦略の内容に親和的な形で構築されている点に留意する必要がある。
　これらの議論と並行して、基盤的経費（特に運営費交付金）と競争的資金

の適切なバランスを求める議論も行われてきたが（科学技術・学術審議会学術分科会 2014, 2015）、その状況は改善しているとはいいがたい。すでにして課題を抱えているファンディングシステムのなかで、特定大学に資金配分が集中し、地方大学などにおける研究基盤・能力の低下、安定的な人件費の不足による若手研究者の雇用の不安定化などの大きな弊害が生じているのが現状である（小林 2015）。

　そして大学をめぐる状況の変化が、事態をさらに複雑なものにしている。知識基盤社会とグローバル化の進展、さらには大学外部からの期待の増加にともない、大学の役割や機能はインプット・アウトプットともにますます多様なものとなってきている[19]（林 2014）。科学技術研究開発力の強化、大学の機能分化、競争力強化、人材育成機能、経済発展といった事柄の関連が強く意識される形で、大学のガバナンス改革や、「教育の質保障」をめぐる議論が焦点となり、資本投下がなされてきた（田中毎実 2013）。昨今のリーディング大学院プログラムや近年の政策文書[20]における議論をこの流れのなかに位置づけることは、さほど不自然なことではないだろう。このような政策やファンディングを通じたトップダウンによる大学ガバナンス改革と教育改革の流れは、「学校教育法」および「国立大学法人法」の改正などもともないさらに進められつつある。

　このような政策的展開のなかで、「より効率的で迅速な研究開発成果の国民・社会への還元」、「有望な研究開発課題の発掘と持続」、「政策・施策形成への貢献」などのイノベーション的側面あるいは経済・社会的側面への関心を強める方向で「科学技術イノベーション政策」という言葉が使われるようになっている。

---

(19)　例えば、2005 年中教審答申「我が国の高等教育の将来像」においては、大学に求められる機能として、①世界的研究・教育拠点、②高度専門職業人養成、③幅広い職業人養成、④総合的教養教育、⑤特定の専門分野（芸術・体育など）の教育・研究、⑥地域の生涯学習機会の拠点、⑦社会貢献機能（地域貢献、産学官連携、国際交流等）が挙げられている（文部科学省 2005）。

(20)　例えば、2012 年 6 月に文部科学省が発表した『大学改革実行プラン——社会の変革のエンジンとなる大学づくり』（文部科学省 2012）や 2013 年 5 月に教育再生実行会議が発表した『これからの大学教育等の在り方について（第三次提言）』（教育再生実行会議 2013）など。

　小林信一が指摘するように、日本における現在の科学技術イノベーション政策は、科学技術・研究開発に関わるイノベーションだけが対象となっていること、産業競争力会議が主導する成長戦略の下位戦略に位置づけられていること、成長戦略実現の手段としてイノベーション・ナショナルシステム[21]の構築が考えられていることといった非常に特異な文脈をもっている。イノベーションという言葉もまた、実質的に技術的革新とそれにともなう経済的価値や産業競争力の創出など、かなり限定的な意味で使用されている点に注意が必要である（小林 2017a）。また 2018 年 12 月に改正された「科学技術・イノベーション創出の活性化に関する法律[22]」（旧：研究開発力強化法）においても、ここでみたような成長戦略実現の手段としてイノベーション・ナショナルシステム構築と推進を進める方向性が強調されている。

　本章の最後に、ここまでみてきた流れは、科学技術分野に限ったものではないことを強調しておく必要がある。科学技術基本法では、その第 1 条において「この法律は、科学技術（人文科学のみに係るものを除く。以下同じ。）の振興に関する施策の基本となる事項を定め[23]」とされており、（少なくとも一部の）人文・社会科学系領域には、ここまでにみたような科学技術政策の展開は関係ないかのように思えるかもしれない。しかしながら、実際には上述のような科学技術政策の変容は、競争的資金をめぐる変化やそれにともなう大学改革、そしてその結果として立ち現れてくる研究環境・基盤の変容を通じて、人文・社会科学領域に陰に陽に影響してきた[24]。

　加えて、2019 年になり、科学技術基本法の「人文科学のみに関わるものを除く」という部分の削除を含む抜本的改正についての議論が 2020 年の通常国会で行われることが発表された[25]。2018 年 12 月の「科学技術・イノベ

---

[21]　大学と産業界の間を公的研究機関が橋渡しをする形で関与し、イノベーション創出を促すプラットフォームを形成していくという構想として、イノベーション・ナショナルシステムという考え方が提示されるようになった（小林 2017a）。また科学技術イノベーション政策をめぐる状況については、後藤（2017）の分析もあわせて参照されたい。

[22]　http://elaws.e-gov.go.jp/search/elawsSearch/elaws_search/lsg0500/detail?lawId=420AC10 00000063（最終アクセス 2019 年 7 月 21 日）

[23]　http://elaws.e-gov.go.jp/search/elawsSearch/elaws_search/lsg0500/detail?lawId=407AC10 00000130（最終アクセス 2018 年 12 月 31 日）

ーション創出の活性化に関する法律」も、その第 2 条において、科学技術基本法に基づき「人文科学のみに関わるものを除く」と規定されているが、もしこの改訂がなされた場合、その制限が外れることになる。そのことはとりもなおさず、ここまでにみてきたような政策的展開に人文・社会科学系分野もますます包含されるようになることを意味することにほかならない。

⑳　なお、ここで述べたような研究基盤の変容は、大学の置かれている環境・状況の変化とも関わる。とりわけ大学院重点化を経て生じてきた日本の大学の変化とその位置づけをめぐる変化は、分野を問わず関係のある事柄であろう。実際、人文・社会科学系分野の改革は、この大学院重点化の流れのなかで重要な論点でもあり、大学院重点化自体が東京大学法学部における制度上の改革実施に端を発している。これらの点については、小林（2004）を参照されたい。またこの小林論文が掲載されている、江原武一・馬越徹（編）『大学院の改革』（東信堂、2004）は大学院重点化後、大学法人化直後における関連研究書として注目すべきものである。また、1990 年代半ばまでの日本の研究者養成をめぐる状況の分析としては、塚原・小林（1996）が詳しい。

㉕　2019 年 1 月 8 日『毎日新聞』報道。

——【コラム3】日本における科学技術の制度化——

　日本における科学技術研究ならびに教育の制度化は、幕末から明治にかけて、欧米列強から受けた衝撃のなかで進められた。

　とりわけ教育機関の整備は、幕末に江戸幕府が設立していた教育機関を明治新政府が改組・利用する形で進むが（開成学校や大学東校など）、1877年の東京大学の設立が一つの大きな節目であるといえる。東京大学は当初は法・理・文・医の4学部からスタートし、1886年に帝国大学となる。このタイミングで、工部省の影響のもと、東京帝国大学には、当時世界唯一の総合的工科大学であったスイス・チューリッヒの連邦工科大学をモデルとして、「工科大学」（のちの工学部）が設置された。このように総合大学の一分科大学として「工科大学」あるいは「工学部」が設置されることは、当時において世界的にみてもはじめてのユニークな試みであった。その後、1890年には同様に農科大学（のちの農学部）も分科大学として設置され、これも当時の世界的な大学事情のなかで非常にユニークな試みである（廣重 2002; 杉山 1994）。

　科学史家の杉山滋郎は、日本の大学制度は、欧州で形づくられつつあった大学制度を輸入する形で行われたことで、当時の列強と比較しても半世紀程度の遅れであったと指摘している（杉山 1994）。

　その後、二度の世界大戦に前後して、いまに続く科学技術研究の制度や組織的基盤が形づくられていくことになる。第一次世界大戦を背景とした合成染料・医薬品の輸入物資不足から、化学工業に対する研究・産業の自立化が加速する。また海軍の主導で1917年には「日本光学」（現在のニコン）が設立されるなど光学分野の研究・産業競争力強化も試みられている。本田光太郎による東北帝国大学での鉄鋼研究の促進、理化学研究所の設立などもこの時期である。その後、世界恐慌による深刻な不況のなかで、科学技術振興は経済力強化の枠組みにおいてより語られるようになり、富国強兵のもとに動員されていくことになる。現在においても重要な資金配分機関（ファンディング・エージェンシー）である日本学術振興会の設置運動もこの流れのなかで生じてきたものであった。

　この動きは第二次世界大戦開戦までにさらに進むことになる。1938年の国家総動員法の第25条（総動員試験研究令）に基づき、1939年には科学動員計画要綱、1941年には科学技術新体制設立要綱が策定され、科学技術研究は戦時体制にますます動員されていくことになった。またこのようななかで、植民地における科学研究として、熱帯生物学や細菌学などが盛んに行われた。

　これらの歴史的な動きについてより知りたい人は、杉山滋郎『日本の近代科学史』（朝倉書店、1994）、ならびに廣重徹『科学の社会史』（上・下）（岩波現代文庫、2002, 2003）などをご覧いただきたい。また現在の産業総合研究所などにつながる国立試験研究機関の設立については鎌谷親善『技術大国百年の計』（平凡社、1988）、また鈴木淳『科学技術政策』（山川出版、2010）なども参考になる。

第3章

日本の研究評価の現在と課題

　本章では、日本の研究評価が抱える課題について、その歴史的背景をふまえながら理解していく。日本では 1990 年代半ばからファンディングシステムの構造変化が生じ、それに連動する形で評価システムの変化が迫られてきた。こうした変化は、日本特有のものではなく、科学研究の質管理の内実が変容していく世界的な状況の表れである。しかしながら、多様なレベルに及ぶ評価システムが求められる現在、日本の研究評価システムが抱える主たる課題として、①「評価疲れ」の問題、②政策評価／プログラム評価の実質化（≒中間組織・境界組織としてのファンディング・エージェンシーの評価）、③経済・社会的インパクトの評価、④「評価の評価」（メタ評価）が指摘されている。

　より最近の傾向として、学術面の質に加えて社会的・経済的効果やインパクトまでを視野に入れた評価が求められるようになり、高度に専門的な研究活動と、社会的な要求や課題とをいかに評価という制度のなかで結びつけることができるかが問われることとなった。また評価に関わる関係者や評価軸の多様化にともない、研究評価の様態は「質の管理」（Quality Control）から「質のモニタリング」（Quality Monitoring）へ移行しているとも表現されている。このようななかで、研究評価が研究活動に与えてしまう正負両面のさまざまな効果についての検討の必要性も高まっている。

1　科学研究ガバナンスと研究評価

　本章では、日本の研究開発評価（あるいは研究評価）をめぐる制度のこれまでと、現在における課題を概観する。研究評価という言葉で指し示される意味は、従来は研究論文の学術雑誌（ジャーナル）への掲載可否を審査する

査読、あるいは研究プロジェクトの研究費申請の採択審査がその主なものであった。これらはいずれも、研究者共同体の自律性と質管理に対して、研究者共同体外部（社会の側）からの暗黙の信頼を背景としながら、研究者共同体内部における妥当性の審査（ピアレビュー: peer-review）によってその内容の可否が判断されるものである。

　現在においても、研究評価は基本的にピアレビューに依拠して行われている。ピアレビューをめぐり、さまざまな限界が指摘されているものの、先端的な研究の内実を判断するための専門性の動員や判断の質、また審査プロセスにかかるコスト面を考えると、ピアレビュー以外の方法は少なくともいま現在は現実的ではない。しかしながら、研究活動の拡大による国の研究費増大とともに、知識基盤社会への移行にともなうイノベーション促進への政策的要請、新興国の台頭も含めた国際競争の激化、さらにはニュー・パブリック・マネジメントに代表されるような行政改革といった複合的な要因を背景にしながら、研究開発のために費やされる公的資金に対しても、その他の政策領域と同様に、より効果的・効率的な配分・運用が強く求められるようになってきた。その結果として、（ピアレビューを基本としつつも）研究評価はピアレビューによる学術的な質管理を超えるものへと変容しつつある。

　例えば評価対象の点では、個々の研究者の研究活動・成果だけでなく、研究機関や施策・プログラムといった集合体へと対象が拡張している。このことは、単に評価対象の規模が拡大するという話だけではなく、評価の観点の変化もともなうものであることに注意が必要である。研究機関や施策・プログラムの形成論理には科学的価値だけでなく、社会・経済的価値などの幅広い視点が考慮されることも増えてきた。そのため、このような研究評価の取り組みは、社会・経済的価値と科学的価値の結合という難しい課題を抱えたものとなり、科学研究をめぐるガバナンスに参加する幅広いステークホルダーの価値観を背景とした、複合的なプロセスへと変容していくことになる。

表 3-1　研究評価対象となる成果の分類例

分類	概要
アウトプット (Output)	研究実施や政策実施によって生じる成果物（例：論文の出版など）
アウトカム (Outcome)	アウトプットの結果としてもたらされた短中期的な効果 （例：臨床試験の実施、新薬創出、特許など）
インパクト (Impact)	長期的な時間軸でみえてくる幅広い影響であり、以下の二つの意味で使われる ①政策の目的として想定される主要なアウトカムを超える社会的・経済的影響 ②政策介入の正味の効果（政策介入がない場合との差分、「追加性」とも呼ばれる）
（スピルオーバー） (Spill-over)	研究開発がもたらす他の領域・業種などへの波及効果

（出所）　林（2014）、標葉（2017a）から筆者作成。

2　研究評価を議論する前に

　科学技術政策における研究評価は、効果的な資金配分の実現と研究振興を目的としている。研究評価の実践は、個別の論文、研究プロジェクト、研究プログラム、政策、機関など、異なる階層に応じた形でさまざまなタイミングで行われる。それゆえ、対象によって想定される成果の範囲が異なってくる。

　研究評価の対象となる成果や達成には、主として表 3-1 のような分類がなされる。また研究評価は実施のタイミングによって表 3-2 のように区分される。

　これらをふまえつつ、研究評価の実施に際しては、「その研究評価は何を目的とするものなのか」、「研究評価の対象と範囲は何か」、「どのタイミングでの評価なのか」、「誰が何を評価するのか」などの要件をまず検討し、適切なスコープを設定する必要がある[1]。

---

[1]　伊地知寛博は、研究評価に関わる議論のなかで評価という言葉が、Evaluation と Assessment とを区別せずに使用されていることについて注意を促している（伊地知 2009）。

表3-2　研究評価の時間軸分類例

分類	概要
事前評価	公的資金を投入する領域・課題を研究の状況や社会的ニーズをもとに選定する
中間評価	採択された研究開発課題が効率的・効果的に実施されているかのモニタリング
事後評価	研究開発課題の実施後の学術的成果、社会経済的な影響の判断
追跡評価	事後評価から時間を経て行う学術的成果、社会経済的な影響、および波及効果の判断

（出所）　林（2014）、標葉（2017a）から筆者作成。

3　日本における研究評価の制度化前夜

　日本における研究評価をめぐる制度化の経緯を概観しておきたい。日本における研究開発費に対するピアレビューの導入は、科学研究費補助金[2]において 1968（昭和 43）年に、同一の研究分野の研究者による評価を含めた二段審査が行われるようになった時点に遡ることができる（原 1982）。また民間セクターにおいても、1950 年代から 60 年代にかけての企業による自前の中央研究所の設置ブームの流れのなかで、アメリカでの研究評価手法を参照して、評点法などの研究プロジェクトの定量評価法に注目した科学的マネジメント（Scientific Management）が志向されてきた経緯がある（政策科学研究所 2002）。

　このように、研究活動が国や企業のなかで一つの重要な営みとして確立しつつあった 1960 年代から、研究評価は公的・民間それぞれの部門において進められてきた。この傾向は 1980 年代後半に入ると強まり、研究評価は科学技術政策のなかでより明確な位置づけがなされはじめる。1986 年 3 月に閣議決定された『科学技術政策大綱』において、研究評価は研究開発の効果的推進において重要な要素として捉えられ、科学技術会議の政策委員会のも

（2）　科学研究費補助金の起源は古く、1918（大正 7）年創設の科学研究奨励交付金をルーツとして、1965（昭和 40）年に設立された。

とに研究評価小委員会が設置された。そして、1986 年 5 月には『研究評価に関する基本的考え方』、同年 9 月には『研究評価のための指針』が策定されている。また 1992 年 4 月 24 日には『科学技術政策大綱』の改訂版が閣議決定されている（標葉・林 2013）。

　しかしながら、現在の日本の研究評価システムとその制度化の動きを理解するためには、1995 年の科学技術基本法制定とそれに続く各種の科学技術政策改革の流れをふまえながら、その経緯をみていく必要がある。

4　科学技術基本計画と研究開発評価の制度化

　第 2 章でみたように、現在の日本の科学技術政策は、1995 年の科学技術基本法とそれに続く科学技術基本計画を基本枠組みとしながら、時代の状況に応じて変化してきた。それにともない、研究開発評価に関する枠組みもまた変化していった。

　科学技術基本法のもと、1996 年に策定された『第一期科学技術基本計画』では、国の研究開発投資を 5 年間で 17 兆円へと増額することを要求するとともに、「厳正な評価を実施」することを定めている。それを受け、1997 年に『国の研究開発全般に共通する評価の実施方法の在り方についての大綱的指針』（以下、1997 年大綱的指針）が策定された。この 1997 年大綱的指針では、研究評価に関して以下のような目的を設定している（内閣府 1997）。

　　• 「研究開発活動における研究費の効果的・効率的配分」
　　• 「研究開発活動の振興・促進」
　　• 「説明責任」

　また同 1997 年 12 月には学術審議会より「学術研究における評価の在り方について（建議）」が、1999 年には学術審議会答申『科学技術創造立国を目指す我が国の学術研究の総合的推進について』が出され、学術政策の観点からの評価をめぐる動きも登場するようになった（学術審議会 1997, 1999）。

　2001 年策定の『第二期科学技術基本計画』では、知的資産の増大・経済的効果、社会的効果といった観点から、「ライフサイエンス」・「情報通信」・「環境」・「ナノテクノロジー・材料」の重点 4 分野、ならびに「エネルギー」・「ものづくり」・「社会基盤」・「フロンティア」の推進 4 分野が設定された。この重点・推進分野の設定は、以降の研究評価における社会的・経済的効果重視の一つの背景となっている (e.g. 内閣府 2001a, 2001b, 2005)。

　また 1990 年代からのニュー・パブリック・マネジメント的観点からの行政改革のなかで、2001 年 6 月には「行政機関が行う政策の評価に関する法律」（政策評価法）が策定、翌年から施行され、研究開発も含めた国の事業・施策の評価が制度化された。この時期、国立研究所などの公的研究機関の多くは順次、独立行政法人化され、独立行政法人通則法のもとで中期目標・計画の設定とその達成度評価が制度化された。国立大学についても 2004 年に法人化し、独立行政法人通則法を準用した国立大学法人法のもとでの評価が制度化された。すなわち、研究開発に関わる事業・施策や独立行政法人、国立大学法人も、他の領域と同様の国の評価制度のなかに置かれることになった。また、2002 年 2 月に文部科学省の科学技術・学術審議会学術分科会で『学術研究における評価の在り方について（報告)』が提出されるなど、学術面からの評価の見直しも検討された（科学技術・学術審議会学術分科会 2002)。

　2005 年の大綱的指針の改訂では（2005 年大綱的指針）、「評価結果を活用する」ことの促進が希求されるとともに、「創造への挑戦を励まし成果を問う」、「活用され変革を促す」といった役割を果たせるような、評価システムの高度化・体制整備が意識されるようになる（内閣府 2005)。これは研究評価が制度化されて 10 年弱の間に、研究評価システムは複雑化する一方で評価結果が活用されていないという、形骸化の問題が表面化してきたことを反映している。

　その後、2006 年の『第三期科学技術基本計画』、2008 年 6 月の「研究開発システムの改革の推進等による研究開発能力の強化及び研究開発等の効率的推進等に関する法律」（研究開発力強化法）の施行を経て、科学技術政策の

表 3-3　日本の科学技術政策における研究評価の論点推移

時期	主な政策文書・イベント	内容／特徴
1996~2000	・第一期科学技術基本計画 (1996) ・国の研究開発全般に共通する評価の実施方法の在り方についての大綱的指針 (1997) ・学術研究における評価の在り方について（建議）(学術審議会 1997) ・科学技術創造立国を目指す我が国の学術研究の総合的推進について（答申）(学術審議会 1999) ・大学評価・学位授与機構設立 (2000)	・ピアレビューによる相互評価が有効に機能してきたことを認識したうえでの、研究開発評価の見直し ・内部評価と外部評価の導入 ・説明責任、評価結果の情報開示・社会への発信の努力 ・評価時期：課題・事前評価・中間評価（＋追跡評価の考慮） ・「経常的な研究資金による研究の評価」「一般的な公募型評価の評価」「学術政策上の見地から推進される研究の評価」 ・研究費の有効活用／研究成果の効果的な機能整備 ・研究資源配分への反映など評価結果の活用 ・評価支援体制の整備（研究者個人に関わる論文数、論文による引用数、著作物、国際的研究動向、評価結果に関する情報、研究資源の配分状況、わが国全体の情報の収集・整理・分析・提供を行いうる体制） ・学術研究の学問的意義と社会・経済・文化的な貢献の二つの側面を区別 ・分野の特性をふまえた評価 ・論文数や特許数に表れない活動に対する適切な評価指標の適用の必要性（論文数などの評価指標の適用について、その限界を認識したうえでの有効活用） 「研究開発活動に表れない活動における研究費の効率的な配分」「研究開発活動の振興・促進」という研究開発評価の意義についての基本的なコンセプト提示・社会への経済的貢献の位置づけは付属的
2001~2005	・第二期科学技術基本計画 (2001) ・国の研究開発評価に関する大綱的指針 (2001) ・学術研究における評価の在り方について（報告）(学術審議会 2002) ・国の研究開発評価に関する大綱的指針 (2005)	・評価における公正さと透明性の確保（第三者評価） ・国際的水準に照らした質の評価（ピアレビュー評価） ・評価の単位：個人、中間、自己／施策 ・評価時期：事前、中間、事後（必要に応じた追跡評価の実施） ・「基盤的資金による研究の評価」「競争的資金による研究の評価」「大型プロジェクトの評価」 ・エフォート制度導入 ・ピアレビューを評価方法の基本としつつ、論文数や論文被引用回数などの指標の整備・蓄積・適宜活用 ・評価人材育成、効率的・効果的な評価体制の構築・基礎データベース ・（改善点）効率的：評価実施体制の水準：プログラム・ディレクター、プログラム・オフィサーの導入 ・「必要性」「有効性」「効率性」の観点からの評価 ・科学技術が社会にもたらす影響の解析・評価（Technology Assessment: TA）の観点の導入 社会的影響評価（Technology Assessment: TA）の導入、評価専門人材・システム整備・改革、第三者評価の重視、重点分野についての評価（にともなう事前評価の重要性導入）
2006~2010	・第三期科学技術基本計画 (2006) ・国の研究開発評価に関する大綱的指針 (2008) ・研究開発システムの改革の推進等による研究開発能力の強化及	・説明責任、研究開発環境の創出：研究開発の重点化：効率的な推進および質の向上、研究者の意欲喚起、研究人材育成、国際比較ベンチマークの問題解決・活性化、よりよい政策・施策の形成：挑戦的な研究を促すような評価、評価人材育成、評価目標および評価基準の設定、数値目標設定 ・社会・国民の評価（評価目的や評価の特性に応じた適切な評価・実施、迅速で透明性のある評価） ・科学的インパクト、経済的インパクトを軸とした将来的な波及効果及び社会的インパクト：社会的インパクト、経済的インパクトを軸とした将来的な波及効果及び社会的インパクトの客観的な評価

時期	関連する法律・指針等	内容
2006～2010	・び研究開発等の効率的推進等に関する法律（2008） ・文部科学における研究及び開発に関する評価指針（2009） ・研究開発評価システム改革の方向性について（審議のまとめ）（2009）	・評価の視点や指標（必要性、有効性、効率性、アウトプット、アウトカム、インパクト、論文数などの指標） ・評価の方法（パネル評価、ピアレビュー、指標等による評価など） ・階層・時期：「政策－施策－プログラム－制度－研究開発課題」「機関－内部組織－研究者グループ－個々の研究者」「事前（アセスメント）－中間（モニタリング）－事後（エヴァリュエーション）－追跡」 ・社会・国民への還元の効率化に資する評価という視点の強化。世界的な競争力という目標：基本計画等における目標。有望な研究開発課題の発掘と持続。施策形成などにおけるイノベーションのコンセプト導入という背景。投資の貢献、施策形成などにおけるイノベーションのコンセプト導入という背景。必要性の説明という視点の強化。世界的な競争力という視点の強化。
2011～2015	・第四期科学技術基本計画（2011） ・国の研究開発評価に関する大綱的指針（2012） ・我が国の研究開発システムの在り方――研究開発者を育成・支援する評価システムへの転換（2012） ・科学技術イノベーション総合戦略（2013～15）	・科学技術イノベーションを促進する観点からの研究開発評価システム ・PDCA サイクルの確立 ・産学官連携の成果の総合的な検証（特許件数や関連投入などの量的評価の推進。市場への貢献、研究成果の普及状況、雇用の確保など質的評価） ・国際競争力の抜本的強化）「世界トップレベルの基礎研究の強化」「独創的で優れた研究者の養成」 ・「基礎研究の基本を意識した多様な指標に基づく評価の実施。ピアレビューなどを含めた評価の改善。長期的な視野に立った、施策の企画立案、資源配分、成果把握、評価、見直し指示 ・機関別、領域別評価とその結果の資金配分への反映 ・若手研究者、女性研究者の適切・積極的な活用 ・政策、施策、プログラムまたは制度、個別研究開発課題という研究開発システムの階層が指摘されている ・主体ないし組織、施策・プログラムなどの各階層（政策、施策、プログラム、制度、課題など）における評価の重要性が指摘されている。目的、達成目標、達成時期、実施 ・東日本大震災を受けて：大規模災害に対する政策の役割を含めた科学技術政策の課題。新たな政策立案。資源配分の重点化。戦略協議会における検討の成果の活用 ・研究開発システム：優れた研究課題に適した評価や人材育成。人材育成や科学コミュニケーション活動などの評価基準や評価項目の設定。「評価疲れ」の改善。研究資金配分など）に応じた研究開発コミュニケーション活動などの評価基準や項目の設定。ハイリスク研究、制度、課題など）に応じて研究開発評価システムの構築。説明責任の強化などの評価結果の ・東日本大震災・東京電力福島第一原子力発電所事故という背景
2016～現在	・第五期科学技術基本計画（2016） ・研究開発法人および大学などによる経営能力的指針（2016） ・科学技術イノベーション総合戦略（2016～19） ・科学技術・イノベーション創出の活性化に関する法律（2018） ・科学技術基本法改正の議論スタート（2020～）	・イノベーション志向の強化 ・研究開発法人および大学などによる経営能力の強化 ・国際競争力強化 ・ハイリスク研究、経済・社会的インパクトへの寄与などの評価 ・時間軸に沿ったアウトプット目標とアウトカム目標の「道筋」議論（ロジックモデル） ・研究開発プログラム化の促進とプログラム評価の議論 ・「評価疲れ」の解消。評価システム改革、評価の評価（メタ評価） ・政策評価、独立行政法人および大学などの評価などの評価活動などの整合性の確保 ・人材育成、科学コミュニケーション活動などの評価 ・科学技術基本法第 1 条における「人文学のみに関わるものを除く」文言の削除（科学技術政策の対象範囲の拡大）

（出所）榊葉・林（2013）をもとに、筆者加筆・修正。

内容もまたイノベーションによる社会的・経済的価値の創出を意識したものとなる。このような背景のもとで、2008 年に改訂された大綱的指針（2008年大綱的指針）でも、「評価結果に基づく資源配分」による「成果の国民・社会への還元の効率化、迅速化」が意識された内容となっている（内閣府2008）。

　また 2009 年の民主党政権のもとでの「事業仕分け」は、科学技術政策そして研究開発評価のあり方に多くの影響を与えることとなった。ここまでにみてきたように、さまざまな評価システムが制度化されてきたにもかかわらず、それとは独立に、その研究分野の専門的知見をもたない者が短時間で「事業廃止」などの判断を下すという作業が行われたことは、これまでの評価システム、さらには専門家を中心とする審議会による政策形成システムのあり方の再考・変革を余儀なくさせた事件であった。事業仕分けを受けて「独立行政法人の事務・事業の見直しの基本方針」が策定され、研究開発法人をめぐるガバナンスの議論に大きな影響を与えることになった（内閣府2010a, 2010b）。

　2011 年 8 月 9 日に閣議決定された『第四期科学技術基本計画』では、科学技術政策と関連するイノベーション政策を、自然科学のみならず人文／社会科学の視点を取り入れた形で一体的に推進していくことが提起され、その効果的・効率的な推進のために、PDCA（Plan-Do-Check-Action）サイクル[3] を確立するとされている。そのほか、2011 年 3 月 11 日に発生した東日本大震災とそれに続く福島第一原子力発電所事故のインパクトへの政策的・社会的対応の意識が、「評価」についてもうかがえるものとなっている[4]（内閣府 2011）。

---

(3)　事業活動の実施を、計画（Plan）、実行（Do）、点検（Check）、改善（Action）の4段階に分け、そのサイクルを順次実行・管理することで事業の評価や改善を促進していくというモデル。

(4)　「国は、東日本大震災を受けて、大規模災害に対する科学技術の役割を含め、これまでの科学技術政策の課題等を評価、検証した上で、資源配分や研究開発マネジメントなど、科学技術政策の推進の在り方について幅広い観点から検討を行い、必要に応じて、政策の見直し等に反映」（内閣府 2011: 47）するとされている。

　この第四期科学技術基本計画の内容の実現を目指して、総合科学技術会議では、大綱的指針の改訂作業を進めた。研究開発に関わる政策的行為を、より目的を明確にして展開するために、プログラム化促進とプログラム評価の拡大、アウトプット／アウトカム指標の明確化、追跡評価の積極的な位置づけなどについて検討を行い、2012 年 12 月 6 日に『国の研究開発評価に関する大綱的指針』（2012 年大綱的指針）の改訂が閣議決定されている（内閣府2012）。また、同年、日本学術会議においても、評価負担が過剰な状況（評価疲れ）となっている現状をふまえて、評価の評価（メタ評価）の必要性を提起するとともに、説明責任を目的とする評価から研究者の育成や支援に資する評価へと方向転換することを提言するなど、研究評価のあり方について、行政府とは異なる視点を提起している（日本学術会議 2012a）。

　2012 年大綱的指針で指摘された課題は、残念ながらその後も解決されているとはいいがたい。このような課題状況を受け、2016 年 12 月 21 日付けで『国の研究開発評価に関する大綱的指針』の改訂版が決定されている（2016 年大綱的指針）。この 2016 年大綱的指針では、「研究開発プログラム評価の推進」に関する記述の充実、「研究開発評価に関わる負担の軽減」の具体化の試み、さらに「アイディアの斬新さと経済・社会的インパクトを重視した研究開発の促進」項目の新規追加などがなされている（内閣府 2016c）。

　第一期科学技術基本計画から本書執筆時点である第五期科学技術基本計画までの間における研究評価に関わる政策文書とその論点概要の推移を、表3-3 にまとめた。

5　日本におけるファンディングシステムの変化と研究状況

　日本の研究環境と研究費の性格は、科学技術基本法の成立以降、とりわけ第二期基本計画の策定以降に大きく変化してきた。科学技術基本計画において重点領域ならびに推進領域が明確に提示される形となったことを一つの背景としながら、研究開発費の拡充により複数の競争的資金制度が生まれることで、日本では多数の競争的資金制度が存在するマルチファンディング構造

が拡大した。

　そのなかで、国立大学への運営費交付金のような機関単位で経常的に配分される一般大学資金（General University Funds）の額は減少し、プロジェクトファンドまたは直接政府資金（Direct Government Funds）と呼ばれる競争型の研究資金の占める割合が増加した。これが経常的資金は減りながらも、研究費総額としては、（2009 年頃までは）増加傾向となり、それ以降も維持の傾向をみせてきた背景である。

　なお、この一般大学資金から直接政府資金へのファンディング構造の変化は、日本に限ったものではない。イギリスをはじめとする先進諸国においても同様に、1970 年代以降から次第に、政策ニーズに対応する形で直接政府資金の占める割合が拡大し、特定研究領域またはイノベーションを促進するためのファンディングシステムへと変化が生じてきた[5]（小林 2012; Lepori et al 2007）。

　それでは、いま現在における日本の研究費はどのような状況にあるのだろうか。2018 年版の総務省科学技術研究調査（2018 年 12 月 14 日公開）のデータによれば、2017 年時点の官民全体における現在日本の研究費総額は約 19 兆504 億円であり、そのうち企業研究費が 13 兆 7989 億円、大学での研究費が3 兆 6418 億円、非営利団体・公的機関が 1 兆 6097 億円となっている。これらの研究費の支出源としては、民間企業が支出するものが 15 兆 6629 億円であり、公的資金となる国や地方公共団体からの支出が 3 兆 2736 億円となっている（総務省 2018）。

　また文部科学省科学技術・学術政策研究所『科学技術指標 2018』の統計によれば、2018 年度の日本の科学技術関係経費の公的投資は一般会計なら

---

(5)　レポリらは、オーストリア、フランス、イタリア、オランダ、ノルウェー、スイスの欧州 6 カ国における過去 30 年間の研究開発ファンディングの比較分析を行っている。その結果、各国の科学技術研究とその政策をめぐる個別の文脈が、現在における各国のファンディングシステムに影響を与えていることを指摘している。同時に、これらの国々に共通する変化として、プロジェクトファンドの拡大にともない、これまでの研究者コミュニティ内部の自律性に任せた運営から、政策目標への妥当性が問われる（事前評価が重要となる）ものへと変化していったことを指摘している（Lepori et al. 2007）。

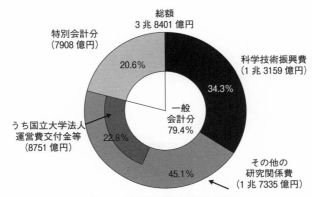

図 3-1　科学技術関係経費の内訳

（出所）　科学技術・学術政策研究所（2018）調査資料 274。この数値は、内閣府の調査をもとにしている。国立大学法人等について自己収入（病院収入、授業料、受託事業など）を含まない算定方法である。また国立大学法人運営費交付金等は、国立大学法人等運営費交付金および国立高等専門学校機構運営費交付金の合計として算出されている。また行政事業レビューシートの記載内容に基づき予算事業を詳細に分類し、その分類内容に基づく統一的な基準で科学技術関係経費の判定を行う方法により算出したものである。

びに特別会計の総計で 3 兆 8401 億円であり、そのうち、科学技術振興費は 1 兆 3159 億円、国立大学法人運営費交付金等は 8751 億円という状況であった（図 3-1）。

　またこのような研究費の状況のなかで、2017 年時点の日本の研究者総数は官民あわせて 93 万 720 人となっており[6]、そのうち博士号取得者は 17 万 7716 人となっている（総務省 2018）。

　次に研究開発費をめぐる時系列での推移をみておこう。図 3-2 は、日本の大学・企業・公的研究機関・NPO などにおける、八つの重点領域の研究費の推移である。この結果をみてわかるように、2008 年までは研究費は増大傾向にあったものの、2009 年以降はようやく水準を維持という状況が続いている。またその内訳においても、ライフサイエンス分野と情報通信分野が大きなシェアを占めている。また同様の 8 分野の研究費の推移を大学機関に

---

[6]　その他、研究関係従事者としては、研究補助者が 8 万 4151 人、技能者が 7 万 801 人などとなっている（総務省 2018）。

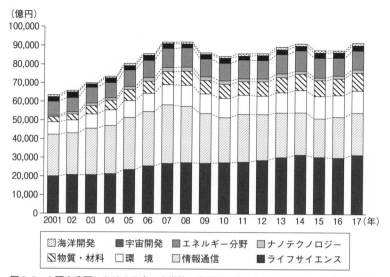

（億円）

図 3-2　8 研究分野における日本の大学等、非営利団体・公的研究機関、企業（資本金 1000 万円以上）における研究費総額推移

（出所）　総務省科学技術研究調査より筆者作成。

絞った場合では、2014 年頃まで増大傾向にあったものの、ここ数年は微減あるいは横ばいで推移していることがわかる（図 3-3）。その内訳をみるならば、ライフサイエンスがかなり大きなシェアを占めていることがわかる[7]。

　このように、全体的な状況としては、さまざまな財政的制約条件のなかで、研究費総額としてはある程度確保（あるいは維持）されてきたともいえる。しかしながら、先にみたように、その研究費の性格は大きく変化してきたということはあらためて強調しておく必要がある。プロジェクトファンドの特性として、重点領域や特定の政策的課題に沿った研究プロジェクトの募集となるため、基盤的経費とは性格が大きく異なること、3 年から 5 年などの短期間での研究プロジェクトの実施が基本となることで長期的ビジョンは立て

---

[7]　ライフサイエンスのなかには生物医学のような相対的に予算規模の大きな分野もあれば、逆に予算規模の小さい分野も含まれており、カテゴリ内における研究費配分の格差について留意が必要となる。しかしながら、全体的な傾向として、日本の大学における研究費事情がライフサイエンス分野に偏っていることについて言及しておくことは重要であろう。

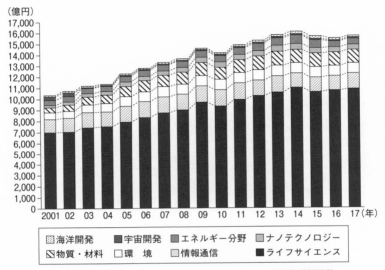

図 3-3　8 研究分野における日本の大学等における研究費総額推移

（出所）　総務省科学技術研究調査より筆者作成。

　にくくなることに加えて、若手研究者をめぐる雇用の不安定化などの問題も
生じている[(8)]。

　この状況において、図 3-4 にみるように論文の生産という意味において、
日本の研究生産性は厳しい状況にある。ここで取り上げた 7 カ国のなかで、
日本は論文数が唯一減少傾向に転じている。また図 3-5 をみると Top10％
引用論文のシェアにおいても減少傾向にある。豊田長康はその著書『科学立
国の危機──失速する日本の研究力』のなかで、この厳しい状況とその背景
についてさまざまな分析を行い、とりわけ研究者数の効果を強く指摘してい
る（豊田 2019）。これは研究費の多くがプロジェクトファンドベースとなる

---

(8)　科学技術・学術政策研究所の日本とイギリスの比較分析では、日本における研究状況で改善
　　すべき点として、第 2 グループ（各国における論文シェア 1 〜 5 ％に相当する大学）における
　　大学の層と資源投入の薄さが指摘されている。この点は改善されるどころか悪化しているとみ
　　てよいだろう（科学技術政策研究所 2009）。また研究者の求人状況についての分析例としては、
　　JST の研究者求人ポータルサイト JREC-IN の求人票を分析した川島浩誉らによる先行研究が
　　ある（川島ほか 2016）。

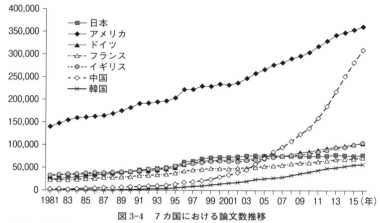

図 3-4　7 カ国における論文数推移

（出所）　科学技術・学術政策研究所（2018）をもとに、筆者が加工・作成。

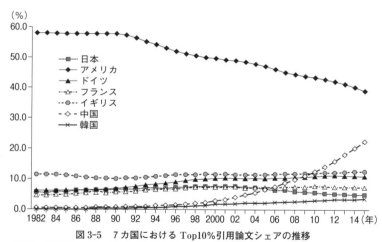

図 3-5　7 カ国における Top10%引用論文シェアの推移

（出所）　科学技術・学術政策研究所（2018）をもとに、筆者が加工・作成。ここで使用した文部
科学省科学技術・学術政策研究所の集計データは、クラリベイト・アナリティクス社
Web of Science XML（SCIE, 2017 年末バージョン）をもとに、科学技術・学術政策研究
所が集計したものである。このデータでは Article, Review を対象としており、年の集計
は出版年（Publication year, PY）、全分野での論文数の単年、整数カウント法である。被
引用数は、2017 年末の値を用いている。Top10%（および Top1%）補正論文数は 22 分野
ごとに抽出しているため、分野分類できない論文は除外して算出している。

なかで、従来継続的・安定的なものであった研究者の雇用が不安定化することの影響の大きさについての指摘である。また科学技術・学術政策研究所による調査をみるならば、日本の公的機関に所属する研究者の研究活動に投じられている時間は年々減少傾向にあることが浮き彫りとなっている（神田・富澤 2015）。この研究時間の減少が論文生産の低下に拍車をかけている。

　ファンディングシステムの変化自体は、国際的な流れでもある。またイギリスをはじめとしてパフォーマンス評価をベースとした予算配分は世界的な趨勢でもある（e.g. Pruvot et al. 2015）。このようななかで、2019 年 6 月 21 日に閣議決定された『統合イノベーション戦略 2019』では、国立大学法人の運営費交付金に関する内容として、パフォーマンス評価に基づくファンディングについて以下のように述べられている。

- 2019 年夏頃までに、教育研究や学問分野ごとの特性を反映した客観・共通指標及び評価について検討し、検討結果を 2020 年度以降の国立大学法人運営費交付金の一部の配分に活用する。その際、当該配分の対象額及び変動幅を 2020 年度予算から順次拡大し、国立大学法人の第 4 期中期目標期間に向けて、2021 年度までに、運営費交付金全体について、研究や教育の成果に基づくこうした配分の仕組みなどを検討し、結論を得る。【科技、文】
- あわせて、各国立大学において、教育研究の評価に基づく資金配分を行う上で必要となる部局ごとの教育研究の費用及び成果の把握並びに可視化を推進する。【文】
- 国立大学に対し、外部資金の獲得実績等に応じた運営費交付金の配分や、国立大学イノベーション創出環境強化事業の重点配分を行う。また、国研における民間資金獲得の好事例の横展開を図る。【内閣官房、科技、総、文、厚、農、経、国、環】
- 2018 年度から開始した国立大学経営改革促進事業により、学長裁量経費と併せて、スピード感ある経営改革を行う意欲的・先進的な取組の支援を実施する。【科技、文】（内閣府 2019: 44-45）

この統合イノベーション戦略の文言からもうかがえるように、運営費交付金に関わるパフォーマンス評価の議論は、第2章でも検討した、大学のガバナンス改革をはじめとする議論と連動した形で展開されている。そして、2019年度国立大学法人運営費交付金においては、「若手教員比率」、「人事給与マネジメント改革状況（年俸制導入、女性・外国人の登用等）」、「会計マネジメント改革状況」、「外部資金獲得実績」、「運営費交付金等コスト当たり質の高い論文数」といった項目を評価指標として配分額に傾斜が行われるとされている[9]（内閣府 2019: 40）。

　しかしながら、これまでにも、イギリスやオーストラリアの事例などで、パフォーマンス評価ベースのファンディングに関する批判的検討は数多く行われており、予算配分を気にすることなどを背景とした短期的成果の希求や論文の粗製乱造の問題などをはじめとして、議論や分析が積み重ねられている[10]（Geuna 2001; Geuna & Martine 2003; Butler 2003; 小林 2012）。

　どのような制度的改革であれ、このような過去の議論と教訓をふまえながら行われなければ、研究活動の活発化にせよ、限られた資源の効果的運用に

(9)　2019年8月9日付の『日本経済新聞』の記事では、この運営費交付金の再配分に関わる事項が報道されている。2019年度の運営費交付金のうち700億円が「若手教員比率」、「人事給与マネジメント改革状況（年俸制導入、女性・外国人の登用等）」、「会計マネジメント改革状況」、「外部資金獲得実績」、「運営費交付金等コスト当たり質の高い論文数」に応じた評価で再配分され、また300億円が各大学が提示した業績評価指標（KPI）による評価に応じて配分されることとなった。また配分率傾斜については、95.1〜105.0％の範囲となっている。
　　文部科学省が2019年8月9日に公表した『令和元年度 国立大学法人運営費交付金の重点支援の評価結果について』（文部科学省 2019）によれば、この運営費交付金の配分は、以下の三つの重点支援に応じて行われている。
「重点支援①：主として、人材育成や地域課題を解決する取組などを通じて地域に貢献する取組とともに、専門分野の特性に配慮しつつ、強み・特色のある分野で世界ないし全国的な教育研究を推進する取組等を第3期の機能強化の中核とする国立大学法人を重点的に支援する。
　重点支援②：主として、専門分野の特性に配慮しつつ、強み・特色のある分野で地域というより世界ないし全国的な教育研究を推進する取組等を第3期の機能強化の中核とする国立大学法人を重点的に支援する。
　重点支援③：主として、卓越した成果を創出している海外大学と伍して、全学的に世界で卓越した教育研究、社会実装を推進する取組を第3期の機能強化の中核とする国立大学法人を重点的に支援する。」
　　なお，パフォーマンス評価の問題については、最近翻訳が刊行されたMuller（2018=2019）なども参考となる。

せよ、期待されるような効果は得られない。またパフォーマンス評価に基づくファンディングの傾斜配分を仮に行うにしても、例えば、研究分野ごとの特性、研究活動の行われ方、研究に必要となる人数や工数・資金、研究や出版にかかる時間スケールとペース、引用数の標準化、引用経路の違い（データベースの限界にも関わる）などについて検討し、また研究分野ごとの標準化などについて議論することが最低限必要不可欠となる。そして、このような分野の違いをふまえながら、多様な研究分野が参加する大学の学部や研究科などの単位を評価においてどのように扱いうるのかということ自体が大きな課題になる（加えて、章末のコラム 5 でみるような内容を十全に把握した議論は当然の前提となる）。

　今後、統合イノベーション戦略が述べるように、大学という場をイノベーション・エコシステムの中核とするための施策を本気で行っていくつもりがあるならば、日本の研究状況と環境、そして過去の知見をより精緻かつ網羅的に分析するとともに、現在の研究評価制度がもつ多くの課題と解決策を広く関係者間で検討し、より効果的な評価システムの構築を行っていくことがまずは必要不可欠な作業である。どのような研究環境がよりよい形で新しい知の生産につながるのかについては、分野やテーマによって重視すべき要素が異なってくる。この多様な変数をふまえながら、大学、地域、学問分野それぞれの事情に適した研究環境と支援制度を構築することが求められる。これは、科学技術政策的に重要な課題であり、研究者コミュニティや大学の側からのより積極的なビジョンの提示が求められる。

---

(10)　ジウナとマーティンは、このようなファンディングシステムの変化による研究者側のコスト増加の状況を「赤の女王効果」（Red Queen Effect）と表現する。同等の状況を得るためにはいままで以上のコストやエフォートが要求される状況を指摘するものである（Geuna & Martine 2003）。

6　日本におけるファンディング構造の変化と評価システムへの影響

　ここまでに概観したように、日本の研究開発評価の制度化とその変化については、科学技術政策、学術政策、行政改革といった異なる背景のもとで、必ずしも整合性がとられないままに同時に複数の議論がなされ、制度の導入がなされてきたということが特徴といえる。ここでは、日本で生じてきたファンディング構造の変化と、その特質を概観する。

　日本では、科学技術基本法および第一期基本計画の策定以降、競争的研究資金制度が拡充される一方、国立大学への運営費交付金のような機関単位で経常的に配分される一般大学資金の額は減少してきた。そのため、一般大学資金が占める割合は減少し、プロジェクトファンドまたは直接政府資金と呼ばれる競争型の研究資金の占める割合が増加してきた。

　このファンディング構造の変化は日本に限った現象ではないが、この変化に応じて、研究活動のマネジメントと評価の構造もまた変わっていくこととなる。一般大学資金から、重点領域設定やイノベーションが志向される直接政府資金への転換にともない、まず研究評価の対象が変化する。科研費のような学術的発展をそもそもの目標とする資金とは異なり、プロジェクト型資金の多くは、（少なくとも表向きは）何らかの社会的・経済的・政策的課題に対する効果を目指して構築される。しかし、そのような課題は特定の研究開発活動によって直接的に解決されるものではないため、課題と研究活動の間には必然的に距離がある。このギャップに対応するために、多くの国では政府が直接資金配分を行うのではなく、ファンディング・エージェンシーのような研究実施者と政策・社会側の者との間をつなぐ「中間組織」（Intermediary Agency）（Braun 1993）あるいは「境界組織」（Boundary Organization）と呼ばれる組織を置いている[11]（Guston 2000）。日本でいえば、日本学術振興会（JSPS）、科学技術振興機構（JST）、新エネルギー・産業総合開発機構（NEDO）、日本医療研究開発機構（AMED）などの資金配分機

関が、中間組織・境界組織としての機能をもつことが本来期待される。

　行政府を中心として政策的課題を基礎にした「施策」が構築され、その施策のもとでファンディング・エージェンシーがより具体的な資金配分制度や、複数の研究プロジェクトの計画的実施構造である「プログラム」を構築し、そのプログラムの枠組みのなかで提案されてきた研究プロジェクトが採択されるという階層構造が形成される（表3-1ならびに表3-2を参照のこと）。この階層構造に応じて、個別の研究や論文の評価以外にも、政策 – 施策 – プログラム – 研究開発課題（プロジェクト）などに対する複層的な評価システムの構築が検討されることになる（標葉・林 2013; 林 2014）。

　このような階層構造の発生は、行政改革の流れのなかで導入されてきた政策評価において、階層のそれぞれが対象となることを意味する。日本の政策評価法では政策体系を政策、施策、事務事業に階層区分し、それぞれの評価を求めている。なお、ここで区分されている「事務事業」が、研究開発においては競争的資金制度やプログラムに該当する。研究開発評価に関する大綱的指針では、施策やプログラム・制度をまとめて「研究開発施策」とし、それらとは別に研究開発課題（プロジェクト）が対象として示されている。すなわち、研究開発については、政策 – 施策 – プログラム・制度 – 研究開発課題の4階層が政策体系として存在する。このなかの、施策やプログラム・制度レベルの評価が新たに求められるようになってきたのである（プログラム評価）。

　同様に、研究実施者の評価においても個々の研究者でなく、その集合体としての大学などの機関レベルでの評価が行われるようになってきた。とりわけ、一般大学資金から直接政府資金へとファンディング構造が変化してきた

⑾　デイビット・ガストンは、科学と政治のそれぞれのシステムの間に位置する「中間組織」（Intermediary Agencies）（Braun 1993）に関する議論を参考にしながら、科学と政治のそれぞれのシステムの間の境界をまたがりつつ、その間における「境界設定作業」（Boundary Work）（Gieryn 1983, 1995）を積極的に行う組織、また科学と政治の境界の暫定的で多義的な性格の内在化を行う組織として、「境界組織」（Boundary Organization）の概念を提唱している。このような境界組織の成功は、科学と政治それぞれに必要なリソースを配分する組織として、それぞれの側から判断される（Guston 2000: 30-31）。

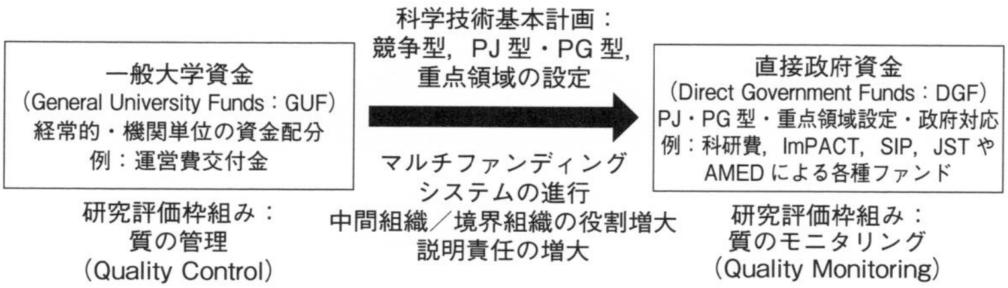

```
┌─────────────────────┐      科学技術基本計画：      ┌─────────────────────┐
│      一般大学資金        │    競争型，PJ型・PG型，     │      直接政府資金        │
│ (General University Funds：GUF) │    重点領域の設定      │ (Direct Government Funds：DGF) │
│  経常的・機関単位の資金配分  │  ━━━━━━━━━▶  │ PJ・PG型・重点領域設定・政府対応 │
│    例：運営費交付金      │                  │  例：科研費，ImPACT，SIP，JSTや │
│                     │  マルチファンディング     │    AMEDによる各種ファンド   │
└─────────────────────┘  システムの進行        └─────────────────────┘
      研究評価枠組み：     中間組織／境界組織の役割増大      研究評価枠組み：
        質の管理          説明責任の増大           質のモニタリング
    (Quality Control)                        (Quality Monitoring)
```

図3-6　ファンディング構造と研究評価枠組みの変化

ことで、大学や研究機関は、これまで経常的な経費として確保することができてきた人件費や研究環境・インフラ整備のための資金を、政府や産業界の競争的資金のなかから獲得しなくてはならなくなった。大学や研究機関は組織として戦略的に競争的資金の獲得を図るようになっている。一方、研究名目にせよ教育名目にせよ、競争的資金にも限りがあるため、配分においては研究実施能力を有する拠点の識別が図られることとなる。そのようななかで、COE（Center of Excellence）などの機関や組織を単位とする競争的資金が増えることとなった。

　このような資金制度下においては、大学や研究機関は競争的資金の獲得を目指して組織的に活動し、そのプロジェクト業務の契約者として研究（あるいは教育の）遂行実施契約を結ぶ主体となる。このような状況は組織内部のマネジメントを変更する効果をもつ。『国の研究開発評価の大綱的指針』でも研究者等の業績評価を、所属する機関の長が自らルールを定めて評価を実施することを求めている。このことは、機関レベルにおける研究開発評価とそのマネジメントの重要性がますます増してきていることを意味している。

　このような研究評価の全体的な変化を、ヘムリンとラスムッセンは、「質の管理」（Quality Control）から「質のモニタリング」（Quality Monitoring）への移行と表現している（Hemlin & Rasmussen 2006）。この移行において、評価基準は科学的価値のみから社会的価値を含むものに拡大し、評価対象も個々の研究者やその成果から、集合体としての組織やプログラム（とそのプロセス）まで含むものへと拡大する。評価者もピアと呼ばれる同分野の研究者（peer）以外のステークホルダーをも含む形（拡大されたピアレビュー）

に変わるとされる（図3-6）。

7　日本の研究評価システムにおける課題

　日本におけるファンディング構造の変化と研究評価の変容は、世界的に生じている状況の一つであるといえる。しかしながら、いま現在の日本の研究評価システムが抱える課題はまだまだ多い。

　例えば、前述のように施策やプログラムレベルでの評価が求められるようになってきたものの、日本の政策評価法ではプログラムにあたる事務事業は、（金額が大きくなければ）事前評価が求められるのみで、自己評価により実施される。施策には事後評価が求められているが、施策は一連の関係する政策的活動のまとまりを単位とするため、カバーすべき内容が広くなり、そのため十分に具体的な内容をふまえた事後評価とはなりにくい。

　また政策の効果を分析するためには、本来はプログラムレベルの詳細な評価が重要となる。しかしながら、これまでの科学技術政策では、明確にプログラムをマネジメントの単位としてきてはおらず、複数のプロジェクトの寄せ集めをプログラムと称する状況であった。そのため、プログラムレベルでの目標設定、内部構成、効果などが明確に概念化されず、その評価は困難なものとなる状況が続いている。「業績測定」（パフォーマンス・メジャメント）と呼ばれるような進捗・達成の管理はなされても、プログラムによる政策介入の効果を詳細に検討する「プログラム評価」については、十分な検討と経験の蓄積がなされていない。

　また、別の集合単位である機関レベルの評価にも課題がある。独立行政法人の公的研究機関は独法通則法、国立大学は国立大学法人法のもとで評価がなされている。しかし、一般大学経費などの経常的資金は毎年機械的に減少していくなかで、評価結果は機関への資金配分への影響をほとんど考慮してこなかった。評価が資金配分に影響を与えることについての是非はあるにしても、少なくとも現状では評価自体の意味が不明瞭となっている。

　このような研究評価枠組みの変化とそれにともなう実体の不整合は、個々

のプロジェクトや研究者に評価負担をしわ寄せするような構造的負荷となっている。さらにその評価にともなう作業の結果が何にも影響しなければ、研究者に徒労感をもたらすことは避けられない。このような「評価疲れ」は、評価の制度化から 10 年を経て強く認識されるようになっており、大綱的指針では「評価に伴う過重な負担の回避」という題目が繰り返し強調され、複雑化する評価システムに対応した「重層構造における評価の効率的実施」（2008 年大綱的指針）が問われるなど、システムの政策体系との整合性確保と、評価システムの効率化・効果的運用がたびたび論点となっている。また効果的・効率的な研究開発評価システムによる研究者の意欲向上、創造的かつ競争的な研究開発環境の創出、期待の大きい研究開発課題の継続や振興を促す評価、研究者コミュニティにおける課題解決への寄与などが目標とされてきている（内閣府 2008; 文部科学省 2009a; 伊地知 2009）。

　ここまでにみてきたような経緯と課題状況をふまえ、標葉隆馬と林隆之は、日本の研究評価システムが抱える問題として次のように論点をまとめている（標葉・林 2013）。

- プロジェクトレベル、プログラムレベルの評価の重要性増大と実質化の要請
- 資金配分機関などの中間組織・境界組織の責任明確化と評価の実質化（資金配分機関が研究開発プログラムの企画・実施主体であることから、プログラムレベルの評価と表裏一体の関係にある）
- 非効果的・過剰な評価の負担（評価疲れ）からの脱却
- 「評価の評価」（メタ評価）

　2012 年大綱的指針から 2016 年大綱的指針にかけての議論は、「評価疲れ」からの脱却、メタ評価といった課題に対する議論の進展としてみることもできる。加えて、近年欧米を中心として研究活動のもつ多様なインパクトへの注目が高まっていることが意識されたものとなっている。しかしながら、文言が充実したからといって、本当に評価疲れからの脱却に有効な施策が打ち

出されてくるのか、あるいはインパクトをめぐる評価の議論の深化と制度化がきちんとなされていくのか、確実に保障されるものではやはりない。現場の研究者からの不断のモニタリングと問題提起の必要性はいささかも変わらないことは、強調すべき基本的前提といえる。

またプログラム評価の充実は、そのデザインと資金配分に対して専門性と責任を担うこととなる中間組織・境界組織の評価の充実と表裏一体の問題である。しかしながら、現在までの日本の研究開発評価システムのなかで、それらがきちんと評価されるスキームは未発達であり、今後のプログラム評価の知見蓄積が必要である（標葉・林 2013）。

8　研究評価による研究活動への影響

新たな基準の導入は研究活動を社会のなかで再考する機会となり、また新たな評価単位や評価方法の導入は研究マネジメントにも変革をもたらす。だが、その一方で新たな視点や単位の導入の有無にかかわらず、評価が制度的に行われること自体が、研究活動に悪影響をもたらす可能性があるということも認識しておく必要がある。

ウィットレイは、特に大学評価のような国の研究活動を包括的に評価するものを対象とした議論のなかで、研究評価が実施されることによる研究者の行動への影響を以下のようにまとめている。第一に、研究者は研究活動に対する公的な評判（Reputation）が重要であることを認識するようになり、第二に、自らの研究を国内外に認知してもらうために研究成果を広く公表することへ投資するようになり、第三に、評判の高いジャーナルへの論文掲載の競争やプロジェクトファンドの獲得競争が生じるようになる。この傾向のなかで、研究活動が研究者、大学、ジャーナルなどの多層的構造のなかで行われていることが明確になるとともに、研究や成果公表をめぐる出版戦略や方法が標準化する。その帰結として、評価がランキングと結びついて定期的に行われ、資金配分に強い影響を有するようになり、科学活動へさまざまな影響をもたらすことになる。ウィットレイはその影響として以下を挙げる[12]

（Whitley 2007; 標葉・林 2013）。

- 現在のエリート科学者から認知されようとする競争が生じ、エリート科学者との共同プロジェクトが実施されやすくなる。
- 相対比較による評価を行うことで、学問分野ごとに標準的な評価基準が定まる。
- 研究の目標やアプローチの多様性が減少する。自身の研究が、その学問分野で現在優勢な研究目標にいかに貢献しうるかを示す必要性が増す。
- 現在の知的・組織的境界を超えるような新たな研究領域や研究目標の発展を妨げる。
- ランキングによって研究者・研究チーム・研究機関の階層構造が強化される。

　このような影響は、基盤的な資金の有無、資金源の多様性、大学の自立性、研究環境に関する制度設計、そして研究分野の歴史的経緯などによって変化する[13]。しかし、このウィットレイの指摘は、評価システムを研究者側が意識することで「勝ち方」が決まってしまい、いわゆる「マタイ効果[14]」（Merton 1968）の強化だけでなく、研究者側の行動もまた変化することで斬新なアイディアや新規なアプローチを試みる研究が減少してしまうなど、研究評価がもつ負の効果への警鐘と読むことができる。また同様に、研究評価

----

[12]　世界大学ランキングの問題点やくだらなさなどについては、調（2013）を参照のこと。また人文学分野におけるランキング批判の例としてはドイツでの議論がある（Mair 2015; Stierstorfer & Peter 2015）。そして，人文・社会科学系の研究評価をめぐる課題については標葉（2017b）を参照のこと。

[13]　グレイザーは、多くの影響要因のなかで評価がいかに研究活動に効果を及ぼすかを把握することは、科学知識の生産が個人や集合レベルでいかに行われているかについての科学社会学的理解を促進することにつながることを指摘している（Gläser 2007）。

[14]　マートンは、好条件に恵まれた研究者がより業績を積みやすく（またそれゆえに好条件に再び恵まれやすい）ことを指摘し、聖書のマタイによる福音書の一節「おおよそ、持っている人は与えられて、いよいよ豊かになるが、持っていない人は、持っているものまでも取り上げられるであろう」（マタイ福音書第13章12節）になぞらえてこう表現した。

の指標が存在することで、その指標の向上などの方向に自然と研究動向自体が引きずられてしまうなどの効果も考えられている。

　研究者共同体は、共有される知識やジャーナルなどの媒体を介して分散的に形成される集合体である。それは、個々の問題の定式化と解決の取り組みが多数並行的に行われることで、先端的かつ不確実な研究テーマであるほど、結果的に効率的になるという考え方に基づいている。しかし、そのような共同体においては、集団的な意思決定が困難になるという欠点もまたある。グレイザーは、そのような状態を「ガバナンスの欠如」（Governmental Deficit）と表現している（Gläser 2007）。そのために、特定の社会的課題に対応する学際的な研究開発の組織的な実施の履行と意思決定が必要とされるような状況下では、研究組織（大学を含む）や中間組織（資金配分機関など）の重要性が増さざるをえない。しかしながら、このような組織が意味をもつようになることで、研究活動の組織的階層構造が強化され、また各階層での水平的な競争関係も強化されることになる。

　研究評価はこのような変化を構成する要素の一つである。今後、研究評価を他の要因を含めた広い文脈のなかで捉えながら、科学研究における生産性や多様性、研究者の行動や共同体の文化に及ぼす影響を分析することが求められる[15]。

---

(15)　加えて、学術コミュニティにおける評価文化を考えるためのもう一つの要素として、各分野における「論文投稿」という行為がもつ意味についても考察を加える必要がある。科学社会学者である松本三和夫は、日本社会学会の会員を対象とした分析から、任期付研究員などの若手研究者が国内学会誌については学術の最新状況を反映しているとは必ずしも評価していないながらも自らの研究成果を投稿する層が相対的に高いこと、言い換えるならば任期付きという身分自体が学会誌を発表媒体として重視せざるをえない状況をつくり上げていることを見出し、とりわけポストを獲得する前の若手研究者間において学術的評価と投稿行動を乖離させるような「競争のための競争」が生じてしまっている状況を指摘している（松本 2013）。

　しかし、この「競争のための競争」という一見矛盾する投稿行動には、分野ごとの文化、評価規範、ピアからの評判、研究環境、資金の流れ、政策といったさまざまな要素が影響する。すなわち、投稿行動の内実の分析から、分野内における評価規範・制度・業界内におけるレピュテーション（評判）、そして研究基盤・資源や政策的状況との間の関係性についての知見をさらに得ていくことが求められる。それぞれの分野においてどのようなテーマやアプローチが、どのような基準のもとで評価されるのか、また研究者個人がその評価基準をどのように理解し、投稿などの研究行動を行っているのかについて理解することは、優れて科学社会学的あるいは知識社会学的なテーマである（松本 2013; 標葉 2017b）。

——【コラム 4】ピアレビュー——

　さまざまな研究評価のアプローチや評価指標が検討されているものの、研究評価の基本はピアレビューにある。しかしながら、ピアレビューを考えるうえで、研究の質がどのように認識されており、また評価されるのかという点を考慮する必要がある。

　ピアレビューによる論文や研究計画（プロポーザル）の評価基準は、各分野で共有されるデータの分析や解釈の作法、また研究のオリジナリティの理解など、それぞれの分野における研究の捉え方や歴史的経緯に由来する「認識論的文化」（Epistemic Culture）（Cetina 1999）に依拠するものと解釈できる。また、そのような評価基準は「妥当性境界」（藤垣 2003）とも呼ばれ、専門学術誌でつながる研究者共同体（ジャーナル共同体）において形成され、研究者共同体内で共有される（新規参入者はその妥当性境界をふまえた知識生産が可能になることを目指すことになる）。

　例えば、グエツコフらは、アメリカ社会科学リサーチカウンシル（Social Science Research Council）とアメリカ学会会議（American Council of Learned Societies）、ウッドロー・ウィルソン全米フェローシップなどで評価に関わった49 名の研究者と 15 名のプログラムオフィサーを含む、計 81 回分のインタビューで登場したオリジナリティに関わる発言の分析から、人文学・歴史学分野では研究アプローチ（分析の枠組み・視点など）が強調される一方で、社会科学分野では方法論がより強調されることを見出している。（Guetzkow et al. 2004; Lamont 2009; Lamont & Guetzkow 2015）。また、グエツコフらは、道徳的規範（Morality）への言及が分野を問わずみられることを指摘している。しかし、それぞれの学問分野のコミュニティに共有される認識的な枠組み・規範・倫理、そして評価文化自体が研究対象をはじめとするさまざまな事柄から影響を受けることが考えられる（Guetzkow et al. 2004）。

　この点は、科学史的な知見とも接続できる。例えば、生物学史家であるコーラーは、黎明期の遺伝学分野における業績評価や規範が、実験対象であるハエの突然変異の速度の速さを要因とした生物資料の維持・整理・配布などの専門性と人員の確保などに由来することを指摘している（Kohler 1994）。すなわち、このような分野特性に応じた評価基準・オーサーシップ[i]・規範の形成がさまざまに行われていると理解され、そのような分野ごとの特徴・文脈・目的を把握したうえで適切な研究評価を行う必要がある。

　なお、これまでの先行研究から、ピアレビューそのものがもつ課題やバイアスとして、「認識の特殊化」（Cognitive Particularism）の問題、「ピアバイアス」、「親しい研究者へのえこひいき」の問題などが指摘されている（Porter & Rossini 1985; Chubin & Hackett 1990; Travis & Collins 1991; Lamont 2009; Lamont & Guetzkow 2015）。この状況をふまえてラモントとグエツコフは、ピアの間に共有されるインフォーマルな役割や価値観、その分野ごとの多様性を理解することの重要性を強調している（Lamont & Guetzkow 2015）。

（i）　論文の著者リストに名前を連ねる権利をもつ関係者。分野によってオーサーシップに関する考え方は異なっていることに注意が必要である。

──【コラム 5】研究評価の量的指標をめぐる国際的な議論──
──ライデン・マニュフェストをはじめとして

　研究評価をめぐる議論においては、論文数や被引用数、あるいは h-index などの量的指標が評価基準として論じられることがある。しかしながら、このような数的指標、あるいは科学計量・計量書誌学的データを研究評価において活用する際に前提となる事項に注意が必要である[i]。

　比較的近年の国際的な議論としては、『研究評価に関するサンフランシスコ宣言[ii]』（DORA）、あるいはジョージア工科大学のダイアナ・ヒックスらが中心となってまとめたライデン・マニュフェスト（The Leiden Manifesto）などがある（Hicks et al. 2015）。これらは、科学計量・計量書誌学的データや量的指標を研究評価に活用する際に最低限抑えておくべき内容である。例えば、ヒックスらが示すライデン・マニュフェストは以下の 10 原則からなる[iii]（Hicks et al. 2015; 小野寺・伊神 2016）。

　①定量的評価は、専門家による定性的評価の支援に用いるべきである。
　②機関、グループまたは研究者の研究目的に照らして業績を測定せよ。
　③優れた地域的研究を保護せよ。
　④データ収集と分析のプロセスをオープン、透明、かつ単純に保て。
　⑤被評価者がデータと分析過程を確認できるようにすべきである。
　⑥分野により発表と引用の慣行は異なることに留意せよ。
　⑦個々の研究者の評定は、そのポートフォリオの定性的判断に基づくべきであ

　　る。
　⑧不適切な具体性や誤った精緻性を避けよ。
　⑨評定と指標のシステム全体への効果を認識せよ。
　⑩指標を定期的に吟味し、改善せよ。

　これらの原則は、量的指標の使用に限らず、研究評価システムにおいて留意されるべき課題や前提条件もある程度包含する原則群と考えられる。繰り返しになるが、計量学的データの活用の際に最低限の前提とされる事柄であろう。

　そのうえで、データベースの限界やライデン・マニフェストの遵守が行われたとしても、そもそも研究の質・評価・規範をめぐる「認識論的文化」の違いの理解とそれを反映したよりよい評価システムとは何かという問いは依然として残ることになる。

　加えて、近年の研究評価において注目される報告の一つに、イギリスで発表された『メトリクスの潮流――研究評価・管理におけるメトリクスの役割に関する独立委員会検証報告』（*The Metric Tide: Report of the Independent Review of the Role of Metrics in Research Assessment and Management*）がある。この報告は、イングランド高等教育助成会議（Higher Education Funding Council for England: HEFCE）の独立委員会によるものであり、指標による評価（メトリクス）に関する課題の検討、イギリスの研究評価制度である REF2014（第 11 章でまた検討を行う）の検討などが行われている。

　報告内では、メトリクスという言葉の使用に対する注意（「指標」（Indicator）の語の使用のほうが好ましいと指摘）、メトリクスがピアレビューを支援できる可能性があるもののそのためには多様な定性的・定量的指標が必要であること、メトリクスが基本的にピアレビューを代替できるものではないことなどが指摘されている。この報告では、第 11 章で詳述する「責任ある研究・イノベーション」（Responsible Research & Innovation: RRI）の考え方を参照しながら、研究評価においてもまた「責任ある研究評価・測定」（Responsible Metrics）の視点が必要であると指摘され、「頑健性」（Robustness: データの正確性と範囲）、「謙虚さ」（Humility: 定量的評価は定性・専門家評価を支援すべきであること）、「透明性」（Transparency: データと分析プロセスの公開性・透明性が確保され、その結果の妥当性検証が可能であること）、「多様性」（Diversity: 分野に応じた説明、研究者や研究者のキャリアパスの多層性を反映・支援するような指標の使用）、「省察性」（Reflexivity: 指標がもつ潜在的かつシステム上の効果に応じた更新）といった基本

的観点が指摘されている（Wilsdon et al. 2015）。

　そして、この報告では、効果的なリーダーシップ・ガバナンス・研究管理の支援に活かせるように「定量的指標の限界と貢献をふまえたより洗練された／繊細なアプローチの開発」、「高等研究教育機関のリーダーによる研究の管理と評価のアプローチに関する原理の明示」、「研究管理者・アドミニストレーターによる責任ある研究評価・測定の原理遵守」、「各研究者による各種指標の限界への留意」、「出版社がインパクト・ファクター（Impact Factor: IF）を強調しないこと」などが提言されるとともに、評価に用いるデータのインフラストラクチャの改善、既存データの利用向上、REF における指標利用の試行（ピアレビューへの指標情報提供、インパクトケーススタディに関する指針明瞭化など）、エビデンスの共構築活動などに関する内容など、あわせて 20 の提言が行われている（Wilsdon et al. 2015）。

（i）　なお、よく話題に上るインパクトファクター（Impact Factor: IF）についても当然注意が必要である。とある学術誌の IF は、当該年度前 2 年間にその学術誌に掲載された論文が当該年度に引用された回数の平均値として算出される。IF は、あくまで個別論文の評価指標ではないこと、IF が大きいジャーナルに掲載された論文であることは被引用数の大きさをそのままでは意味しないことなど、さまざまな課題や限界が指摘されてきている。しかしながら、IF をめぐる誤解はあとを絶たない。学会による IF などの量的指標をめぐる課題については、例えば国際数学連合（IMU）、応用数理国際評議会（ICIAM）、数理統計学会（IMS）によるレポートでの検討などがある（Joint Committee on Quantitative Assessment of Research 2008）。なおこのレポートについては日本数学会が邦訳版を公開にしている。

（ii）　https://sfdora.org/read/（最終アクセス 2019 年 9 月 14 日）

　　　日本語訳も公表されている。https://sfdora.org/read/jp/（最終アクセス 2019 年 9 月 14 日）

（iii）　ライデン・マニュフェストの訳は小野寺・伊神（2015）による。

科学技術と社会

第 4 章

「科学技術と社会」の視点
——コミュニケーションとフレーミング

　「科学技術と社会」の間のコミュニケーションのあり方、そして科学技術をとりまくさまざまなアクターの多様な関心と「問題の枠組み」（フレーミング）の把握は、現代の科学技術ガバナンスにおいて重要な課題となっている。

　科学技術がもたらす影響は、人びとの置かれた状況によって異なることがある。よりよい科学技術ガバナンスを構築するためには、各アクターをとりまく社会的・経済的・政治的な状況に応じた多様なフレーミングが存在することを理解していくことが肝要となる。そして一方通行的な情報提供だけでなく、多様なチャンネルの議論のプロセスを確保し、科学技術をめぐる多様な視点や関心を双方向的なコミュニケーションのなかで、「共有」することの重要性が認識されるようになってきた。多様な関心とフレーミングを包摂しながら、新しい技術をどのように社会のなかに位置づけていくのか、そのための政策・規制のオプションの検討を含めた試行錯誤が各国で進められている。

　本章では、「科学技術と社会」の間のコミュニケーションの試み、多様な情報とフレーミングの発見と共有、そしてそのすれ違いの影響をめぐる議論について、その歴史と含意を概観していく。とりわけ、多くの教訓の蓄積がなされてきた遺伝子組換え生物（Genetically Modified Organisms: GMO）をめぐる議論を中心にみていく。GMO をめぐるフレーミングの問題は、科学的なリスクへの関心にとどまらず、利益やリスクの配分の問題、その国の農業システムについてのビジョン、情報共有や意思決定プロセスのあり方など多様であることがこれまでの研究から見出されており、今後の議論の参照点として重要である。

1　科学コミュニケーション小史（PUS から PEST へ）　　──イギリスの事例に注目して

「科学技術と社会」の間のコミュニケーションに関わる視点について、イギリスを中心として 1980 年代よりはじまる「科学技術の公衆理解」（Public Understanding of Science: PUS）、そして「科学技術の市民参加」（Public Engagement）に至る議論と実践を中心に概観するところからはじめることにしたい。現在の科学技術をめぐるコミュニケーションならびにフレーミングについての議論は、イギリスにおける経験と議論に負う部分が大きいためである[1]。

　1980 年代にイギリスで大きな議論となった PUS の発端は、英国王立協会（The Royal Society）が、ボドマー（W. F. Bodmer）を委員長とする特別委員会を組織し、1985 年に公開された報告書『科学技術の公衆理解』（*The Public Understanding of Science*: ボドマーレポート）であった。イギリスでは当時、国民の科学離れが深刻な問題として認識され、その対応策をとる必要性が論じられていた。そのような背景のもとで、ボドマーレポートは、科学技術の公衆理解の重要性を強調し、国民の理解増進のための施策として、科学教育、行政、科学コミュニティ、企業、マスメディア、科学者、そして報告書の発行元である英国王立協会が取り組むべき課題の提示を行った。そのなかで、科学者が科学者コミュニティを超えて、他のコミュニティに働きかけることが提言されたことは重要な意味をもっていた（渡辺 2008）。

　ボドマーレポートを受けて、英国王立協会、英国王立科学研究所（Royal Institution of Great Britain）、英国科学振興協会（British Association for the Advancement of Science）によって科学公衆理解増進委員会（Committee on the Public Understanding of Science: CoPUS）が組織されている。そして 90 年代に入ると、科学コミュニケーションに通じた人材育成のための修

---

(1)　なお科学コミュニケーションの歴史的側面等について、ヴィッカリーの著作なども参照されたい（Vickery 2000=2002）。

士課程コース[2] が設置されるなどの動きがみられ、1993 年には『英国科学白書（イギリスの潜在能力を実現する――科学、工学、技術に関する戦略）』（*Realizing our Potential: A Strategy for Science, Engineering, and Technology*）において、科学技術理解増進や科学コミュニケーションが科学政策の一環として認識されることが示されている（UK Parliament 1993）。また同年には、科学技術庁の科学技術局（Office of Science and Technology）内に、「科学技術の公衆理解」（Public Understanding of Science, Engineering, and Technology）増進セクションが設置され、その後「科学技術の市民参加」（Public Engagement with Science and Technology: PEST）セクションに改称された。

　しかしながら、2000 年に発表された英国上院科学技術委員会による報告書『科学と社会』（*Science and Society*）では、90 年代までの PUS 的な流れとは異なる方向性が提示された。PUS が一般の人びとへの一方向的な知識供与という性格が強かったのに対して、この『科学と社会』報告書では、一方通行の情報提供ではなく、双方向の対話の姿勢を重視すべきであるという姿勢が明確に提示され、その後の科学コミュニケーションをめぐる政策的展開に大きな影響を与えることとなった（The House of Lords 2000; Wynne 2006）。また、翌年の 2001 年には、英国下院科学技術委員会（Parliamentary Office of Science and Technology）の報告書、『チャンネルを開く――科学技術における市民との対話』（*Open Channels: Public Dialogue in Science and Technology*）が発行され、「科学と社会」という表現をもって、社会のなかで営まれる科学（研究）というニュアンスが加味されるようになった[3]（Parliamentary Office of Science and Technology 2001）。また同時に、科学コミュニケーションに関する研究者への意識調査も実施され、研究者のコミュニケーション活動に対する意識の実態の把握や、コミュニケーション参加促進の努力がなされるようになった[4]（The Wellcome Trust 2000; The Royal Society 2006;

---

(2)　最初のコースは、インペリアルカレッジに 1 年間のコースとして設置された。現在では、各地の大学に科学コミュニケーションや、科学技術社会論といった「科学と社会」をテーマとした領域の研究所やコースが設置されている。

Poliakoff & Webb 2007)。

2　イギリスの経験からの教訓——BSE をめぐる騒動と GM Nation? The Public Debate の事例

イギリスにおいて「科学と社会」の間の関係性に一石を投じることになった事件が、1980 年代半ばからはじまる牛海綿状脳症（Bovine Spongiform Encephalopathy: BSE）をめぐる一連の問題である。

イギリス国内では 1985 年に最初の BSE の牛が発見されたのち、BSE に関する科学的調査を行うための専門家調査委員会（サウスウッド委員会）が

---

(3)　またイングランド高等教育助成会議（The UK Higher Education Funding Councils: HEFCE）、英国リサーチ・カウンシル（Research Councils UK）およびウェルカム財団（The Wellcome Trust）が 920 万ポンドを共同出資する形で、各地に「科学技術の市民参加」に関わる拠点機関を設立するというプロジェクト（Beacons for Public Engagement）が 2008 年から行われた。それぞれのビーコン（先導拠点）における主たる目的や行われている活動は少しずつ違っており、多様性に富むと同時に地域の特徴やアクターを活かす形でのプロジェクトが志向されていた。Beacons for Public Engagement では一方的な知識の伝達ではなく、双方向対話を通じた「知識交換」（Knowledge Exchange）を目指している点が重要である。またこの場合の「知識」は単純な科学的知識にとどまらず、社会正義（Social Justice）といった価値観までを含んだものであり、それぞれのアクターがもつ特有の知識をより意識したものとなっている点が注目される。設立されたビーコンは以下のとおりである。ウェスト・イングランド大学・ブリストル大学の共同事業である "National Co-ordinating Centre for Public Engagement"、ニューキャッスル大学とダーラム大学による "Centre for Life" を中心としたニューキャッスル・ダーラム・ビーコン（iKnow）、エディンバラ大学など 17 機関によるエディンバラ・ビーコン（Edinburgh Beltane）、マンチェスター大学などによる "Manchester: Knowledge Capital" を中心としたマンチェスター・ビーコン（Manchester Beacon）、カーディフ大学などによるウェールズ・ビーコン（The Beacon for Wales）、University College London によるユニバーシティ・カレッジ・ロンドン・ビーコン（University College London Beacon）、イースト・アングリア大学を中心としたイースト・アングリア・ビーコン（Community University Engagement East-CUE East）。

(4)　ウェルカム財団や英国王立協会による調査結果では、8 割以上の回答者がコミュニケーション活動に肯定的な態度を抱いていること、研究者のコミュニケーション活動への参加促進における課題として、時間的制約や同業者の評価といった事項があることなどが指摘されている（The Wellcome Trust 2000; The Royal Society 2006）。またポリアコフとウェッブは、過去の経験、研究者自身の高い意識、周囲の理解・協力、コミュニケーションに必要なスキルといった要素がコミュニケーション活動への積極的な参加に影響しているといった知見が得られている（Poliakoff & Webb 2007）。また日本における科学コミュニケーションに対する科学者の意識調査例としては、本書の第 7 章を参照のこと。

組織された。サウスウッド委員会は 1989 年に報告書をまとめるが、そのなかで「多くても 1 万 7000〜 2 万頭、ほどなく流行は収まる」こと、「人間への BSE 感染危険性はあまりありそうにない」ことなどが指摘された。しかしながら、ここで急いで指摘しなければならないが、委員会は当時の限られた科学的知見から報告をまとめる必要があったこともあり、「BSE が人間の健康に何らかの影響を与えるとはほとんど考えられない。しかしながら、こういった見積もりの評価が誤っていれば、結果は大変深刻なものになるだろう」というように慎重な（あるいは穏当な？）留保条件についても言及していたことには注意が必要である。これは、不確実な状況のなかで「科学的助言をいかに行うか」という難しいテーマともつながる問題である[5]（小林傳司 2007）。

　しかしながら、この留保条件はその後の政治的文脈のなかで捨象され、報告書は安全性を強調する文脈のなかで繰り返し使用されることになる。その後、1989 年にイギリス政府は特定の臓器の食用禁止を決めるものの、その対応は牛に対する対応からは 1 年半遅れたものとなった。また 1996 年に BSE の人への感染が認められ、EU 全体での基準作成へと事態は推移していった。この過程のなかで、「科学行政」や「専門家」といった権威あるいはガバナンスの主体がその信頼を喪失していくこととなった（Collee & Bradley 1997; 神里 2005; 小林傳司 2007; 小林ほか 2007）。イギリスにおける「科学と社会」の関係性を再考する機運またコミュニケーション観の変化は、このような背景のもとで進展していったものでもある。

　このようななかで、イギリスでは遺伝子組換えに関わる大規模市民対話の取り組みである、GM ネイション（GM Nation? The Public Debate, 以下 GM Nation）が行われた。GM Nation は、イギリス政府・農業環境バイオテクノロジー委員会（AEBC）の主催で、遺伝子組換え作物（GM 作物）をテーマに 2002 年から 2003 年にかけて行われた全国規模での対話・討論の試みである。GM Nation では、まず全国 8 カ所での市民参加型ワークショップ、

---

(5) 「科学的助言」についてその概要や現在的課題をまとめた日本語の書籍としては、有本・佐藤・松尾（2016）がある。また伊地知（2011b）なども参考となる。

九つのフォーカスグループインタビュー、一つの GM 作物の利害関係者に
よる会議が行われ、その後の議論の議題設定と論点の絞りこみが行われた。
その後、2003 年の 6 月から 7 月にかけて、全国 6 カ所におけるメインの会
議、40 カ所での第 2 会議、そして合計 629 回の第 3 会議という、多段階の
形式のオープンミーティングが実施され、合計でのべおよそ 2 万人の参加者
による議論が行われた。また同時にウェブ上での議論、さらに 77 人の一般
参加者を対象としたフォーカスグループセッションが行われている。その過
程においては、共通のワークブックや資料 CD-ROM などもファシリテーシ
ョンツールとして利用された（Hails & Kinderlerer 2003; Barbagallo & Nelson 2005;
Pidgeon et al. 2005; Rowe & Frewer 2005; Horlick-Jones et al. 2006, 2007a, 2007b; 平川
2008）。

　このようにして行われた GM Nation の取り組みからは、参加者たちが遺
伝子組換え技術の可能性を認めつつも、より開かれた議論と情報共有を歓迎
していること、（科学的安全性にとどまらない）社会的・政治的課題、規制
の枠組みの正統性や頑健性、ベネフィット（便益）の共有、食糧配分システ
ム、意思決定プロセスの妥当性と正統性など、多様な関心とフレーミングを
もつことが見出されてきた（表 4-1）。科学的な可能性や安全性の担保といっ
た事柄の重要性はもちろんのことであるが、このような多様なフレーミング
をふまえたうえで、政策オプションや規制のあり方をオープンに議論してい
くことの重要性が発見されたといえる。

　しかしながら、GM Nation においてイギリスが得た最も重要な経験と教
訓は、「GM Nation は遅すぎた」ということであった[6]。つまり、社会的対
立の様相を顕著に呈していた GM 作物をめぐる論争において、GM Nation
と開催母体である AEBC には政府の信頼を取り戻すというミッションがあ

---

[6]　この評価をめぐる問題は、日本、そして科学技術の市民参加全体に共通する課題であるとい
　　える。ホリック＝ジョーンズらは、科学技術の市民参加に関するよりシステマチックな評価体
　　系構築の必要性を指摘している（Horlick-Jones et al. 2006）。またこのあとでも言及を行うが、
　　評価の点について、評価基準そのものにおいても一般の人びとの意見を取り込んでいく科学技
　　術の市民参加の必要性と方向性を指摘した、チルバースの議論も検討に値するだろう
　　（Chilvers 2008）。

表 4-1 GM Nation で提示された主要な関心とフレーミングの例

人びとのもつ多様な不安	食品や環境への安全性といった科学的・技術的な側面に限らず、社会的・政治的課題まで含めた懸念に目を向ける必要がある
リスク - ベネフィットの理解	ベネフィットを知ると同時に、リスクへの関心もまた高まる（特に長期的な観測が必要なリスクについての関心の高まり）
安易な商業化に対する反発	より多くのテスト、しっかりとした規制の枠組み、（生産者だけでなく）広く社会へのベネフィットの提示が要求されている
政府・多国籍企業への不信感	（多くの対話参加者は総論としての GM 作物の利点は認めている）アリバイづくりへの疑義（結果が結局は無視されてしまうのではないか）、経済的利益優先への危惧
さらなる情報提供と試験研究	信頼できる情報源からのより多くの情報提供と、さらなる試験研究の必要性を認めている
発展途上国の事情に対する特別な関心	食糧増産などの貢献の理解。公平な貿易、よりよい食料分配システムの構築、収入や当該国の地位向上といった開発全体の推進が重要であるという認識の提示
議論に対する歓迎と価値	対話・議論への参加は歓迎されている。また自身の意見表明のみならず、専門家も含めた他者の意見を聞き議論できる機会が尊重されている

（出所） Hails & Kinderlerer（2003）; Barbagallo & Nelson（2005）; Pidgeon et al.（2005）; Rowe & Frewer（2005）; Horlick-Jones et al.（2006）（2007a）（2007b）などをもとに筆者作成。

った。しかし、すでに GM 作物をめぐる社会的議論が論争として固定化されてしまった状況において、政府・企業などへの不信感、GM Nation がアリバイづくりなのではないかという人びとの危惧は容易にぬぐえるものではなかった。また加えて、GM Nation に関してはほかにも多くの教訓となる課題が指摘されている。それらの主たる論点としては、例えば以下のようなものがある（Barbagallo & Nelson 2005; Pidgeon et al. 2005; Rowe & Frewer 2005; Horlick-Jones et al. 2006, 2007a, 2007b）。

- 参加者におけるバイアスのコントロール（結果の偏り、低関心層の巻き込みの不足）
- GM Nation の目的の不明瞭さ、透明性の課題（特に政策に対する位置づけと、政策への影響力・反映のプロセスに関する透明性）
- 補助ツール・資料の質（議論に対してどれだけ資するものであったの

かの検討)

- 評価をどのように行うのか（期間、基準、データの取り扱いなど）
- （当初において、政府が期待していたような形で）政府や科学の信頼が回復するまでには至らなかった

　以上のように、GM Nation の試みにおいて多くの課題が残された点は否めない[7]。しかし、GM Nation が提示した評価や論点に関する議論は多岐にわたり、多くの示唆と教訓を与えてくれるものでもある[8]。

　GM 作物の野外栽培や商業化に際して、「GM Nation は遅すぎた」という言葉に代表されるように、科学者・農業従事者・一般消費者・企業といった各種のステークホルダー間におけるコミュニケーションや、社会的議論への対応が後手に回ってしまったことで深い社会的対立を生んでしまったという反省がなされている。その教訓から、ナノテクノロジーをめぐる議論では、一般の人びとの間で広く認知される前からの対話、技術開発の初期段階からの参画を企図した「上流からの市民参加」（Upstream Engagement）が試みられている（Barben et al. 2008; 立川 2008; 三上ら 2009a, 2009b; Guston 2014; 三上・高橋 2013; EU Commission 2016d)。

3　「科学技術と社会」をめぐる議論の国際的な流れ

　ここまで、イギリスにおける PUS から「科学技術の市民参加」への転換の流れを中心に概観してきた。これらの方向性を後押しする背景の一つとし

---

(7)　AEBC は GM Nation 後に解体されている。また GM Nation の運営面に関する課題などについては、AEBC の組織としての役割や課題の検討と絡めて報告書としてまとめられている（Williams 2004)。その報告書において、AEBC は当初期待された政府と科学への信頼回復というミッションの実現には至らなかったという認識を示すと同時に、BSE や GMO といった社会的対立を生んでしまった課題への遅すぎた対応とそのミッションの難しさを指摘している。また活動におけるコストとベネフィットの観点や、また種々の活動の意義とハードルについても指摘している。

(8)　なお GM Nation について取り扱った最も包括的な文献としては、以下のものが挙げられる。Horlick-Jones et al. (2007b).

ては、「社会のなかの科学」（Science in Society）や「社会のための科学」（Science for Society）という観点の顕在化があった。この流れのなかで、90年代後半に重要な文書が登場している。その例として、米国下院科学委員会が1998年に発行した『われわれの未来を拓く——新しい国家の科学政策に向けて』（*Unlocking Our Future: Toward a New National Science Policy*）や、1999年に UNESCO と世界学術会議の共催により開催された世界科学会議（ブダペスト会議）による報告『世界科学会議——21世紀のための科学と新たな誓い』（*World Conference on Science: Science for the Twenty-First Century, A New Commitment*）などがある。米国下院科学委員会による『われわれの未来を拓く——新しい国家の科学政策に向けて』では、科学技術政策における科学コミュニケーションの重要性が強調され、大学院教育における科学者のジャーナリズム・コミュニケーション教育、コミュニケーション活動への参加、一般の人びとの研究成果へのアクセス拡大などが提案されている[9]（U.S. Congress House of Representatives Committee on Science 1998）。またブダペスト会議における宣言「科学と科学的知識の利用に関する宣言」では、知識情報の共有、科学への平等なアクセス、科学への参画の拡充といった点が挙げられている（UNESCO 2000; 小林 2007）。

　加えて欧州委員会による『科学と社会アクションプラン』（*Science and Society Action Plan*）でも、市民との対話が掲げられており、欧州の科学技術政策における、コミュニケーションへの注目、一方向的な PUS 的活動から科学技術への市民参加へという変化を印象づけている。また、もう一つの重要な点は、これらのレポートでは、現代社会を高度な知識に依拠しつつ発展する「知識基盤社会」（Knowledge-based Society）と捉えており、そうした社会における科学技術の適切なガバナンスには、科学技術への市民参加

---

(9)　また、アメリカにおける科学コミュニケーションの取り組みの一例としては、『サイエンス』（*Science*）の発行元として知られる全米科学振興協会（AAAS）が、科学者自身のコミュニケーション活動を促進するための奨励賞を設けるなどを行っている（e.g. 水沢 2008）。AAASでは、ほかにも科学者の政策フェローインターンシップなど、さまざまな活動を行っており、科学者のコミュニケーション活動のほかに、キャリアパス形成や、学協会の果たすべき社会的役割を考えるうえで、さまざまな視点を提示している。

が重要であるとしていることである。この点は、2007年に欧州委員会から発行された『欧州の知識基盤社会を真剣に考える』(*Taking European Knowledge Society Seriously*)（EU Commission 2007）においても議論がなされている。

この方向性における議論と取り組みは、近年においても踏襲されている。本書執筆時点での欧州委員会の科学技術政策枠組みであるホライズン2020においても、「社会のなかの／社会のための科学」プログラムが設定され、責任ある研究・イノベーション（Responsible Research and Innovation: RRI）を基本的なコンセプトとした取り組みがなされている（RRIに関しては第11章で詳述する）。

いずれにせよ科学技術のガバナンスにおいて、科学技術への市民参加に代表される双方向のコミュニケーションの重視は、2000年以降において特に顕著となり、現在の科学技術政策の多くがこの観点に立っている（e.g. 城山 2007; 城山 2018）。

4　欠如モデルを超えて

PUS的活動では、一般の人びとが科学技術を受容しないことの原因は科学的知識の欠如にあり、知識を与え続けることで一般の人びとの科学受容や肯定度が上昇するという考え方が背景にあることが多かった。このような考え方は「欠如モデル」（Deficit Model）と呼ばれている。欠如モデルという呼称は、イギリスのブライアン・ウィンにより、1980年代後半より使われはじめ、90年代に入り定着したものである[10]（e.g. Wynne, 1991, 1993, 1996, 2001, 2006）。

この欠如モデル型PUSからの脱却は、80年代以降におけるPUSの試みでの教訓から来ている。またバイオテクノロジーなどの「萌芽的な科学技

---

[10]　同時に、知識や情報は、その人びとがもつ固有の文脈に引きつけて理解され、そのような知識・理解を重視するという「文脈モデル」（Context Model）や「素人の専門性モデル」（Lay-Expertise Model）などの議論がなされるようになる（Wynne 1991, 1993, 1996）。

術」（山口・日比野 2009）に関する態度や認知に関連する研究において、知識の量が増えることが必ずしも科学技術の肯定的な受容をもたらすわけではないこと、つまり欠如モデルの想定する「知識増加による科学技術の受容促進」という素朴な考え方の誤謬が指摘されてきたことも、欠如モデル的PUS の限界の認識に関わっている。

　例えば、欧州における大規模な意識調査（Eurobarometer: ユーロバロメーター）のデータを使った先行研究では、GM 作物などに代表されるバイオテクノロジーの受容と人びとの意識や知識の関係性に注目した分析が行われてきた[11]。そのなかで、ミドゥンらは、知識とバイオテクノロジー受容の関係性についてのパス解析から、「知識・情報が得られている状態[12]」（Informedness）は、バイオテクノロジーに対する一般的な態度[13] としてはむしろネガティブな影響を促すが、同時に、リスクの過剰評価は避けられる、あるいは科学技術そのものに対するポジティブな期待や楽観的な態度も促すなど、科学技術に対する意識に複雑な影響を与えていることを指摘している[14]（Midden et al. 2002）。またニック・アラムらは、欧州における地域・都市規模別での知識・教育レベルとバイオテクノロジーに対する意識の対応分析を行っている。その結果、①「都市部、高いレベルの知識／教育、ほどほどの話題関心、穏健な態度」、②「中規模都市／工業衰退地域、中レベルの知識／教育、高い話題関心、ネガティブな態度」、③「周辺地域、低いレベル

[11]　これらの知見については、例えば以下の二つの研究書などに成果がまとめられている。Bauer & Gaskell（eds.）（2002）; Bauer & Gaskell（eds.）（2006）.

[12]　この「知識・情報が得られている状態」（Informedness）は、科学的知識のレベルと同時に、バイオテクノロジーに関する話題や情報を得られるあるいは会話する機会があるということをあわせた変数として検討されている（Midden et al. 2002）。

[13]　ミドゥンらの研究では、「技術の有用性認識」、「モラル的観点からの受容性」、「（技術）促進についての希望レベル」などの要素で構成される（Midden et al. 2002）。

[14]　また、国別比較における大まかな傾向としては、小国のほうが GM 作物に慎重な態度を示していた。これについては、その国の農業をめぐる産業構造や政策なども背景となっていることが考えられる（平川 2010）。また経済的発展の途中にある国ほど、知識量とバイオテクノロジー受容の相関が高い（Allum et al. 2002）、あるいは知識テストの結果と科学に対する態度の間には正の相関はあるもののその関係性は弱いといった傾向が指摘されている（Allum et al. 2008）。また幹細胞研究に注目した例として、Ho et al.（2008）などがある。いずれにせよ、知識の多寡がそのまま肯定感につながるという想定はやや単純に過ぎる。

表4-2　科学的テーマに対する態度への効果要因の回帰分析

	幹細胞	ビッグバン	人類進化	気候変動	ナノテクノロジー	遺伝子組換え食品
一般的教育	0.011	0.105*	0.126*	0.238*	0.072	0.100
科学教育	0.137	−0.026	0.157	−0.538*	0.347	−0.039
科学リテラシー	−0.019	0.165***	0.103***	−0.019	0.144***	0.092*
保守主義	−0.160***	−0.538*	−0.538*	−0.538*	0.025	−0.084
宗教原理主義	−0.189***	−0.538*	−0.538*	−0.165	−0.538*	−0.105
科学への信頼	0.224***	0.357***	0.332***		0.486***	0.436**
定数項	3.202***	−1.890***	−0.088	4.442***	−1.823***	−0.484
サンプル数	985	2,058	2,058	141	832	835
F	17.25***			3.14**		
R^2	0.15			0.18		
RSE	0.85			1.05		
Log likelihood		−1,174.61	−1,183.60		−504.45	−489.65
AIC		2,371.22	2,389.20		1,032.89	999.3

*幹細胞ならびに気候変動：重回帰分析、ビッグバン・人類進化・ナノテクノロジー・遺伝子組換え：ロジスティック回帰。***$p<0.001$, **$p<0.01$, *$p<0.05$
（出所）　Drummond & Fischhoff（2017: 9589）から筆者訳出・作成。

　の知識／教育、低い話題関心、ポジティブな態度」というパターンを見出している（Allum et al. 2002）。いずれも、科学技術に対する意識における多様かつ複雑な影響が見出されているといえよう。

　そして、より最近の分析として、ドゥルモンドとフィシュコフの研究例がある。ドゥルモンドとフィシュコフは、アメリカで行われた GSS（General Social Survey）調査のデータ、2006 年（4510 名）、2010 年（2044 名）、のべ約 6500 名の質問紙調査データを用い、幹細胞研究、ビッグバン、人類進化、気候変動、ナノテクノロジー、遺伝子組換え食品（GM 食品）といった科学的テーマに関する態度（「幹細胞研究にもっと投資すべきである」・「進化論が正しいと思う」・「GM 食品は安全に食べれると思う」など）と、一般的教育・科学リテラシー・価値観との関わりについて、回帰分析を用いた検討を加えている。その結果、教育や科学リテラシーは態度に影響する要因の

なかの一つとして寄与はあるものの、テーマによってその効果はまちまちであることがみてとれる。ナノテクノロジーや GM 食品については一般的教育は有意な効果は認められず、また幹細胞に対してはいずれの項目も有意な効果が認められていない。一方で、保守主義や宗教的原理主義といった価値観や政治信条に関わる項目は、GM 食品以外では負の効果（ネガティブな態度に寄与）が有意に認められる結果となっている（表4-2）。そのうえで、概して態度に対して最も効果が大きいものは「科学への信頼」であった点は強調しておくべき事柄であろう[15]。この「科学への信頼」をつくるものは何かという問いを考えることが重要である[16]（Drummond & Fischhoff 2017）。

　そもそも前述のユーロバロメーターに関わる先行研究群から繰り返し指摘されてきたように、バイオテクノロジーをはじめとした萌芽的科学技術の受容の要因は、科学的知識だけでなく、リスクの多様性（e.g. Hansen et al. 2003; Townsend et al. 2004）、受容における文化的背景という要素（Jasanoff 2005）、個別の文脈に即した知識の受容・理解（Wynne 1991, 1996）、政治的知識など科

---

[15]　ドゥルモンドとフィシュコフの研究では、「科学への信頼」については、回答者に7段階で評価してもらう設計となっている。そのため、「信頼」がどのような背景によって構築されているかの分析までは踏み込まれていないという限界がある。「信頼」を構築する要素の詳細に踏み込む検討が今後必要となる。

[16]　本書執筆の間に、『ネイチャー・ヒューマン・ビヘイビア』（Nature Human Behavior）に掲載された、アメリカ・ドイツ・フランスで行われた調査による GM 食品に対する排除的な態度と科学的知識の関係性について論じた論文が話題となり（Fernbach et al. 2019）、イギリスの『ガーディアン』（Guardian）で記事として取り上げられた。しかしながら、元論文を読めばわかるものではあるものの、このファーンバッハらの結果から判断できる事柄は、「科学テストの点数と自己評価の差」（Knowledge Difference Score）と GM 食品に対する排除意識の間に有意な関係性が認められるということであった。またアメリカにおいては、知識量と態度の間にも有意な関係が認められているものの（しかしその効果の度合いは小さい）、フランスとドイツについては有意な関係は認められていない。論文の筆者らは、このフランスとドイツの結果を「偽陰性」であると「信じている」と述べているが、この結果を検討する際には本文中でふれたような先行研究の結果をふまえて考える必要がある（Fernbach et al. 2019）。少なくとも、このファーンバッハらの結果は、「知識」の効果は単純な経路ではないこと、むしろ知識そのものに加えて「情報が共有される」ことへの信頼なども含めた状況が態度決定に強い効果をもつと解釈する先行研究の知見を超えるものではないといえる。このドゥルモンドとフィシュコフらの研究、そしてファーンバッハらの研究については、標葉靖子（2019）でも紹介がなされている。また、例えばマレーシアにおける遺伝子組換えサケをめぐる社会受容の意識調査では、宗教的信条、モラルに反しないことが最も重要な影響要因として見出されている（Amin et al. 2014）。

学分野以外の知識の存在（Sturgis & Allum 2004）、宗教的信条の影響（Amin et al. 2014）など、多面的に考察する必要がある[17]。

　ただし、ここで注意を促しておきたい。科学技術に対する意識は、多様な要素の影響を受けるものであり、知識は数多くある要素のなかの一つでしかない。そして多くの場合、価値観や政治的信条、あるいは「信頼」といった要素がより強い影響力をもつことが繰り返し指摘されてきた。このことは、欠如モデル的な PUS 活動や情報提供活動が、（特にマクロなレベルでの）科学技術をめぐる受容や肯定感の向上に必ずしもつながるものではないことを含意する。しかし、このことは（多くは一方向にならざるをえない）情報の提供行為そのものの重要性を否定しているものではないことに注意が必要である。欠如モデルに対する批判の本来の対象は、「科学技術情報を与えれば、科学技術受容も促進される」という素朴に過ぎる思考であり、1980 年代から 90 年代における中央集権・トップダウン型の情報管理・情報提供への偏りにあったとみることが妥当である。欠如モデル批判の本懐は、そのような情報流通のあり方に対する批判であり、関与するアクターのネットワークにおいて、一方向・双方向含めたより裾野の広い知識・情報・意見の共有、プロセスの透明性の確保を目指すところにある。その目指すコミュニケーションにおいては、情報の共有は重要な前提条件であり基礎をなすものと位置づけられる。欠如モデル批判における一連の議論は、「情報の提供」から「情報の共有」を基礎とした対話へのシフト、その対話を通じた議論のフレーミングの多様性の可視化が重要であるという視点の変化を促すものとして概括できる。

---

(17)　また欠如モデルの検討という文脈ではないが、日本における調査（大卒以上対象）においても、バイオテクノロジーの受容に際して、リスク－ベネフィットといった視点よりも、倫理的・道義的問題に関する認知のほうが強い影響をもつといった知見も出されており、価値観という要素がバイオテクノロジーに対する態度に大きく関わることが示唆されている（永田・日比野 2008）。また、より最近の、ゲノム編集作物に関する一般消費者3000 人を対象とした意識調査では、科学リテラシーは技術のベネフィット意識の向上に有意な効果をもつことが指摘されているが、同時にリスク意識の低減には効果が確認されなかった（加藤ほか 2017）。また立川雅司らは、同じ一般消費者3000 人と研究者197 名の意識比較を行い、その意見の違いについてアプローチしている（立川ほか 2017）。

　いずれにせよ、少なくとも欠如モデルの想定する「知識増加による科学技術の受容促進」のような単純に過ぎる考え方の誤謬とともに、知識と科学技術の社会的受容の関係は複雑な影響関係にあることが認識される必要がある。そのうえで、リスクも含めた科学的情報が隠されずに「共有」されることで「情報が共有される」ことへの信頼なども含めた「知識・情報が得られている状態」（Informedness）とプロセスの透明性が達成されること、責任・補償体制の明示（第6章で詳細を論じる）などの人びとの関心に応えていくことで、科学技術ガバナンス全体の「信頼」を積み重ねていくことが重要である。このことは、科学技術政策やガバナンスにおける重要な前提事項として理解されなければならない。

5　科学技術をめぐるフレーミング（問題枠組み）の違い

　ここまで、科学技術をめぐる問題状況をふまえ、「科学と社会」の関係を幅広い関係者間の視点から考えることが重要なテーマとなってきたことをみてきた（e.g. The House of Load 2000; 城山 2007, 2018）。

　とりわけ科学技術をめぐる ELSI（倫理的・法的・社会的課題）の議論では、さまざまな社会的な価値に基づく異なる視点から議論を多面的に考えることが避けられない。このような問題では、「科学に問うことはできても科学には答えられない問題」が多くみられ、「トランス・サイエンス問題」とも呼ばれている[18]（Weinberg 1972; 藤垣 2003; 小林傳司 2007）。「科学技術と社会との境界で生じる事項」について、社会的判断を行うための仕組みやさまざまな問題に対処するための具体的な制度設計の構築を指向する科学技術ガバナンスの視点からは、このような問題群について「様々な分野の専門家、様々なレベルの政府（国際組織、国、地方自治体）、様々な団体（専門家団体、事業者団体等）や市民といった多様なアクターが連携・分担、時に対立

---

[18]　なおワインバーグのいうトランスサイエンス論と小林傳司のいうトランス・サイエンス論では、その議論や言葉の意味射程が異なっている。その詳細については、科学哲学者である原塑の論考が参考になる（原 2015）。

しつつ、科学技術と社会の境界に存在する諸問題をマネジメントしていく」ことが重視されることになる（城山 2007: 44）。

　その際、科学技術をめぐるさまざまな視点、あるいは社会経済的な文脈に応じたさまざまな関心あるいは「問題の枠組み」についての認識（フレーミング）が存在し、そのフレーミングの構築のされ方によりその後の研究開発の方向性や社会のなかでの議論のされ方もまた大きな影響を受けていくことになる（立川 2008）。だからこそ、多様な社会的関心とフレーミングを把握し、よりよい意思決定プロセスとガバナンスの構築に活かしていくことが重要となる。

　以下では、この科学技術に関するフレーミングの議論の典型例として、GMO をめぐる議論に特に注目しながら過去の事例の検討を行い、科学技術という人の営みについてのさまざまな関心とフレーミングについてみていくことにしたい。

5.1　GMO をめぐるフレーミング——社会・経済的側面に注目すること

　遺伝子組換え技術は、その登場以来、基礎生物学的知見の獲得、新規な医療や医薬品の開発、そして食糧・エネルギー分野への応用など、多くの貢献をしてきた。特に育種・食糧分野においては、除草剤耐性や病害耐性をもった GM 作物を中心として、生産性増大などの経済的効果、また悪条件下における栽培可能性、栄養価の向上などの品質改善が進められてきた。国際アグリバイオ事業団（The International Service for the Acquisition of Agri-biotech Applications: ISAAA）の調査によれば、2017 年時点で GM 作物は世界 24 カ国、およそ 1 億 8980 万ヘクタールで栽培されており[19]、世界で栽培されている大豆の 77%、とうもろこしの 32%、綿花の 80% などが GM 作物によるものとなっている。日本では、厚生労働省と農林水産省から諮問を受ける形で食品安全委員会が GM 食品と GM 飼料に関する安全性の審査を行い、2017 年時点で 646 品目が認可されている[20]（ISAAA 2017）。

---

[19]　栽培面積上位はアメリカ、ブラジル、アルゼンチン、カナダ、インドとなっている（ISAAA 2017）。

表 4-3　遺伝子組換えをめぐるベネフィット、リスク・関心で言及される事柄例

リスクおよび関心	ベネフィット
・食品中の栄養分の変化 ・抗生物質・除草剤への耐性をもったウィルスや雑草の登場 ・GM 食品の科学的安全性 ・特許に起因する種子獲得制限、バイオパイラシーといったリスク ・穀物の遺伝的多様性への影響 ・宗教的・文化的・倫理的関心 ・ラベル表示への関心（消費者の選択の権利の問題） ・動物倫理的な関心（GM 動物） ・有機農家の関心、風評被害リスク ・発展途上国における農業・経済システムへの影響 ・生態系への影響 ・リスクと利益の配分関係の格差、など	・食品の有効性増進 ・貯蔵および品質保持の増進 ・育種にかかる開発コスト低下 ・収穫量の増加／品質の向上 ・悪条件下での作物栽培 ・医薬品製造への応用 ・病気、ストレス、ペスト、雑草、殺虫剤、ウィルスなどへの生物学的防御の獲得 ・バイオリミディレーション（GM 微生物による汚染分解） ・環境保護（農薬散布量減少による） ・生体材料工業における生物工場および供給源としての GM 作物 ・資本と雇用の創造

（出所）　Uzogra（2000); Jo et al.（2003); 平川（2005）などを参考に作成。

　このように多くのベネフィットをもつ GMO であるが、しかしながらこれまでに課題や懸念もまた指摘されてきた（表 4-3）。作物の種子や特許に関する問題や、国際貿易における摩擦、利益とリスクの配分についての社会・経済的課題、（特に有機農家や伝統農業を営む農家にとっての）風評被害のリスク、遺伝子組換え動物（GM 動物）をめぐる倫理的関心などである

⒇　日本では、食品については厚生省（現：厚生労働省）が、動物飼料については農林水産省による安全性審査が行われ、1996 年から輸入がされるようになった。その後、2003 年 5 月に「遺伝子組換え生物等の使用等の規制による生物の多様性の確保に関する法律」（カルタヘナ担保法）、同年 6 月に「食品安全基本法」ならびに種々の関連する指針・告示が定められ、GMO の研究開発ならびに食品利用に関する現在の枠組みがつくられている。
　カルタヘナ担保法は、GMO の使用形態を第一種使用（主に野外における使用）と、第二種使用（主に研究室内における使用）に分け、使用形態ごとに必要な GMO 漏洩防止策等を規定している。例えば、GM 作物の野外栽培試験を行う際には、栽培を行う圃場を他の一般圃場から一定の距離を隔離することなどが定められている。また、研究室内で形質転換した大腸菌や植物体の廃棄の方法なども規定対象となっている。
　一方、GM 食品に関しては、食品安全基本法のもと、食品安全委員会が設置され、GM 食品の安全性審査などを行うための食品安全委員会遺伝子組換え食品等専門調査会が組織されている。GM 食品・GM 飼料に関する安全性審査は、現在この食品安全委員会遺伝子組換え食品等専門調査会が、厚生労働省や農林水産省から諮問を受ける形で行っている。

（Uzogara 2000; Jo et al. 2003; 平川 2005）。また例えば GMO をめぐる市場導入にともなうインパクトなどについても、それがもたらす経済的影響の多様性、政策・規制状況との齟齬の観点から、インパクト全体を検討する必要性が議論されてきた（Smith et al. 2010）。

　GMO の利用に代表されるように、新しい科学技術のリスク評価は、その科学的安全性に関わるリスクや不確実性の検討はもちろんのこと[21]、同時に社会的・経済的な側面を多分に抱える領域である。社会的階層によって生じるリスクとベネフィットの差異と、その分配における公平・公正の問題に注意が必要となる。

　ドイツの社会学者ウルリッヒ・ベックは環境問題などを例としながら、科学技術のリスクが特定の地域や状況（ローカルな文脈）を超える性質をもつこと、リスクを負うものとベネフィットを受けるものの不一致、また社会的階層に応じたリスク分配における不平等と権力構造を背景としたリスク格差の問題などの問題点を指摘している（Beck 1986=1998）。すなわちリスクは社会的・経済的階層性をともなわざるをえないものであり、どのような経済主体（社会階層）にとってどのようなリスクがあるのか、どのようなリスク対策を講じるのか、そこにどれほどのリソースを投入するのかなどの判断は価値判断的なプロセスを避けることはできず、単純な技術的課題とはならない（久野 2002）。「科学的合理性」と「社会的合理性」の双方の視点、そしてそれらの間の緊張関係についての理解が重要となる（Beck 1986=1998）。そして、リスク評価[22]あるいはリスクガバナンスの枠組みにおいても、人びとの関心事項までをふまえた評価・検討がどれだけできるかが課題となり、その枠組みについての議論が展開されつつある（e.g. IRGC 2005, 2017; 松尾ほか 2015）。

　このような課題は、GMO に限らず、科学技術とその成果を社会のなかで位置づけていくうえで欠かすことのできないものである。だからこそテクノロジーアセスメント（TA）においても、科学的なリスクの評価に加えて、このような社会的状況に応じて異なる各アクターへの多様な社会的・経済

---

[21]　これまでになされてきた研究蓄積などからみる限り、現在までに GM 食品が人体健康に悪影響を与えたという信頼できる学術的知見は得られていない。

的・政治的リスクの影響や関心をふまえた意思決定と政策オプションの構築
が課題となってきた。このような背景から、参加型テクノロジーアセスメン
トのような手法によるさまざまな観点からの意見収集と「問題の可視化」
（木場 2000）、その結果の政策形成への反映プロセスの検討について、試行錯
誤が行われてきた。

　GMO をめぐるガバナンスの議論に立ち戻ってみても、どのような社会
的・経済的・政治的影響までをスコープの対象に含めるかということが、
1990 年半ば以降、大きな論点として取り上げられてきた。その際、アクタ
ーやローカルな文脈の間におけるフレーミングの違いがまさしく重要な論点
となってきた。GMO をめぐる関心やフレーミングの多様性については、前
述の GM Nation の取り組みなどの重要な蓄積があるが（表4-1参照）、加えて
個人あるいは集団レベルだけでなく、国レベルでのフレーミングの違いもま
た課題となってきた。

　以下では、GMO に関して国際的なレベルでのフレーミングを対比するこ
とで、その観点や関心の多様性をみていく。

5.2　国際的なフレーミングの違い
——カルタヘナ議定書とコーデックス（CODEX）ガイドラインの例

　国際的なレベルで GMO をめぐるフレーミングの違いが顕在化した例とし

⑵　リスク評価（Risk Evaluation）は、リスク分析（Risk Analysis）における枠組みの一つと
　して位置づけられている。リスク分析は、1980 年代からアメリカなどを中心として制度化・
　体系化が進められた研究領域であり、1981 年にはリスク分析領域の専門誌である『リスク・
　アナリシス』（*Risk Analysis*）が創刊されている。一般的には、リスク評価、リスク管理
　（Risk Management）、リスクコミュニケーション（Risk Communication）の三つの枠組みに
　分類され、分析・検討・理論化が行われてきた（e.g. National Research Council 1983;
　Kasperson 1986）。リスク評価は科学者をはじめとする専門家によるハザードとインパクトと
　の因果関係の解明、曝露経路の特定などである。リスク管理は専門家や行政官に加え、リスク
　をこうむる他のアクターといった人びとを考慮や議論に加えた形で管理システムを検討する
　（ある種の政治的な側面をもつ）。リスクコミュニケーションは、リスク評価に際してリスク情
　報や管理手法について関係者間で双方向的に行われる。なおリスクコミュニケーションについ
　ては、多くの優れた教科書が出ている。例えば Lundgren & McMakin（2018）などが定番と
　して挙げられる（本書執筆時点では第 6 版まで出版されている）。

ては、「カルタヘナ議定書」（The Cartagena Protocol on Biosafety）の策定プロセスが挙げられる[23]。

　アメリカ・カナダ・アルゼンチンなど北米・南米の国々、EU 諸国、発展途上国と大きく分けて三つのグループにおいて、「GMO リスクの範囲」、「リスク管理や事前通知合意手続き（AIA 手続き）の適用範囲」、「バイオセーフティの概念範囲」、「予防原則のあり方」、「世界貿易機関（World Trade Organization: WTO）協定との整合性」、「責任と保障」、といった点について、視点や優先度の違いが指摘されている（平川 2002, 2005）。

　例えばアメリカを中心としたグループは、GM 作物の輸出推進のためにWTO 協定とカルタヘナ議定書の整合性を最重要課題とした一方で、予防原則の導入や社会的・経済的影響に関する議論には消極的であった。反対に、EU や発展途上国グループでは、予防原則や社会的・経済的影響に関する議論が優先度の高い論点となっていた。EU が予防原則においてアメリカなどのグループと対立した背景には[24]、貿易上の問題に加えて、1990 年代に体験したBSE 騒動などの背景があった。また発展途上国のグループからは、GM 作物による被害が生じた場合の責任と保障の取り扱いも重要課題として提起されている[25]。やや単純化しすぎた表現ではあるものの、GM 作物を輸

---

[23]　カルタヘナ議定書策定に関する論点や交渉の内容は、生物多様性条約事務局による『カルタヘナ議定書 —— 交渉の記録』（*The Cartagena Protocol on Biosafety: A Record of the Negotiations*）と題した報告書から垣間見ることができる（CBD 2003）。
　　なお日本における GMO をめぐる規制枠組みは、1979 年の文部省「遺伝子組換え実験指針」の策定・施行からはじまっている。現在では、GMO に関わる研究についてはカルタヘナ議定書への国内対応を担保するための法的措置として、2003 年 5 月に「遺伝子組換え生物等の使用等の規制による生物の多様性の確保に関する法律」（カルタヘナ担保法）がある。GM 食品ならびに遺伝子組換え飼料（GM 飼料）については、CODEX などの国際的指針の状況をふまえつつ、2003 年 6 月に定められた「食品安全基本法」ならびに種々の関連する指針・告示が、規制枠組みの基本となっている（e.g. Shineha & Kato 2009）。カルタヘナ担保法は、GMO の使用形態を第一種使用（主に野外における使用）と、第二種使用（主に研究室内における使用）に分け、使用形態ごとに必要な GMO 漏洩防止策などを規定している（本章注 20 も参照のこと）。なお CODEX における合意形成の過程、日本国内の制度との関係性などについては、松尾真紀子らの研究に詳しい（松尾 2008; 松尾ほか 2008）。
[24]　ただし、EU の政策形成においてもフレーミングの対立は存在しており、欧州委員会内部においても、予防原則とプロダクトベースでの規制をめぐる立場が環境総局と農業総局・産業総局などの間で異なっていたことが指摘されている（立川 2017）。

出する側と GM 作物を輸入する側の間において、GMO の問題としての捉え方、リスクをめぐる社会的・経済的側面に関するフレーミングと論点の優先度に違いがあったといえる[26]（CBD 2003; 平川 2002, 2005, 2010）。

　また国際的な食品安全規格策定機関であるコーデックス委員会（CODEX）における GM 食品の指針作成のプロセスでは、「実質的同等性[27]」（Substantial Equivalence）をめぐる議論とその運用の多様性が一つの主要な議題となった経緯がある。またトレーサビリティ（追跡可能性）や予防原則に対する立場、「科学以外の要素」（Other Legitimate Factors）をどのように考えるのかも課題となった。これらは、各国のリスク評価とリスク管理の制度的実態と文化のなかでどのように判断を行うのかということと関わる事柄であった[28]（松尾 2008）。

　このような課題は、GM 食品に限定した話ではない。松尾真紀子らはコーデックス委員会を舞台とした他の議論事例（肥育目的の動物用医薬品ラクトバミンの残留基準値をめぐる事例）の分析から、多様な「科学以外の要素」について、コーデックス委員会の意思決定において一定の基準がつくられているものの、加盟国ごとに何を重視すべきかの理解は異なっていること、「科学以外の要素」において「消費者懸念」（Concern）と「選好」（Preference）をめぐる対立が大きくなったことを指摘している。消費者懸念や選好を規格策定にどのように位置づけるかは、各国の政治的・経済的・

----

[25]　この「責任と保障」に関する新たな方針が、2010 年 10 月に名古屋で行われたカルタヘナ議定書第 5 回締約国会合（COP/MOP5）において「名古屋・クアラルンプール補足議定書」として採択されている。

[26]　最終的には先進国側の主張により、最終文書では、第 26 条「社会経済的配慮」の項を除き、社会的・経済的影響に関する文言は導入されないという結果となっている。

[27]　「実質的同等性」の概念は、1993 年に OECD が発表した『モダンバイオテクノロジー由来食品の安全性評価 —— 概念と原則』（*Safety Evaluation of Foods Derived by Modern Biotechnology: Concepts and Principles*）のなかで提案された考え方である。食経験の歴史的経緯を背景としながら、既存の食品・作物と GM 食品・GM 作物との間で、導入した追加形式以外の栄養素やアレルギーなどの相違点の比較を行い、既存食品と同等の安全性であるかを判断する考え方であり、以降の GM 食品をめぐる議論において重要なものとなった（松尾 2008）。

[28]　この経緯と論点、あるいはコーデックス委員会における議論のフレーミングの対立の分析については、松尾真紀子らの研究が詳しい（松尾ほか 2008）。

社会的文脈に応じた管理理念とも関係してくる事柄である。指針の動向に応じた評価と管理基準の変化は、実際の食品管理体制、農業システム、流通などの制度構造とその変化に関わる大きな問題であるため、そのフレーミングの差異が顕在化しやすいものであった[29]（松尾ほか 2015）。

5.3　国際的なフレーミングの違い
——EU と欧州各国の GMO 関連政策にみるフレーミング

　国レベルの政策的議論をみても、GMO をめぐるフレーミングの多様性を理解することができる。立川雅司は、欧州委員会が GM 作物に対する消費者の根強い忌避感のなかで商業栽培が進むように環境整備を進めていった一方で、とりわけ GM 作物、非 GM 作物、有機栽培作物の「共存」をめぐり各国で進められた政策・制度が非常に多様性に富むこと、そのなかで「共存」に関して経済的損失回避と最小化の問題にとどまらない広範な射程をもった議論がなされてきたことを、欧州各国における GMO 関連政策の議論と経緯の比較分析から明らかにしている[30]（立川 2017）。

　欧州委員会は、2003 年に GM 作物と非 GM 作物の共存に関る指針として、『遺伝子組換え作物と慣行・有機農業との共存に関するガイドラインに関する欧州委員会勧告』（*Commission Recommendation of 23 July 2003 on Guidelines for the Development If National Strategies and Best Practice to Ensure the Co-existence of Genetically Modified Crops with Conventional and Organic Farming, C*）を提示している[31]。立川はこのガイドラインについて、GM 農業と非 GM 農業のいずれも排除されてはならないこと、GM 作物と非 GM 作物の混入による経済的損失の回避・最小化が主目的となるこ

---

[29]　コーデックス（CODEX）では、「科学以外の要素」で明示的に認められるものは、消費者の健康保護と公正な貿易の促進に関するものかつ国際的に共有される要素、すなわち食品管理体制に関わる実行可能性や経済的利害とされる。ただし、あくまで科学ベースが基本となり、「科学以外の要素」が科学ベースに影響をもってはいけないとされている（松尾ほか 2015）。

[30]　なお、GM 作物の国内外の規制枠組みや、その社会科学的観点からの分析については、例えば立川（2003）、ならびに、藤岡・立川（編）（2006）がある。あわせて参照されたい。

[31]　訳語は立川（2017: 56）を参考にした。

と、GM 作物と非 GM 作物の共存方法は地域・国の事情に応じて多様であること、EU 加盟国は共存のための自主的協定・法律などの手段を選択的に用いることができること、GMO の非意図的な混入による経済的損失への対応の検討（各国における既存の補償関連法制度での対応可能性、既存の保険制度、新たな制度構築）、具体的な共存方策の例示（隔離距離などの交雑防止措置、農家との協力、情報提供、問題発生の報告制度、圃場登録・記録保管、教育・訓練など）、といったポイントを指摘し、各国の取り組みを支援するものとして位置づけられるとまとめている（立川 2006, 2017）。

　立川が指摘するように、この欧州委員会のガイドラインは、欧州各国における農業をめぐるシステムや文化事情による差異（あるいは制約条件）に応じた管理手法の実施を提案するものではあるものの、既存の農業と GM 作物の「共存」の問題は基本的に経済的課題であり、あくまで経済的損失の回避と最小化を大きな目的としている。しかしながら、この共存のガイドラインをめぐって、2010 年 7 月には欧州委員会において加盟国に商業栽培についての栽培禁止権限付与（オプトアウト）と新しい共存のガイドラインの提案がなされることとなった。

　ここで注目したいのは、2003 年の共存に関するガイドライン以降、各国における制度形成が多様な様相をみせてきた経緯とその背景にある視点である。それは、各国における消費者や農業者の状況、流通・消費システムの事情、公衆モラル（宗教・哲学・倫理的懸念など）、社会秩序、農村振興方策などの社会政策的目標、環境政策、文化政策などの差異に応じた政策形成の事情をふまえたうえで、広範かつ多様なフレーミングによる議論が組み合わさって展開されてきたものであったといえる。そして最終的に、経済的損失に関わる問題や WTO や既存の欧州委員会規則などとの整合性が考慮されつつ、社会経済的影響、環境政策目標、公共政策などの項目もオプトアウトの根拠に含まれることで、各国の選択肢の幅が広がっていくこととなったのである（立川 2017）。

6　日本の事例
　　——北海道 GM 条例にみるフレーミングのすれ違い

　GMO をめぐるフレーミングのすれ違いに関わる日本国内での議論の例として、北海道における GM 条例の事例が重要である。北海道では、野外における GMO 使用に関する独自のルール制定についての議論が 2003 年よりスタートし、2004 年 3 月に「GM 作物の栽培に関するガイドライン」が策定、翌 2005 年 3 月 31 日には「北海道食の安全・安心条例」ならびに「遺伝子組換え作物の栽培・交雑を防止する条例」が交付され、GM 作物の圃 場^{は じょう}栽培に対して国の指針と比して極めて厳しい規制が条例としてかけられることになった⁽³²⁾。このように GM 作物の規制において条例レベルでの規制をかけたのは、全国の地方自治体のなかで北海道が最初であった。

　無論、このような厳しい規制に対して、GMO を取り扱う研究者から多くの懸念と批判が寄せられた。GMO をめぐる議論では、個別の研究者による情報発信の努力がかねてより行われてきたが、北海道の条例の議論を受けて 2005 年 3 月に日本植物生理学会、園芸学会、植物化学調節学会、日本育種学会、日本植物細胞分子生物学会、日本農芸化学会の 6 学会が合同で『提言 遺伝子組換え植物の社会における適切な受容を進める体制を求む⁽³³⁾』（以下、6 学会合同提言）を公表するという研究者コミュニティからの大きなアクションが生じている。この 6 学会合同提言では、GMO の活用・消費状況、今後の発展の可能性、安全性審査に関する状況を概観するとともに、「消費者の不安への配慮」や「風評被害⁽³⁴⁾」への対応として自治体が試みる栽培規制

---

(32)　事前の届出に加えて、GM 作物栽培に際して隔離すべき距離を道内データや農林水産省実験指針に安全率（×2 倍）を掛けて設定するといった内容となっている。

(33)　https://jspp.org/society/intro/proposal/teigen2005.html（最終アクセス 2019 年 5 月 3 日）

(34)　関谷直也は、風評被害に共通する特徴として、①経済的被害、②実際に何らかの問題が起きていること（事故、事件、環境汚染、災害など）、③長期間にわたる大量の報道、④①～③を前提として「本来安全とされる食品・商品・土地の経済的被害」であることを指摘している。詳しくは、関谷（2011）などを参照のこと。

の方針が GMO に関するより否定的な風潮につながっていくことへの危惧が表明されている。加えて、GMO についての情報提供により、GMO に関する理解と信頼を得るようなリスクコミュニケーションの構築が重要な政策的課題であると指摘している（しかしながら、この6学会提言は 2005 年 3 月の公表となっており、すでに GM 条例の議論がほぼ過ぎたあとのタイミングであったことを指摘しておく必要がある）。

　ここで注目すべき点として、6学会声明では、「植物科学と GM 技術がもつ可能性」、「日本における食糧戦略への貢献と重要性」、「すでに大量に消費されており、安全である」などが主張のテーマとして抽出できる。これは、研究活動がもたらす国にとっての長期的メリットというフレーミングとして整理できる。

　一方で、厳しい条例を制定・施行した北海道庁や GM 条例の賛同者の側に目を向けるならば、その背景には BSE 騒動の風評被害などで経験した深刻な経済的ダメージというリアリティ、そして北海道の農業をクリーン農業としてブランド化して打ち出していくという政策などがあった[35]。つまり、風評被害などの食品をめぐる短・中期的な社会・経済的リスクへの対応というフレーミングが優先的であり、そこには一定の社会的合理性・経済的合理性を認めることができる（e.g. 松井 2006a; 小林 2007）。

　しかしながら、厳しい条例を目指した北海道庁をはじめとしたアクターも、GMO 研究の将来的な可能性は認めていた。また実際の議論に関わった現地の科学者の間でも、そのような北海道の事情を理解し、相互理解を深めていった様子がみられる。このようななかで、両者の歩み寄りと議論が少しずつ進み、（実際の実施にはかなり困難をともなうものの）一般圃場での栽培実験の可能性をつぶさない形となり、また見直し条項が入ることになった[36]（e.g. 吉田 2005; 松井 2006a, 2006b）。おそらくは、当時現実的に可能な範囲で最も歩み寄りがなされた妥結であっただろう。

　もちろん、ここで行ったようなまとめは、さまざまな文脈を捨象しており、

---

(35)　日本国内における BSE 問題やその行政対応の混乱などについては、神里（2005）などを参照のこと。

多分に粗雑な記述であるとの謗りは免れない。しかしながら、このように大枠を整理してみることで、GMO の技術的可能性を認める点では共通しつつも、北海道内における主要なフレーミング（短・中期的な経済的リスクの回避、直前の BSE 問題などでの経験）と、（特に北海道外の）研究者コミュニティ側の主要なフレーミング（長期的・国レベル・研究可能性のメリット）との間での差異が理解しやすくなるだろう。

　急いで強調しておきたいが、どちらかが間違っているという話ではない。むしろ、どちらにも一定の理があるとしても（あるいはそうだからこそ）、すれ違うことがままありうるという認識をもつ必要性の指摘である。科学技術ガバナンスにおいては、このようなすれ違うフレーミングを可視化することがまずもって重要であり、そのうえで、どのような政策オプションが可能であるのか、とりうる選択肢のメリットとデメリットがどのようなものであるのかを幅広い視点から議論・共有していくことが求められる。

7　日本の事例——フードナノテクとゲノム編集作物に関する
　フレーミングの収集事例

　ナノテクノロジー、合成生物学、ゲノム編集などの分野では、GMO をめぐる議論の経緯をふまえて、より早い段階からこれらの萌芽的科学技術に関するフレーミングの可視化と、当該技術の社会的位置づけが模索されるようになった。日本においても、北海道大学の研究者らが中心となって、GMO、ナノテクノロジーの食品利用（フードナノテク）、ゲノム編集作物に関するフレーミングの抽出や対話による研究事例が蓄積されてきた。ここでは、フ

---

(36)　北海道における GM 条例をめぐる議論では、GMO 研究に関わる研究者の側（特に北海道大学の研究者ら）も「苦い経験」から、一方向的な説明では不十分との認識に至ることになる（吉田 2005）。その前後における経験と変化について、北海道大学農学研究科・松井博和教授（当時）の回顧と考察などが参考となるだろう（松井 2006a, 2006b）。またその後、北海道大学では、GMO、そしてより最近ではゲノム編集作物・食品をめぐるさまざまな対話の取り組みが行われている（e.g. 吉田 2008; 松井 2009; RIRiC 2012, 2013; 北海道大学リスコミ職能教育プロジェクト 2019）。

表 4-4　ナノトライにおいて市民パネルが提出した「鍵となる質問」の関心例

「鍵となる質問」	ポイントとなる内容
そもそもナノにする必要性は？	必要性、技術開発の歴史に対する理解
ナノのメリット	食品利用のメリットは？ 他の技術と比較した場合の性能など
ナノのデメリット	不確実性への対処をどう行うか アレルギーや喘息などにつながる可能性は？
許認可・規制	「言葉のひとり歩き」への危惧 企画・標準化・用語の定義を早急に進めるべき 他国や国際機関の議論の状況を知りたい
ビジネス・地場産業	研究開発の現状。企業・政府の計画・投資状況
食文化	食習慣・食文化・味覚への影響可能性は？ 消費者選択の担保について
ナノの未来	食べたくなる「ナノ食品」をつくってほしい 食品技術におけるナノテクの将来的位置づけを専門家はどのように考えているのか？

（出所）　三上ほか（2009a）; 三上・高橋（2013）掲載表をもとに筆者が改変して作成。

ードナノテクならびにゲノム編集作物をめぐる議論の例を紹介することにしたい（GMO をめぐる対話の例としては、コンセンサス会議の事例を次章にて詳述する）。

7.1　ナノトライ事例

　ナノテクノロジーの食品への利用（フードナノテク）をめぐる多様なフレーミングを可視化する試みとして、北海道大学の研究者らを中心として行われたナノトライ（Nano TRI）の事例がある[37]。ナノトライは、議論が後手に回ってしまった GMO をめぐる論争の教訓をふまえつつ、ナノテクノロジーの食品利用に対する対話活動をいち早く試みた事例である（三上ほか 2009a, 2009b; 三上・高橋 2013）。

　ナノトライでは、「ナノテクノロジーの食品への利用」に関する議論をサイエンスカフェ、グループインタビュー、ミニコンセンサス会議という三つの異なる形式の手法を平行して実施し、その結果やプロセスについて検討が

---

[37]　なお、より論争的なテーマにおける対話実践の取り組み例として八木絵香の研究例がある（八木 2009, 2019）。

行われた（ナノトライのプロセスに関する議論は第5章でふれる）。

　ナノトライの実践から、フードナノテクをめぐっては、研究開発の現状やナノテクノロジーを食品に利用する必要性、技術の歴史、他技術との比較優位点、不確実性への対処方法、他国や国際機関における規制や標準などについての関心が見出された。また、保存期間の長期化や栄養や吸収性の向上などへの関心（と期待）が提示されるとともに、食習慣や食文化などへの影響や、消費者選択の担保について、また食品技術におけるナノテクノロジーの位置づけの将来ビジョンなどについての関心も示される結果となっている。フードナノテクをめぐる関心がすでにして多岐に渡るものであり、科学的側面に加えて経済・社会的側面にまで及ぶものであることがうかがえる。

7.2　ゲノム編集作物

　三上直之と立川雅司は、ここまでにみてきたようなGMOやフードナノテクをめぐるフレーミングについての社会科学的分析や市民対話の実践をふまえ、「ゲノム編集[38]」に関わる市民対話の実践とフレーミングの可視化を試みている[39]（三上・立川 2019）。

　この三上と立川の試みは、2018年3月に北海道札幌市周辺24名の一般参加者の協力を得て行われたものである。対話の実施に際しては、ゲノム編集技術と農作物への応用の現状、育種、GM作物に関する基礎情報について情報の共有を行ったうえで、ゲノム編集作物に対して感じる可能性と問題、ゲノム編集作物に対する規制、北海道GM条例をふまえたうえでのゲノム編

---

[38]　ゲノム編集作物に関する規制やガバナンス上の課題についてまとめた論文として、立川（2018）や松尾・立川（2019）などがある。立川（2018）は、ゲノム編集作物をめぐり積極的推進を行う国（アメリカやアルゼンチンなど）、抑制的な規制を行う国（ニュージーランドなど）があり、また欧州域内でも取り扱いに差異が出はじめていることを指摘している。加えて、ゲノム編集作物・食品に関する国内の意識調査の例として、立川ほか（2017）や加藤ほか（2017）がある（本章注17を参照）。それらの結果の詳細をここで説明することはしないが、全体として、GM食品と比べてゲノム編集食品に対する意識はより好意的な傾向にあること、科学リテラシーがベネフィット意識を向上させる可能性があるが、一方でリスク意識を低減させる方向には影響しない可能性があることが見出されている。

[39]　三上と立川によるゲノム編集作物に関する対話の取り組みにおける参考資料作成の際には、例えば石井（2017）などが参照資料とされている。

集作物に対する今後の北海道内での対応などを主たる論点として議論が行われた。その結果、ゲノム編集作物のメリットについての期待が表明されると同時に、例えば以下のような関心・疑問などが見出されている（三上・立川 2019）。

- ゲノム編集作物の食品としての安全性（特に長期的影響と不確実性）への関心（公害などの歴史的経験からくる不安の根強さ）
- ゲノム編集作物が生態系へ与える影響
- 社会的・経済的影響：農業・流通システムの変化（国内での需要や消費よりも輸出を優先するような飢餓輸出的な側面など負の側面への懸念が少なからず共有されている可能性が示唆されている）
- 研究開発主体への情報共有・透明性確保の要請
- 生命倫理上の問題と規制
- 地域的文脈、北海道の農業と独自の規制のあり方[40]（ゲノム編集作物に賛成的意見の人と慎重な意見の人の間でも共通する意見、日本における知見の獲得のメリットへの理解と裏返しの可能性）
- 消費者の選択と経済的格差との関わりへの関心

また、GMO の事例を参照点として議論が進んだことは、この事例の特殊性であるとともに、今後の検討を要する課題の存在を示唆している。すなわち、GM 作物とゲノム編集作物の技術的差異とそれによるベネフィットやリスクの違いの理解をどのように共有していくのか、あるいはそのようなイメージのギャップをふまえたうえでどのようなガバナンスのプロセスがありうるのかという問いである。

今回の事例では、GMO をめぐる議論が比較的目に入りやすい北海道という地域事情が影響した可能性があるが、それでも GMO がゲノム編集作物に

---

[40] 三上と立川は、今回の研究で農業生産者が参加者に入っていないことから、農業生産者においては異なるフレーミングが提示される可能性があることに注意を促している（三上・立川 2019）。

ついての議論の参照点になりやすいことは想像に難くない。ともすれば研究者が思っている以上に GMO との区別がされないままで社会のなかでのイメージが形成され、フレーミングと議題の構築が進むという可能性も考えられる。このような課題にどのように対応していくのか、またそこで提示される懸念に対して、どのように向きあっていくのかは今後の課題である。

8　フレーミングと政策形成

　ここまでにみてきたように、科学技術がもたらす影響は、先端的な技術であるほど大きな不確実性のなかで判断されることが多くなる。それらの判断は、人びとの置かれた状況によって異なり、そして各アクターをとりまく社会的・経済的・政治的な状況に応じた多様なフレーミングが存在を理解していくことが肝要となる[41]。

　最後に本章に関わる知見を少し紹介しておきたい。シーラ・ジャザノフはアメリカ、イギリス、ドイツ、EU における GMO 関連政策とその形成過程の比較を行い、そこから各国における科学技術をめぐる「市民認識論」（Civic Epistemology）の諸相を分析している（Jasanoff 2005）。ジャザノフは、人びとが科学技術という社会的営みをどのように捉えているのか（あるいはその妥当性をどのように捉えているのか）と政策的展開との関連性に注目している。加えて、ジャザノフはキムとの共著論文のなかで、「社会技術的想像」（Sociotechnical Imaginary）という概念を提示し、社会で共有されるイマジナリー（想像）が科学技術研究という社会的営みとそれをとりまく政策的展開に対してもつ影響についての議論を促している（Jasanoff & Kim 2009）（本書の第Ⅲ部の内容とも関わる論点である）。

　現代社会における科学技術の位置づけを理解するうえで、科学技術研究をとりまくフレーミングの分析はますます重要になる。科学技術をめぐる関心は、そのリスクへの注目にとどまらない。そこから生じる利益やリスクの配

---

(41)　小林傳司は、農水省と北海道庁の二つのコンセンサス会議の比較から、政策形成プロセスでの参照・反映の有無によって議論内容に差異が生じる可能性を指摘している（小林 2007）。

分の問題、情報共有や意思決定プロセスのあり方、科学技術のシステム（そしてガバナンス）への信頼など多様である。この多様な関心とフレーミングを包摂しながら、新しい技術をどのように社会のなかに位置づけていくのか、そのための政策・規制のオプションの検討を含めた試行錯誤が各国で進められている。

──【コラム6】「社会的な懸念に対する評価」枠組み──

どのように人びとの関心や懸念をふまえながら、よりよいリスクガバナンスを構築していくのか。誰にとってどのようなリスクがあり（あると認識され）、またそれがどのように社会のなかで配分され、意味づけあるいは価値づけられているか。これらの評価を包含したリスクガバナンスのあり方の検討が進みつつある。

その近年における議論展開の一例として、国際リスクガバナンス会議（International Risk Governance Council: IRGC）における「社会的な懸念に対する評価」（Concern Assessment）の論点を要約・紹介する（IRGC 2017: 15）。

「社会的な懸念に対する評価」に関わる問い

- **ステークホルダー**：異なるステークホルダーのリスクに関する意見・価値観・懸念にはどのようなものがあるか？　彼らの参加、説明責任、責任の度合いはいかなるものか？
- **バイアス**：リスクの受容あるいは懸念に影響する認知的・ヒューリスティックなバイアスはないか？
- **制約**：関係者に関する社会学的・組織的・人類学的制約はないか？
- **社会的反応**：リスクに対する社会的反応は何か？　人びとはどのように反応するか？　政治的・社会的動員の可能性はないか？
- **人びとの懸念への対処**：人びとの懸念の明確化と対処において、既存の組織・政府機構・メディアの役割は何か？
- **議論**：リスク管理に携わる者は、ステークホルダーの目標と価値観、あるいはベネフィットとリスクの配分の不均衡からくる、リスク受容の差異による議論と対立に向きあおうとしているか？

「社会的な懸念に対する評価」のガバナンスにおける潜在的な弱点

- リスクの受け入れに影響するバイアスについての誤解
- データ、モデル、その解釈における低い信頼水準
- 異なるステークホルダー集団の懸念と彼らの行動の駆動要因への不十分な注意

第5章

日本の科学コミュニケーション

　現代の科学技術ガバナンスにおいて、「科学技術と社会」のコミュニケーションのあり方を検討することが重要な課題となる。そのなかでも、科学技術をめぐる多様なフレーミングを把握・包摂しながら、「情報の共有」を基盤とした双方向のコミュニケーションや対話に取り組むことの重要性が認識されるようになってきた。本章では、日本国内における科学コミュニケーションの事例を概観するとともに、これらの活動における現在の課題をみていく。

　日本においては2000年前後を境として、科学コミュニケーションや市民参加に関する議論や実践がより注目されるようになり、さまざまな試行錯誤が行われてきた。そのなかで、コンセンサス会議に代表されるような対話の事例の分析がこれまでになされており、これらの活動を通じた「問題の可視化」が重要であると指摘されている。

　しかしながら、科学コミュニケーション活動に関する課題もまた見出されている。例えば、対話から引き出される多様なフレーミングをどのように政策的なプロセスに活かしていくのか、誰がどのようにコミュニケーション活動を評価するのかといった論点に関わる議論と制度的枠組みの構築は、いまだ発展途上にある。

1　日本における展開

　日本では、2001年に閣議決定された第二期科学技術基本計画以降、研究者による一般の人びとへの情報提供（アウトリーチ活動）の推進が政策的課題として提起されてきた（内閣府 2001a）。この研究者によるコミュニケーション活動の推進という考え方は、第三期から第五期科学技術基本計画におい

ても、ELSI（倫理的・法的・社会的課題）への対応といった視点を包含しつつ、「双方向」のコミュニケーションの観点が付与される形で展開されてきた（内閣府 2006, 2011, 2016b）。

　ここでいう研究者によるコミュニケーション活動という言葉は、広い射程をもつものである。「科学・技術に関わる専門家と一般の人びとの間の対話」という一般的な意味もあれば、『平成16年版　科学技術白書』で言及されてから国内で急速に広まることとなったサイエンスカフェ[1]（文部科学省 2004a; 中村 2008; 松田 2008）、研究所の一般公開、メディア上での発信、「広場型」と呼ばれるような実物展示型イベント、サイエンスショップ[2]、意思決定プロセスに資するような形で一般の人びとの意見を抽出するコンセンサス会議のような試み、さらには、科学教育や理科教育、科学広報まで多岐にわたっている。

　本章では、これらの活動を総称する形で「科学コミュニケーション」という言葉を用い、その個別の詳細に立ち入ることはしない。科学コミュニケーションという営みがどのような経緯で生じ、またどのような議論が展開されてきたのか、そして現在生じている一般的な課題について整理を行う。

　まずは簡単に、日本における科学コミュニケーションの歴史的展開を概観しておくことにしたい。科学技術の振興は、明治以降の日本の政策において重要な命題の一つであった。そのなかでより現代に近い時期の顕著な動きとして、1960年代以降に登場した一般の人びとに対する科学理解増進・興味喚起の施策が指摘できる。1960年以降に開始される科学技術週間の制定や、日本科学技術振興財団の設置と科学技術の普及啓発活動は、その端的な例で

---

(1)　サイエンスカフェは、科学を日常的に議論する文化をつくるという試みであり、ダンカン・ダラス（Duncan Dallas）がリーズではじめたものが最初といわれている（Dallas 2006）。もともとは、ヨーロッパの文化・風土において自由な対話の場という性格をもったカフェなどの公共空間において、飲み物を片手に研究者と市民が対話するものとして想定されていたが、日本においては開催場所がカフェ・大学・図書館・書店など多岐にわたり、多様化が進んでいる（松田 2008; 中村 2008）。
(2)　大阪大学において行われていたサイエンスショップ活動の例では、「サイエンスショップは、市民社会が経験する懸念（関心）に応えて、独立で参加型の研究サポートを提供する」と紹介されていた（標葉 2016）。

ある。政府による、これらの一般の興味喚起・普及・啓発、科学技術理解増
進活動の動きは、世界的にみても早い時期から行われたものといえる（渡辺
2008）。

　1980 年代に入ると、これらの素朴な科学啓蒙活動に加えて、科学者と一
般の人びとの間のコミュニケーションという視点が付加された活動である
PUS（科学技術の公衆理解）がイギリスなどを中心として登場し、1990 年
代以降は、日本でも PUS の概念が科学技術政策研究所のレポートなどで紹
介されるようになる。この展開について、渡辺政隆は、例えば科学技術政策
研究所が 1991 年に発行した報告書『科学技術コミュニケーション・センタ
ーの設立』などにおいて、すでに知識では埋められない科学と社会の乖離や、
双方向の対話が注目されている点を指摘し、先駆的であったと評価している
（渡辺 2008）。1990 年代初頭は、イギリスにおいて欠如モデル的 PUS に対す
る批判が登場しはじめた時期であり、その時期に欠如モデル的な視点に限ら
ない双方向性に注目した点はたしかに先進的であったといえる。しかしなが
ら、そのような視点は例外的であり、90 年代における PUS に関する議論の
多くでは、90 年代に行われた GMO（遺伝子組換え生物）をめぐる議論にみ
るように、一方通行的な知識伝達による市民の科学受容促進を基本とする
「欠如モデル」的視点が採用されていた点には注意が必要であるだろう[3]
(Shineha & Kato 2009)。

　しかし、2000 年前後を境として、この状況には次第に変化がみられるよ
うになる。2001 年に策定された『第二期科学技術基本計画』において科学
者のアウトリーチ活動の重要性が（内閣府 2001a）、さらに 2006 年の『第三期
科学技術基本計画』ではより踏み込んだ形で科学者と市民との双方向的コミ
ュニケーションの重要性が指摘され、科学者に積極的な役割が期待されるよ
うになった（内閣府 2006）。それに前後して、欧州をはじめとする各国の科学
コミュニケーションの事情に関するレポートが公表されるなど、科学コミュ
ニケーションに関する情報収集も行われている（岡本ほか 2001; 渡辺・今井

---

　(3)　標葉靖子は、過去半世紀以上の科学技術白書を対象とした定量テキスト分析から、欠如モデ
　　　ルの考え方が非常に根強く登場し続けていることを指摘している（Ishihara-Shineha 2017）。

2003; 渡辺・今井 2005)。

　また 2005 年からは、東京大学、北海道大学、早稲田大学に科学技術振興調整費による科学コミュニケーター養成講座が設置され、コミュニケーション人材育成のプログラムが登場している。また東京工業大学やお茶の水女子大学などでも科学コミュニケーションに関するプログラムが試みられ、科学コミュニケーション人材の育成も含めた科学コミュニケーション推進の施策が広まりをみせていった。このように、2005 年前後を境に、各種の活動が具体的に実行されはじめたため、2005 年を日本の「科学コミュニケーション元年」とする指摘もある（小林 2007; 平川 2009）。また『平成 16 年版　科学技術白書』での紹介以降、サイエンスカフェの試みが急速に増えてきたことも、日本における科学コミュニケーションの状況の一端を表しているだろう（文部科学省 2004a; 中村 2008; 松田 2008）。

　このように日本における科学技術政策においても、2000 年頃を境に双方向性を重視した科学コミュニケーションが重要な課題として認識されるようになった。この論調の変化は、国内外の科学技術政策全般の議論と共通する世界的な動向でもあったと理解できる。

2　日本で行われている科学コミュニケーション活動の例

　日本においてはこれまでにどのような科学コミュニケーション活動が行われてきたのだろうか。ここで、標葉隆馬と調麻佐志によるまとめ（標葉・調 2013）をもとに、いくつかの代表的な活動を列挙する形で記述しておきたい。

2.1　サイエンスカフェ

　カフェなどで飲み物を片手に、科学や研究に関わる話題を気軽に語りあうことを目指した活動をサイエンスカフェという。日本で行われているサイエンスカフェは、実際に喫茶店を会場として 10 名程度でじっくり話しあうものもあれば、大学などを会場として 100 人規模のセミナー形式（実質的には飲み物付き講演会のような形態のもの）で行うものなど、その実態はいろい

ろである。基本的には、科学に関する話題についての気軽で対等な立場での
対話、双方向的なコミュニケーションを目指す取り組みである。

2.2　研究所一般公開

　研究所を一般の人びとに公開する試みも科学コミュニケーション活動の一
つとして挙げることができる。理化学研究所をはじめとする公的研究機関な
どで行われており、公開日には、関係者でなくとも研究所のなかに入ること
ができ、実際に研究室や機器を見学したり、またその研究内容についての説
明を聞いたりすることができる。また実験教室や体験教室などが行われるこ
ともある[4]。

2.3　広場型コミュニケーション

　ゲノム研究や脳科学などの領域では、「ゲノム広場」や「脳科学広場」と
いう名称のもとで、研究者自身によるコミュニケーション活動が試みられた
例がある。これらの広場型コミュニケーションでは、実験動物や顕微鏡など
の実物を展示しつつ、研究者が自分たちの研究に関するポスターを使って説
明する取り組みが行われた。また、科学全般を取り扱う試みとしてサイエン
スアゴラがある。サイエンスアゴラでは、科学に関する展示やショー、実験
教室、講演会、ワークショップなどのさまざまなイベントが行われている。

---

(4)　海外においても積極的に行われている科学コミュニケーション活動の一つである。アメリカ
における「幅広い影響」(Broader Impact) に関わる活動事例として、科学教育的視点からも
最も行われている活動の一つでもある (National Science Foundation 2015)。また、少し異な
る事例ではあるが、筆者らが 2014 年 1 月 28 日にフランス・グルノーブルのイノベーション・
ハブである MINATEC (Micro and Nanotechnologies Campus, a Hub for Innovation) におい
て、MINATEC の活動とグルノーブル先端新技術イノベーション構想 (Grenoble Innovation
for Advanced New Technologies: GIANT) の取り組みについて行ったインタビュー調査のな
かで、MINATEC が立地地域の住民に対して積極的なオープンラボと情報共有を通じてコミ
ュニケーションをとっており、そのことが研究所への信頼につながってきたという趣旨の回答
を聞いている。

2.4　サイエンスショップ

　「サイエンスショップは、市民社会が経験する懸念（関心）に応えて、独立で参加型の研究サポートを提供する」と定義されている。地域の住民やNPO などからの依頼をもとに大学などが研究を行うもので、地域社会の調査研究や問題解決、依頼者の社会活動の支援などを目指す活動である。現在休止中のものも含めて、過去に日本においてサイエンスショップ的機能を大学として担った活動には、大阪大学サイエンスショップ、熊本大学政策創造研究センター、宮城大学地域連携センターなどの例がある。

2.5　サイエンス・メディア・センター（SMC）

　科学者とマスメディアを効果的につなげる活動として、サイエンス・メディア・センター（SMC）というプラットフォームの構築・運用が、アメリカ、オーストラリア、カナダ、ニュージーランドなどで行われている。日本では、科学技術振興機構社会技術開発センターの委託研究を受けて、2009年度より早稲田大学が設置した一般社団法人サイエンス・メディア・センターの活動がある。SMC の活動内容は、「メディア関係者に対する研究者／広報担当者の紹介」、「メディア関係者に対する科学技術トピック関連のニュースルーム機能の提供」、「研究者／広報担当者に対するメディア関係者の紹介」、「人的交流の促進（メディアトレーニングの提供・人材交流プログラム実施）」、「Web による関与者への情報提供」などがある。

3　日本における「市民参加」（Public Engagement）の登場と政策形成

　日本国内における科学技術政策に関連した「市民参加」（Public Engagement）の代表例としては、「コンセンサス会議」が挙げられる。

　コンセンサス会議は、専門家ではなく、一般の人びとをパネリストとする市民パネルを中心とした対話・議論を行い、その結果を市民の意見（または鍵となる質問）としてまとめて発表する取り組みである（図 5-1）。必要に応

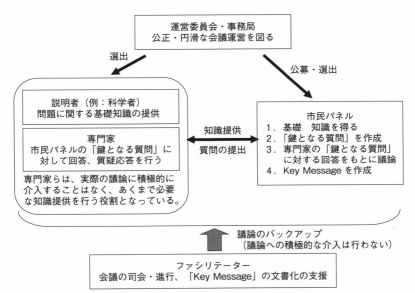

図5-1　コンセンサス会議における役割分担

（出所）　小林（2002a）（2007）掲載図をもとに作成。

　じて、科学者をはじめとする専門家から必要な情報が与えられるが、あくま
で主役は市民であり、さまざまな背景をもつステークホルダーの視点（何を
重要な問題・論点と考えているのかなどのフレーミング）を把握するうえで
貴重な資料となる（木場 2000）。またコンセンサス会議におけるコンセンサ
ス（合意）は、必ずしも単一のコンセンサスを指すものではない点に注意が
必要となる。むしろ、単一のコンセンサスに至ることは非常に困難であり、
コンセンサスに至らなかった論点については、個別の意見を両論併記などの
形ですべて記述することが一般的である。この両論併記という結果もまたコ
ンセンサスに至らなかったというコンセンサス（メタ・コンセンサス）を含
意するものであり（小林 2002a）、観点の差異や意見の対立という「問題の可
視化」（木場 2000）の機能を果たすものである。
　コンセンサス会議は、1987 年にデンマーク技術委員会（Danish Board of
Technology: DBT）の主催で「工業・農業における遺伝子工学」をテーマに

行われたものが最初の事例である。その背景には科学技術をめぐる専門家だけによる議論やアセスメントのシステムに対する不満の増大があった（Einsiedel et al. 2001; 小林傳司 2002a, 2002b, 2004）。デンマークに続く形で、オランダで開催され、その後はアメリカ、オーストラリア、カナダ、ニュージーランド、韓国などでの事例がみられる（Einsiedel et al. 2001）。

　コンセンサス会議の日本における代表的な取り組み例として、GM 作物（遺伝子組換え作物）の研究や栽培のあり方を論点として、2001 年に農林水産省とその委託を受けた社団法人農林水産先端技術産業振興センター主催で開催されたコンセンサス会議、2007 年に北海道庁の主催で行われたコンセンサス会議が挙げられる。日本における「市民参加」と政策形成の関わりの事例として、この二つのコンセンサス会議の状況を少し詳しくみていくことにしたい[5]。

　日本におけるコンセンサス会議は、1998 年に「遺伝子治療」をテーマとして大阪で開催されたものが最初の例である（木場 2000; 小林 2002a）。その後、行政を主体としたコンセンサス会議の開催例として、2001 年に農林水産省とその委託を受けた農林水産技術産業振興センター（Society for Techno-innovation of Agriculture, Forestry and Fisheries: STAFF）による「遺伝子組換え農作物を考えるコンセンサス会議[6]」がある（STAFF 2001; 小林傳司 2004; Nishizawa 2005; 若松 2010）。農水省がコンセンサス会議を開催した意図としては、以下の 3 点があった。

1．遺伝子組換え農作物の可能性の正当なる評価を求めたうえでの研究開発
2．人の健康、環境への影響を科学的に評価してもらいたい
3．消費者の関心に応えるという課題

---

[5]　また日本国内では、東日本大震災後に、エネルギー政策をテーマとして、討論型世論調査（Deliberative Poll）の取り組みも行われた例がある（曽根ほか 2013）。
[6]　主催した STAFF による報告書が公開されている（STAFF 2001）。

なかでも、三つ目の消費者の関心に関連して、タイムリーな情報提供、政策決定の透明性向上、双方向型の情報交換の実現を目指すという意図が最も大きなものであった。しかしながら、農水省によるコンセンサス会議は、「消費者の懸念に応える研究」という枠組みで予算が申請されており、あくまで当初から政策との関係性を意図的に切り離した形で、市民からの提案を取り出すための手法の一つとして研究するという位置づけであった。

　一方、日本における遺伝子組換え関連のコンセンサス会議のもう一つの例として、2006 年 11 月ならびに 2007 年 2 月に、北海道庁の主催で「北海道における遺伝子組換え作物の栽培について」をテーマとしたコンセンサス会議が開催されている（小林 2007）。北海道庁がコンセンサス会議を開催した意図としては、（第 4 章で紹介した）北海道の GM 条例の見直しを視野に入れ、道民の意見・情報収集、市民提案を施策立案の参考とすること、「声のアセスメント」として、コンセンサス会議を位置づけることが可能かについて実験・検討することであった（渡辺 2007; 白田 2009）。また北海道のコンセンサス会議で得られた「北海道における遺伝子組換え作物の栽培についての道民の意見——コンセンサス会議からの市民提案[7]」は、あくまで参考意見という位置づけであり、その反映のプロセスや度合いは不明瞭なものではあったものの、議会において回覧する形で政策決定プロセスにおいて検討・考慮された点が重要である[8]（小林 2007; 白田 2009）。

　農水省と北海道庁によって行われた二つのコンセンサス会議で提示されたフレーミングでは、食料自給率が低い日本の農業の現状と将来、農業をめぐる「分配」や社会・経済・政治的側面などが関心として提示され、基本的には表 4-1 に提示したような GM Nation における問題関心と共通する事項がみられたといえる[9]。

---

(7)　市民提案は、下記 URL にて公開されている。http://www.pref.hokkaido.lg.jp/ns/shs/05/anzen/090131_siminteian.pdf.（最終アクセス 2019 年 5 月 22 日）

(8)　コンセンサス会議の一部については、「表示」や「交雑」についての項目は道レベルの問題を超えるものとして、国への要望を提出、また試験研究の拡充といった形で反映されたのではないかと考えられる（白田 2009）。

4　さらに最近の対話実践に関わる取り組みと研究

ここまでにみたような科学コミュニケーションやGMOをめぐるコンセンサス会議以外にも、国内でさまざまなコミュニケーションあるいは対話の取り組みがなされている。第4章でその結果の詳細について紹介した、ナノテクノロジー利用食品（フードナノテク）を対象とした「ナノトライ」の事例や、ゲノム編集作物をめぐる対話の取り組みを例として挙げることができる[10]。

ナノトライは、議論が後手に回ってしまったというGMOをめぐる論争の教訓もふまえつつ、ナノテクノロジーの食品利用に対する対話活動をいち早く試みた事例である。北海道大学の研究者らが実施したナノトライの事例では、サイエンスカフェ、グループインタビュー、ミニコンセンサス会議という三つの異なる形式での対話を平行して実施し、「ナノテクノロジーの食品への利用」に関する議論を行い、その結果やプロセスについて検討が行われた。そこで得られた一般の人びとの関心事項については、第4章に詳細を記載しているのでそちらをご覧いただきたいが、この取り組みについて三上直之らは、「上流からの市民参加[11]」（Upstream Engagement）におけるコンセンサス会議の有用性を指摘すると同時に、問題が顕在化していない時点における専門家パネルの選定の困難、会議の設計上の問題と工夫を指摘している（三上ほか 2009b）。

またナノトライの事例においては、コンセンサス会議のように提言を求め

---

(9)　また農家にとってもGM技術の可能性は否定しない一方で、研究者の提示するGM作物のメリットやリスクよりも、より身近な文脈として、GM作物が「商品」として売れるかが関心事であった。つまり研究開発を進める際においても、デメリットやリスクもふまえたうえでの取り組みを求める意見であった。

(10)　なお、第4章注37でも触れたように、より論争的なテーマにおける対話実践の取り組みの例としては八木（2009）ならびに八木（2019）がある。また東日本大震災以降におけるコミュニケーションの混乱については田中幹人（2013）を参照のこと。

(11)　研究・開発が実際に商品として社会に出る前の段階のことを指して「上流」と表現されている。つまり、できる限り早い段階からの市民参画を意味する表現である。

るような形式のものと、サイエンスカフェやグループインタビューといった特定のアウトプットを参加者に求めない手法とを併用することで、市民のより素直な意見や別種の観点が提示される可能性が指摘されている（三上ほか2009a）。これは、さまざまな条件やニーズに対応できる多様な形式の手法を検討する必要性を示唆している（三上ほか 2009b）。

　加えて「上流からの市民参加」においては、市民の意見やニーズによる実際の研究開発への影響という観点も一つの課題となる。そうした観点から、「ナノトライ」の事例のような取り組みにおいて、研究開発に対する直接的な影響力や、今後のあり方といった課題については、別途の議論が必要であることを三上らも指摘している（三上ほか 2009a）。

　なおより最近では、ゲノム編集作物をめぐる対話の取り組みについて研究が行われはじめている（三上・立川 2019）。こちらについても第4章においてその含意を紹介している。あわせて参照されたい。

5　科学コミュニケーションと「市民参加」における課題

　ここまで科学コミュニケーションや市民参加をめぐる経緯とその議論をみてきた。このような活動について、ローウェとフルワーは以下の3種類に大別している（Rowe & Frewer 2005）。

　　1．パブリックコミュニケーション（Public Communication）：一方通行の情報提供
　　2．パブリックコンサルテーション（Public Consultation）：意見収集・世論調査
　　3．市民参画（Public Participation）：双方向対話

　ローウェとフルワーによれば、パブリックコミュニケーションとパブリックコンサルテーションは一方通行の市民参加であり、パブリックコメント、情報提供、意見交換会・説明会といった活動がこれらに分類される。また、

コンセンサス会議などの事例は、双方向コミュニケーションを特徴とする「市民参画」（Public Participation）に分類される。

　しかしながら、同時にこのような取り組みをどのように評価するのかもまた問われる。若松征男は、コンセンサス会議などに代表される参加型テクノロジーアセスメント（参加型 TA）における評価基準として以下のものを提示している（若松 2010）。

　　1．参加者の正当性・代表性（参加者個人、グループ、所属セクターなども勘案）
　　2．課題の正当性（市民に問いかける「諮問」は社会にとって正当なものであるか）
　　3．参加型 TA における情報入力・提供の適切さ（提供される基礎的情報・情報提供者としての専門家の妥当性など）
　　4．参加型 TA の運営における公平さ・公正さ（運営の透明性など）
　　5．成果の正当性（諮問への応答として適切であるか）

　これらの評価視点は、欧州における市民参加の事例収集を行い、それらの効果についての評価基準を検討したローウェとフルワーらのグループによる先行研究の見解と一致するものといえる（Rowe & Frewer 2000, 2004, 2005; Rowe et al. 2005）。またチルバースは、ローウェとフルワーらの議論を踏襲しつつ、評価基準の検討そのものにおいても一般の人びとの意見を取り込んでいく市民参加的プロセスが必要であることを指摘している（Chilvers 2008）。

　このように議論が進みつつあるものの、現状の日本においては、科学コミュニケーション活動に関する評価基準についての議論自体がまだまだ少ない[12]。科学政策上の文書における関連する文言としては、例えば『第四期科学技術基本計画』の以下の記述が挙げられる。

---

[12]　例外的な研究事例として、石村（2011）がある。

　　国は、大学及び公的研究機関が、科学技術コミュニケーション活動の普
　　及、定着を図るため、個々の活動によって培われたノウハウを蓄積する
　　とともに、これらの活動を担う専門人材の養成と確保を進めることを期
　　待する。また、研究者の科学技術コミュニケーション活動参加を促進す
　　るとともに、その実績を業績評価に反映していくことを期待する。(内
　　閣府 2011: 43)

　　国及び資金配分機関は、ハイリスク研究や新興・融合領域の研究が積極
　　的に評価されるよう、多様な評価基準や項目を設定する。研究開発課題
　　の評価においては、研究開発活動に加えて、人材養成や科学技術コミュ
　　ニケーション活動等を評価基準や評価項目として設定することを進める。
　　(内閣府 2011: 47)

しかしながら、例えば研究評価大綱では、コミュニケーターや、研究機関に
おける研究管理・支援に携わる URA(ユニバーシティ・リサーチ・アドミ
ニストレーター)の活動の評価に関して、「研究開発を推進するためには、
研究支援者の協力が不可欠である。研究支援者の専門的な能力、研究開発の
推進に対する貢献度等を適切に評価することが必要である」という文言がコ
ピー&ペーストの形でそのまま使い続けられている状態であり(内閣府
2001b, 2008, 2012, 2016c)、未成熟な段階である。今後、これまでの知見をふま
えつつ、科学コミュニケーションや市民参加活動に関する評価の枠組みの策
定、そして実際の評価実践の積み重ねが行われていくことが重要である。

第6章

科学技術をめぐる意識とコミュニケーションギャップ
——日本再生医療学会調査の事例から

本章では、科学技術をめぐって研究者コミュニティと一般の人びとの間にある関心の差異に注目する。科学技術を社会のなかでよりよく位置づけるうえで、関心やフレーミングの違いを把握したうえでのコミュニケーションが重要となるためである。

この点に関連する最近の日本国内での知見の例としては、日本再生医療学会による調査が挙げられる。この調査では、研究者コミュニティ（再生医療学会員）が科学的妥当性や再生医療のメカニズム、再生医療の必要性などを重視しており、またそれを伝えたいと考える傾向にある一方で、一般の人びとの関心は科学的内実よりも再生医療が実現した際に生じる事柄（ベネフィットはもちろんのこと、それ以上に生じうるリスクや、問題発生時の対応、責任体制、実際にかかる費用など）により優先的に向けられていることが示されている。

今後の「再生医療と社会」に関わるコミュニケーションや制度を考える際には、これらの事柄に留意する必要がある。踏み込んでいうならば、今後の「社会のなかの再生医療」のあり方とそのガバナンスを含めた将来像を、幅広いアクターと共創・想像し、共有していくことが必要である。

1　コミュニケーションをめぐる関心の違いを可視化する

日本では 2001 年の『第二期科学技術基本計画』以降、研究者による積極的な情報発信が推奨され、研究者による科学コミュニケーション活動が進められてきた。その流れは、現在でも同様である。2016 年 1 月 22 日に閣議決

定された『第五期科学技術基本計画』においても「科学技術イノベーション
と社会との関係深化」ならびに「共創的科学技術イノベーション」というテ
ーマが掲げられ、関係するステークホルダー間におけるコミュニケーション
の推進があらためて強調されている（内閣府 2016b）。

　しかしながら、科学コミュニケーション活動の推進が称揚されてきた一方
で、その活動内容については基本的には研究者側の関心に基づいて行われて
きた。そのこと自体は必ずしも悪いことではないものの、これまでのコミュ
ニケーション活動において、「一般の人びとの関心事項」と「研究者側の伝
えたい事柄」の差異といった、効果的なコミュニケーション活動を行うため
の基盤的情報の収集が十分に行われてきたとはいいがたい。とりわけ幹細
胞・再生医療研究や人工知能をはじめとした萌芽的科学技術の領域では、
ELSI（倫理的・法的・社会的課題）に関する視点や、研究成果の社会実装
がもたらすインパクトについてのフレーミングの差異をふまえたコミュニケ
ーションがますます重要となる。

　このような観点から、本章では、幹細胞・再生医療研究を事例として、研
究者コミュニティと一般の人びとの関心の所在の差異について検討する。幹
細胞・再生医療研究においては、2006 年のマウス iPS 細胞（Takahashi &
Yamanaka 2006）、翌 2007 年のヒト iPS 細胞の樹立をはじめとして（Takahashi
et al. 2007）、近年わが国発のさまざまなブレークスルーが登場している。そ
のようななかでヒト iPS 細胞登場の当初から多くのメディア報道がなされ、
人びとの認知や関心は高かったことが指摘されている（Shineha et al. 2010;
Shineha 2016）。また最近では、ヒト iPS 細胞を用いた加齢黄斑変性治療の臨
床試験がスタートするなど、幹細胞・再生医療分野は重点領域としての存在
感とともに、その注目度をますます高めつつある。そのような状況も鑑みな
がら、以下では「再生医療と社会」の間における今後のよりよいコミュニケ
ーションを考えるための基礎的な情報を提示する。

2　調査データの概要

　第 6 章ならびに第 7 章で紹介するデータは、文部科学省・科学技術人材育成費補助金『リスクコミュニケーションのモデル形成事業』「社会と歩む再生医療のためのリテラシー構築事業」の一環として日本再生医療学会が実施した調査によるものである。筆者はこの調査を再生医療学会の八代嘉美らと実施し、その設計・分析・報告書作成までの一連の流れを担当した[1]。
　再生医療学会会員に対して郵送による質問紙調査を行った。調査実施期間ならびに回答者数は以下のものとなった。

　　調査期間：　2015 年 12 月 24 日〜2016 年 3 月 31 日時点まで
　　回答者数：　1115 名

　2014 年時点における再生医療学会の会員数は 4226 名であった。会員数の変動があるため、あくまでおおよその目安であるが、会員に対する回収率は約 26.3％であったと考えられる[2]。
　一般モニター回答については、日本リサーチセンターを通じて回答を収集した。その結果、最終的に 2160 名の有効回答を得た[3]。

　　調査期間：　2015 年 10 月〜2015 年 11 月 4 日

（1）　知りたい事柄などの質問項目については、原子力分野を対象に行われた過去の調査を参考として、再生医療についての意識調査を行うための質問へと改変している（林・守川 1994; 北田・林 1999）。またマスメディアイメージについての質問は、2009 年に電力中央研究所が行った原子力・遺伝子組換え・ナノテクノロジー領域の研究者を対象に行ったリスク認知に関する質問紙調査を参考とした（土屋・小杉 2011）。そして第 7 章で紹介する再生医療学会員を対象としたコミュニケーション活動参加をめぐる動機や障壁に関する質問では、標葉ほか（2009）、JST（2013）、The Royal Society（2006）などの先行研究を参照して作成している。
（2）　学会員を対象とした調査のため、大学や企業における研究者や大学院生等以外に、高校の教師やジャーナリストなどの職種の回答者も若干名であるが含まれている。また会員数が増大傾向にあった時期のため、実際の回収率はもう少し低いものだったと考えられる。

回答者数：　　2160 名

3　回答者に関する基礎情報

　一般モニター回答者の属性を表 6-1 に示している。回答者の 44.8％が男性であり、55.2％が女性であり、平均年齢は 57.4 歳であった。また一般モニターの教育歴は図 6-1 のようになった。再生医療学会員から得た回答者の回答者の属性の概要も表 6-1 に示した。再生医療学会員の回答者は、77.0％が男性であり、女性は 18.7％となった。また、臨床研究に携わっている回答者は 38.0％であり、一方で基礎研究に携わっている回答者は 56.8％となった。職階については、教授・准教授（PI）・グループリーダー等 23.3％、企業関係者（研究開発）15.0％、助教 11.4％、准教授（PI 以外）・講師 9.1

表 6-1　回答者の年齢ならびに性別の割合

一般モニター				再生医療学会員			
	男性	女性	計		男性	女性	計
年齢	割合	割合	割合	年齢	割合	割合	割合
20 代	2.2%	2.4%	4.5%	20 代	5.2%	3.0%	8.3%
30 代	4.2%	7.2%	11.4%	30 代	19.2%	7.2%	26.4%
40 代	7.3%	11.3%	18.5%	40 代	21.3%	5.2%	26.5%
50 代	8.4%	9.8%	18.2%	50 代	23.1%	2.6%	25.7%
60 代	11.2%	12.6%	23.8%	60 代	5.9%	0.7%	6.6%
70 代	9.5%	10.5%	20.0%	70 代	2.1%	0.0%	2.1%
80 歳以上	2.1%	1.5%	3.6%	80 歳以上	0.2%	0.0%	0.2%
回答なし				回答なし			4.2%
	44.8%	55.2%	n=2160		77.0%	18.7%	n=1115

---

(3)　一般モニター（4000 名）を対象として 2012 年に開始した継続調査の一環としての 2015 年回答（第 3 回）の結果。モニターは、日本リサーチセンターによる訪問調査で参加を募った郵送調査パネルのうち、住民基本台帳をもとに地域・年代の分布にあう個人を無作為抽出して選定した。動物性集合胚に関する認知度の経時的変化を確認するためのパネル調査も兼ねており（質問紙の発送先について過去の調査と同じ対象者への送付がなされている例がある）、今回の調査については再生医療に関する認知度が高めに出る可能性がある点に留意が必要となる。

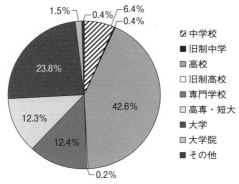

図6-1　一般モニターの最終教育歴

%、ポスドク4.9%、大学院博士課程後期4.3%、技官・研究補助員・研究支援員3.9%、企業関係者（研究企画）3.8%などとなっており、研究代表者（Principal Investigator: PI）からの回答が最も多いものの、教授クラスから博士後期課程、企業関係者など幅広い層からの回答を得ている。

4　再生医療をめぐる認知

　一般モニターにおける「再生医療」ならびに「iPS細胞」のキーワード認知度を聞く質問を行った。その結果「再生医療」については、「聞いたことがあり内容も知っている」が29.8%、「聞いたことはあるが内容はよく知らない」が67.6%であった。また「iPS細胞」については、「聞いたことがあり内容も知っている」が26.3%、「聞いたことはあるが内容はよく知らない」が69.7%であった。

　加えて、再生医療研究の推進についての一般モニターの回答では、「賛成」が38.7%、「どちらかというと賛成」が40.1%、「どちらかというと反対」が2.4%、「反対」が0.6%、「どちらともいえない」が15.3%、「わからない」が2.8%であった

　また、再生医療が実用化されるまでの必要年月についての予想を質問した。その結果、一般モニターの回答としては、「1年」が1.5%、「数年」が30.6

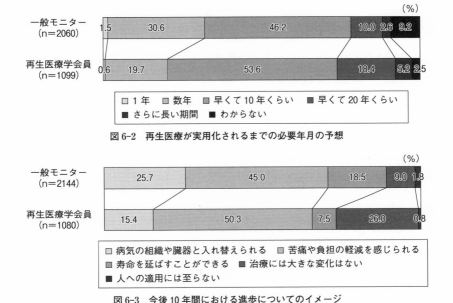

図 6-2　再生医療が実用化されるまでの必要年月の予想

図 6-3　今後 10 年間における進歩についてのイメージ

%、「早くて 10 年くらい」が 46.2%、「早くて 20 年くらい」が 10.0%、「さらに長い期間」が 2.6%、「わからない」が 9.2% であった。一方で、研究者の回答では、「1 年」が 0.6%、「数年」が 19.7%、「早くて 10 年くらい」が 53.6%、「早くて 20 年くらい」が 18.4%、「さらに長い期間」が 5.2%、「わからない」が 2.5% であった。結果としては、多少の差異はあるものの、一般モニターならびに研究者の双方で、「早くて 10 年くらい」が最も大きな割合となっていた。この結果は、調査方法・対象・時期が異なるためあくまで参考程度ではあるものの、過去の調査よりも一般モニターにおける実用化までの予想年数が長期となっている (Shineha et al. 2010)。

　加えて、今後 10 年間における再生医療の進歩のイメージについて質問した結果として、一般モニターでは、「病気の組織や臓器と入れ替えられる」が 25.7%、「苦痛や負担の軽減を感じられる」が 45.0%、「寿命を延ばすことができる」が 18.5%、「治療に大きな変化はない」が 9.0%、「人への適用には至らない」が 1.8% という回答結果を得た。一方、研究者の回答では、

「病気の組織や臓器と入れ替えられる」が 15.4％、「苦痛や負担の軽減を感じられる」が 50.3％、「寿命を延ばすことができる」が 7.5％、「治療に大きな変化はない」が 26.0％、「人への適用には至らない」が 0.8％という結果となった。

5　再生医療をめぐる関心の所在

　概して期待の高い再生医療研究であるが、研究者コミュニティと一般の人びととの間でどのような関心の差異があるのだろうか。

　表 6-2 は、一般回答モニターと再生医療学会員における「知りたい事柄」と「伝えたい事柄」を比較したものである。その結果、一般モニターの「知りたい事柄」は、「リスク」（74.1％）、「期待される新しい治療」（71.7％）、「治療費（自己負担額）」（59.8％）、「安全性確保の手段」（52.6％）、「事故発生時の対応」（47.3％）の順で高い結果となった。一方で、再生医療学会員の「伝えたい事柄」では、「メカニズム・しくみ」（48.6％）や「医療応用や臨床試験」（40.5％）、「産業としての可能性」（33.3％）、「今後の研究スケジュール」（14.9％）、「歴史的経緯」（10.7％）などが、一般モニターの回答割合よりも高い結果となっていた。またこれらの項目では、回答傾向において統計的に有意な差が認められた（$p<0.01$）。

　この結果から、一般回答モニターと再生医療学会員との間において、「知りたい事柄」と「伝えたい事柄」の差異が存在すると解釈できる。やや一般化するならば、研究者側が科学的な内容や研究活動について伝えたいと考える一方で、一般の人びとの関心事はむしろ実現した際の事柄（問題発生時の対応や実際の費用など）であるとまとめることができる。

　続いて、表 6-3 は、再生医療が受容されるために重要であると考える事柄についての質問への解答結果である。その結果、一般モニター回答では、「起こりうるリスク・事故などに対応できるかどうか」（55.7％）、「社会が規制して、その科学や技術の誤用・悪用を防ぐことができるかどうか」（50.5％）、「起こりうるリスク・事故などの深刻さ」（33.5％）、「責任の所在がはっ

表 6-2　**あなたは再生医療について、どんなことを知りたいと思いますか？（一般モニター）／
あなたは再生医療について、一般の方に、どんなことをもっと伝えたいと思いますか？
（再生医療学会員）（五つまで選択）**

	一般モニター （n=2137）	再生医療学会員 （n=1104）	p-value
再生医療のリスク	74.1%	53.2%	**
再生医療によって期待される新しい治療	71.7%	78.9%	**
再生医療にかかる治療費（自己負担額）	59.8%	43.2%	**
安全性確保の手段について	52.6%	46.6%	**
なんらかの事故が発生した場合の対応について	47.3%	24.8%	**
再生医療のメカニズム・しくみ	35.4%	48.6%	**
再生医療の倫理問題について	31.8%	32.5%	
幹細胞・再生医療研究をめぐる国の政策・制度について	28.5%	32.3%	
医療応用や臨床試験について	21.8%	40.5%	**
今後の研究活動のスケジュールについて	5.5%	14.9%	**
再生医療の産業としての可能性	4.4%	33.3%	**
これまでの研究の歴史的経緯について	4.4%	10.7%	**

χ^2 検定：$^{**}p<0.01$, $^*p<0.05$
（出所）　Shineha et al.（2018）をもとに表形式に改変。

きりしているかどうか」（32.2%）といった順に該当する回答の割合が高かった。一方で、再生医療学会員では、「起こりうるリスク・事故などに対応できるかどうか」（57.6%）が最も回答割合が高かった点は一般モニターと共通していたものの、続いて回答割合が高かった項目が「科学的妥当性」（55.0%）と「その科学や技術が社会にとって必要かどうか」（36.3%）という結果であった。これは一般モニターの回答割合が、それぞれ 14.7%、21.9%であったことに比べて大きく違う結果であった。また表 6-3 からわかるように、多くの項目で回答傾向に 1 % 水準で統計的に有意な差が認められた。

　以上の結果をまとめると、研究者コミュニティ側は再生医療の科学的妥当性やメカニズム、また再生医療の社会的必要性といった事柄を重視して伝えたいと考える傾向にあることがわかる。一方で、一般の人びとは、科学的な内実以上に、再生医療が実現した場合にどのような社会になるのか、また万

表6-3 再生医療が社会に受容されるためには、どのような事柄が重要だと思いますか？
（三つまで選択）

	一般モニター （n＝2133）	再生医療学会員 （n＝1110）	p-value
起こりうるリスク・事故などに対応できるかどうか	55.7%	57.6%	
社会が規制して、その科学や技術の誤用・悪用を防ぐことができるかどうか	50.5%	35.4%	**
起こりうるリスク・事故などの深刻さ	33.5%	28.1%	**
責任の所在がはっきりしているかどうか	32.2%	23.2%	**
大学、国、企業などの科学や技術を開発・利用する主体が信頼できるかどうか	27.1%	17.7%	**
将来、その科学や技術によって社会に何が起こるか予測できるかどうか	24.0%	17.1%	**
起こりうるリスク・事故などの発生確率の高さ	23.2%	20.6%	
その科学や技術が社会にとって必要かどうか	21.9%	36.3%	**
科学的妥当性	14.7%	55.0%	**
科学的な面白さ	1.8%	2.3%	

χ^2 検定：$^{**}p<0.01$, $^*p<0.05$
（出所） Shineha et al.（2018）をもとに表形式に改変。

　が一の場合の対応や責任体制など、すなわちそのガバナンスにより関心が強いことがみてとれる。今後のコミュニケーションのあり方を考える際には、この関心の差異を考慮することが必要となる。

　またこの調査では、再生医療研究におけるサンプル提供についての質問もあわせて行っている。その結果、今回の一般モニターのうち、60.6%が「提供したい・提供しても構わない」と回答し、「提供したくない」は12.3%、「わからない」は27.1%であった。

　加えて、サンプル提供に際して重要視する事柄についての回答を得た。その結果、一般モニターでは、「信頼できる医師等による助言」（67.9%）、「どのような成果につながるか」（63.0%）、「個人情報が保護されるか」（44.3%）、「誰がサンプルを使用するか」（33.1%）の順で回答割合が高い結果となった。一方、研究者では、「個人情報が保護されるか」（60.8%）、「どのような成果につながるか」（60.3%）、「信頼できる医師等による助言」（50.6%）、「採取時

の痛さ」(41.2%) という順番で回答割合が高い結果となった。とりわけ、個人情報と採取時の痛みについて研究者が気にしている度合いに比べて、一般の人びとの回答割合が低い結果となっている点は興味深い ($p<0.01$)。また「信頼できる医師等による助言」、「個人情報が保護されるか」、「誰がサンプルを使用するか」、「採取時の痛さ」、「皮膚に跡が残るかどうか」、「謝礼の値段」の項目において、一般モニターと研究者の間で回答傾向に有意差が認められている ($p<0.01$)。

6　再生医療をめぐる社会的制度や事件に関わる認知

　再生医療をめぐる社会的制度・事件についての認知について調査した（図6-4)。再生医療研究の促進と安全性向上のために策定された再生医療三法[4]について、一般モニターの 55.7% が「再生医療三法についてはまったく知らない」と回答しており、また「再生医療三法の名前は聞いたことがあるが、概要は知らない」が 35.5% となっている。一方で、研究者においては、「再生医療三法の概要について他の人に聞かれて、説明・回答できるくらい知っている」が 21.6%、「再生医療三法の名前と概要を知っている」が 50.4% となっている。

　また日本のクリニックで「再生医療」と称して幹細胞投与が行われ、患者が死亡した事件[5]についての質問では、一般モニターでは 90.8% が「知らなかった」と回答しており、認知度は低い結果となった。また研究者では、61.6% が「知っていた」と回答していたが、38.4% が「知らなかった」と回

---

(4)　「再生医療を国民が迅速かつ安全に受けられるようにするための施策の総合的な推進に関する法律」（再生医療推進法）、「再生医療等の安全性の確保等に関する法律」（再生医療等安全性確保法）、「医薬品、医療機器等の品質、有効性及び安全性の確保等に関する法律」（改正薬事法）。詳細は第10章を参照のこと。

(5)　2010年9月、京都ベテスダクリニックでの幹細胞治療剤の投与を受けた韓国人男性の患者が肺動脈塞栓症で死亡した事例。幹細胞投与との因果関係自体は不明ではあるものの、杜撰な安全性管理・対応、韓国内で禁止されている幹細胞投与を日本に来て受けようとした医療ツーリズムでもあった問題事例である。こういった事例を背景として、再生医療に関する法整備が進められた。

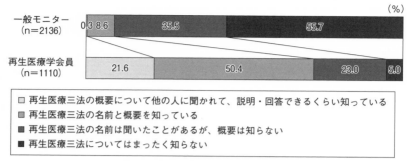

図6-4　再生医療三法の認知度について

図6-5　「再生医療」と称して幹細胞投与が日本のクリニックで行われ、患者さんが亡くなられた事件についての認知

答する結果となった（図6-5）。

　なお研究者内部における全体的な傾向として、臨床研究分野の回答者のほうが、基礎研究分野の回答者よりも、再生医療三法についての認知度は若干高い傾向にあった。一方で、幹細胞投与事件については大きな差異は認められなかった（知っているとする回答は、臨床研究分野で62.6％、基礎研究分野で60.4％であった）。

　当然ではあるが、再生医療学会員は、一般モニターと比較して「再生医療三法」あるいは幹細胞投与事件についての認知が高い結果となった。しかしながら、あえてやや悲観的な言い方をするならば、再生医療学会員の回答において「再生医療三法」についてはあわせて28.0％が「再生医療三法の名前は聞いたことがあるが、概要は知らない」あるいは「再生医療三法についてはまったく知らない」と答えており、また再生医療安全確保法制定の契機となった幹細胞投与事件の認知度が4割に満たない。これらの点については、

コミュニティ内で関連分野研究の法的基盤に関わる状況や、その成立背景を共有することの教育的意味も含めて、今後検討の余地があるだろう。

7　本調査から得られる含意

本章でみてきた幹細胞・再生医療研究をめぐるコミュニケーションに関する知見は次のようなものであった。

- iPS 細胞や再生医療をめぐる認知度や支持は高い。また再生医療実現化までの必要年月のイメージは一般モニターと研究者の間の差異は必ずしも大きくないものの、実現される医療効果内容のイメージには乖離がある点に留意が必要である。
- 再生医療学会員と一般モニターの間には、再生医療をめぐる関心事やフレーミングに差異が存在する。前者は、科学的妥当性や再生医療のメカニズム、またその必要性などを重視しており、またそれらを伝えたいと考える傾向にある。その一方で、一般の人びとの関心事は、科学的内実よりも、むしろ再生医療が実現した際に生じうるリスクや実際にかかる費用、規制のあり方、問題発生時の対応スキームや責任体制などにより重きが置かれている。
- サンプル提供時に重視する事柄について、研究者が「個人情報の保護」や「採取時の痛み」などを重視しているのに対して、一般モニターでは「信頼できる医師による助言」や「誰がサンプルを使用するか」を研究者よりも重視するなどの違いがある。
  ——なお第10章で詳述するが、ヒト動物キメラの作出については、一般モニターの忌避感は根強い。また自身の細胞の使われ方への興味も高い傾向にある（Inoue et al. 2016）。このような一般の人びとの意識の現状を鑑みるならば、（実験の種類にもよるが）包括同意の形でのインフォームド・コンセントを取得することは難しい。そのため、同意撤回のハードルを下げる工夫、あるいは用途を目的別に

　　　より区別した同意である「層別同意」などの議論の精緻化と制度化
　　　を進めることが混乱を避ける一つの方法として考えられる（井上
　　　2019）。
・再生医療三法や幹細胞投与事件など、再生医療をめぐる社会的制度や
　事件の概要およびその含意について、研究コミュニティ内部でより積
　極的に共有・検討することが必要である。

　これらの内容から引き出せる含意の一つとして、一般の人びとは、再生医療
の研究プロセスならびに実現後について、（規制、責任体制、事故補償対応
なども含めた）研究ガバナンスのあり方により関心の重きを置いているとい
える。これは、第4章でもみた「科学の信頼」を形づくる要素は何かという
問いに関わる問題でもある（Drummond & Fischhoff 2017）。
　それでは、よりよい科学技術ガバナンスの構築において、どのような点を
考慮する必要があるのだろうか。そこではフレーミングの差異や、ELSI的
課題、また各国において行われてきたコミュニケーション活動や市民参加を
めぐる含意をふまえることが必要となる。
　本章の最後に、再生医療をめぐる事例であることを鑑み、日本で進みつつ
ある二つの事例をみておくことで、今後の議論の参考としたい。

7.1　日本再生医療学会の取り組み事例

　今回紹介した分析データの収集を行った日本再生医療学会において、いく
つかの注目すべき取り組みがなされている。その一つが、「再生医療等治療
賠償補償制度[6]」である。
　再生医療に関わる臨床研究に参加するドナーと患者には、再生医療三法に
基づく法的な補償義務が存在している。しかしながら、再生医療等の「治

---

(6)　「再生医療等の治療における健康被害補償に関する手引き（2016年10月）」https://www.
　　jsrm.jp/cms/uploads/2016/11/20161107.pdf（最終アクセス2019年5月22日）
　　　「がん免疫細胞療法や歯科ＰＲＰ療法をはじめとする再生医療等の健全な発展のために――
　　「再生医療等治療賠償補償制度」の創設について」https://www.ms-ins.com/news/fy2016/
　　pdf/0721_1.pdf（最終アクセス2019年5月22日）

療」において、ドナーに対しては法的な補償義務があるものの[7]、患者に対しては補償義務が定められていない。2017 年 1 月 1 日から実施されている「再生医療等治療賠償補償制度」は、そのような法的補償の定めのない関係者への対応スキームとして、日本再生医療学会が三井住友海上火災保険株式会社を幹事会社として実施している独自の制度である。

　これは、ここまでにみてきたような一般の人びとの「再生医療が実現した際の生じうるリスク」、「問題発生時の対応スキーム」、「責任体制」といった重要な関心や懸念の一部に応える取り組みである。他の萌芽的科学技術領域にとっても、参考となる事例として評価ができよう。なお、ここで国の役割について 2 点指摘しておく必要がある。一つには、このような補償スキームの綻びを、先端研究領域のコミュニティ自身が積極的に対応する動きは重要であり、国は積極的に評価と支援を行うべきである。そのうえで、もう一点、このような動きは本来的には国が率先して補償スキームを構築する必要のある事柄であり、研究者コミュニティの自発性を最大限に尊重しつつも、その努力にただ乗りをするだけであってはならない。

7.2　患者参画 (Public Patient Involvement: PPI)

　日本再生医療学会におけるもう一つの特徴的な取り組みについて触れておこう。日本再生医療学会が、AMED（日本医療研究開発機構）の再生医療臨床研究促進基盤整備事業として実施している「再生医療等臨床研究を支援する再生医療ナショナルコンソーシアムの実現」事業には、再生医療研究現場と社会を結ぶ「社学連携モジュール」が組み込まれている。そこでは、患者参画（Public Patient Involvement: PPI）の視点を少しずつ取り込もうとする努力が行われ、患者が求める再生医療のあり方を探索するための議題設定のための議論の場の構築、看護師による電話相談窓口の常時開設などの試みがなされている[8]。

　PPI とは、研究計画の立案段階から、患者の意見やフレーミングに注目し、

---

(7)　対応するスキームとして再生医療等臨床研究補償制度（2014 年 11 月）がある。
(8)　八代嘉美・神奈川県立保健福祉医療大学教授からの情報提供による。

その視点をできる限り取り入れようとする研究プロセス、あるいはそれを志向することを指す。国内における先駆的な事例としては、東京大学医科学研究所の研究グループらが関わる認定 NPO 法人「健康と病いの語りディペックス・ジャパン」がある[9]。この取り組みでは、患者が自身の病と向きあうなかで紡がれた「語り」（Narrative）を集め、共有するためのデータベースの構築と公開が行われている。このような「語り」のなかから、必要とされる治療や治癒のあり方を模索し、研究計画段階からその声を活かす試みが進みつつある[10]。このような取り組みをふまえた研究プロセスと基盤構築がより活発に行われていくことが期待される。

---

(9)　https://www.dipex-j.org/（最終アクセス 2019 年 5 月 22 日）
(10)　東京大学医科学研究所の武藤香織らの研究グループらの取り組み。関連する文献としては、中田ほか（2017）ならびに吉田ほか（2017）などを参照のこと。

第7章

科学コミュニケーションと研究者の状況
——制度的課題

本章では、科学コミュニケーション活動をめぐる問題のなかでも、研究者の状況に注目する。特に、研究者にとってコミュニケーション活動への参加にはどのような障壁があるのか、またその状況の改善策はどのようなものか、これらが本章で注目する問いである。そして、これまでの調査結果をもとに、研究者のコミュニケーション活動において、「機会・場の提供」、「コミュニケーション活動に関する費用の補助」、「時間的余裕の創出」、「評価システムの構築」などが大きな課題として考えられていることをみていく。

これらは、科学コミュニケーションに関わる科学技術政策的な課題でもある。コミュニケーション活動の基盤や制度的支援を整備することが、研究者の参加をより容易にし、活動の活発化につながることが期待される。しかしながら、現状においてコミュニケーション活動のための基盤整備やネットワーキングはまだまだ不十分であり、また研究者の時間的余裕も失われている状況がある。加えて、科学コミュニケーションを進めていく政策的方向性が打ち出されて久しいものの、そうした活動に対する評価システムについての議論の充実と制度の実装はいまだなされていない状況にある。

1　研究者と科学コミュニケーション活動

現在、研究者コミュニティが社会に向けた情報発信や双方向のコミュニケーションに積極的な役割を担うことが期待されている。そのようななかで、科学コミュニケーションにおける主要なアクターのひとりでもある研究者の意識や、研究者が置かれている状況を把握するための調査が各国で行われて

きた。例えばイギリスでは、ウェルカム財団や英国王立協会によって研究者を対象とした調査が行われ、時間的制約や同業者の評価などが研究者のコミュニケーション活動への参加促進のための課題であることが指摘されている（The Wellcome Trust 2000; The Royal Society 2006）。またポリアコフとウェッブは、過去の経験、研究者自身の意識、周囲の理解・協力、コミュニケーションに必要なスキルといった要素が、コミュニケーション活動への積極的な参加に影響していることを指摘している（Poliakoff & Webb 2007）。

　日本でも 2001 年の『第二期科学技術基本計画』において研究者のアウトリーチ活動の重要性が指摘されて以降（内閣府 2001a）、双方向的な科学コミュニケーションが重要視されるようになり、研究者の積極的な役割が称揚されてきた経緯がある。それに前後して、欧州をはじめとする各国の科学コミュニケーションの事情に関するレポートが公表されるなど、科学コミュニケーションに関する情報収集も行われるようになった（岡本ほか 2001; 渡辺・今井 2003; 渡辺・今井 2005）。また 2000 年代半ばから、関連人材養成のプログラムの開始や、サイエンスカフェの試みの急速な増加などの動きが生じてきた。

　こうしたなか、研究者の側が科学コミュニケーションをどう捉えているかについて注目した比較的早い時期の日本の調査例として、文部科学省による『我が国の研究活動の実態に関する調査報告（平成 15 年度）』（文部科学省 2004b）や『我が国の研究活動の実態に関する調査報告（平成 17 年度）』（文部科学省 2006）が挙げられる。これらの報告のなかでは、アウトリーチ活動への意識の高まり、科学者が講演会や一般雑誌への執筆などを主なアウトリーチ活動として想定していること、また年齢に比例してアウトリーチ活動に意欲的であること、職位の高いものほどアウトリーチ活動の機会が増える傾向があることが指摘されている。

　しかしながら、この文部科学省の報告の主要な関心は、研究者の ELSI（倫理的・法的・社会的課題）への取り組み意識に向けられており、コミュニケーション活動全般についての質問は調査全体の一部を占めるにとどまっていた。そのため、研究者の効果的なコミュニケーション参加を促す施策を検討するために、実際の活動で感じる障壁や懸念、動機づけなどに関する調

査も実施されている（標葉ほか 2009; JST 2013）。ここでは、これらの先行研究を受け継ぎながら、前章でもみた日本再生医療学会による新しい調査データに基づき、研究者コミュニティの科学コミュニケーションに対する意識の現在をみていくことにしたい。

2　研究者のコミュニケーション活動参加を阻むものは何か？

　第 6 章では、再生医療学会による調査事例をもとに、研究者コミュニティ（再生医療学会員）と一般の人びとの間における関心のズレを検討した。今後の科学コミュニケーションにおいては、このような関心の差異を埋めるような試みが求められる。

　しかしながら、それだけでは現在の科学コミュニケーションが抱える課題の検討には不十分である。より積極的かつ効果的なコミュニケーションをデザインするためには、コミュニケーション活動に参加する研究者の側の事情を鑑みた施策が必要不可欠である。そのため、ここでは以下の問いに注目する。

- 科学コミュニケーションの活動主体である研究者の参加を阻むものは何か？
- 研究者はどのような動機でコミュニケーション活動に参加するのか？
- どのような支援制度・環境の構築が求められているのか？

　本章では、これらの問いに対して、前章と同じく日本再生医療学会の調査、再生医療学会員からの回答データ 1115 名分をもとに検討する。はたして研究者コミュニティの構成員は科学コミュニケーションへの参加に際して、どのような動機のもとで参加し、どのような障壁を感じ、そしてどのような支援方策が望まれているのかについて分析し、よりよい環境のあり方について考察する。

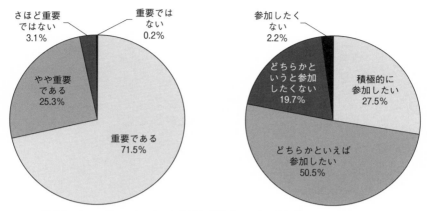

図7-1　左 - コミュニケーション活動に参加することの重要性について（n=1104）
　　　　右 - コミュニケーション活動に参加したいと思うかについて（n=1104）

3　コミュニケーション活動への参加意思

　第一にコミュニケーション活動に対する意識を質問した。その結果、コミュニケーション活動に参加することの重要性については、回答者の多くが「重要である」（71.5%）あるいは「やや重要である」（25.3%）と回答している。またコミュニケーション活動に参加したいと思うかという質問に対しては、「積極的に参加したい」が27.5%、「どちらかといえば参加したい」が50.5%となった。

　無論、この調査に協力をいただいた回答者が、そもそもコミュニケーション活動に対して相対的に関心の高い層が多かった可能性は否定できない。しかしながら、コミュニケーション活動の重要性を認めたとしても、時間的制約などのさまざまな要因のなかで実際に参加できるかどうかは別問題である。

　そこで、コミュニケーション活動に対して、「積極的に参加したい」と回答した人を「積極的参加層」（n＝304）、「どちらかといえば参加したい」と回答した人を「相対的積極参加層」（n＝558）、「どちらかというと参加したくない」あるいは「参加したくない」と回答した人を「消極的参加層」（n＝242）

と分類し、その回答傾向を比較することで、コミュニケーション活動に対する動機や障壁をめぐる意識の多様性およびその実像について検討し、知見を得ることを試みた。

4　コミュニケーション参加をめぐる回答の比較分析

　「積極的参加層」、「相対的積極参加層」、「消極的参加層」の間でコミュニケーション活動に参加する動機について検討した。表 7-1 に示す結果のとおり、三つのグループの間で、「研究者の説明責任を果たす必要があると思うから」、「一般の人びとに科学への興味をもってもらいたいから」、「自分たちにとっての教育的効果があると思うから」が回答割合の高い上位項目となり、また回答傾向に 1 ％水準で統計的に有意な差が認められた。加えて「一般の人びとと話をするのは楽しいから」についても 3 グループ間で有意差が認められている（$p<0.01$）。

　コミュニケーション活動をめぐる参加障壁についての質問項目では、「聞く側の無関心」、「時間的余裕がない」、「コミュニケーション活動にかかる費用の捻出が困難である」、「コミュニケーション活動を行うための場がない」、「コミュニケーション活動が業績として評価されない」といった項目の順で該当すると回答する割合が高い結果となった。加えて、三つのグループの間の回答比較では、「時間的余裕がない」、「聞く側の知識の欠如」、「一般の人びとの意見のなかに得るものがあまりない」という項目（$p<0.01$）、「コミュニケーション活動を行うための場がない」ならびに「自分の研究をわかりやすく説明することが難しい」という項目において回答傾向に統計的に有意な差が認められた（$p<0.05$）（表 7-2）。

　コミュニケーション活動への参加を促すと考えられる方策については、「機会・場所が提供されること」、「周囲の研究者・研究室内からの協力」、「学会や組織などによる奨励と褒賞」といった項目が該当するとの回答割合が多い結果となり、また 3 グループにおける回答傾向で統計的に有意な差が見出された（$p<0.01$）。「コミュニケーション活動にかかる必要経費の補助」、

表7-1　コミュニケーション活動に参加する動機

あなたがコミュニケーション活動に参加している理由、もしくは今後参加したいと思う理由（%）	積極的参加層（n＝304）	相対的積極参加層（n＝558）	消極的参加層（n＝242）	p-value
研究者の説明責任を果たす必要があると思うから	94.0	91.1	84.6	**
一般の人びとに科学への興味をもってもらいたいから	91.7	88.1	71.2	**
自分たちにとっての教育的効果があると思うから	82.7	77.2	61.6	**
一般の人びとと話をするのは楽しいから	57.9	38.5	18.8	**
（所属機関や獲得した研究資金などの）義務であるから	57.9	61.7	64.3	
科学に興味のある学生のリクルートをしたいから	46.3	41.1	40.4	
研究資金獲得に有利に働くと思うから	30.3	31.7	33.9	

（各項目「はい」あるいは「いいえ」で回答、χ^2検定：**$p<0.01$, *$p<0.05$）

表7-2　コミュニケーション活動をめぐる参加障壁

あなたにとって、コミュニケーション活動に参加する場合に主たる障害になると思われる事項はどのようなものでしょうか（%）	積極的参加層（n＝304）	相対的積極参加層（n＝558）	消極的参加層（n＝242）	p-value
聞く側の無関心	70.2	71.9	75.8	
時間的余裕がない	62.0	71.9	81.4	**
コミュニケーション活動にかかる費用の捻出が困難である	61.4	64.9	61.4	
コミュニケーション活動を行うための場がない	57.0	60.8	50.8	*
コミュニケーション活動が、業績として評価されない	48.5	51.3	55.5	
聞く側の知識の欠如	43.1	47.6	58.1	**
自分の研究をわかりやすく説明することが難しい	41.6	45.9	53.6	*
周囲の協力が得られにくい	34.6	36.4	36.6	
否定的な反応が返ってくることが怖い	14.7	17.8	21.6	
一般の人びととの意見のなかに得るものがあまりない	7.0	10.0	20.3	**

（各項目「はい」あるいは「いいえ」で回答、χ^2検定：**$p<0.01$, *$p<0.05$）

表7-3　コミュニケーション活動への参加を促すと考えられる方策

科学者のコミュニケーション活動への参加を促すことにつながると思う項目はどれですか (%)	積極的参加層 (n＝304)	相対的積極参加層 (n＝558)	消極的参加層 (n＝242)	p-value
機会・場所が提供されること	80.6	71.0	55.8	**
周囲の研究者・研究室内からの協力	66.4	66.5	52.5	**
コミュニケーション活動にかかる必要経費の補助	63.8	65.4	58.7	
学会や組織などによる奨励と褒賞	54.6	47.5	38.4	**
論文に相当するような業績としての評価	50.7	45.3	42.6	
一般の人びとへ研究内容を伝えるためのトレーニングコースの設置	28.0	24.4	16.5	**
コミュニケーション活動に対する謝金などの金銭的報酬	27.0	20.4	31.4	**
コミュニケーション活動を行うためのマニュアル	19.4	20.6	23.6	
特別なことは必要ない	4.3	2.7	3.6	

（該当すると思うものすべてに○印をつけて回答、χ^2検定：$**p<0.01$, $*p<0.05$）

「論文に相当するような業績としての評価」も該当するとの回答割合が高い傾向にあった（表7-3）。

5　科学コミュニケーションの対象は誰か？

　日本再生医療学会での調査では、表7-2で回答された参加障壁が解消された場合に、年に何回程度までならコミュニケーション活動に参加してよいかという質問を行っている。その結果、回答割合は、「年3回以上」18.4%、「年1〜2回」59.5%、「数年に1回程度」19.5%、「参加する必要はない」2.5%という結果となった。仮に今後コミュニケーション活動を進めていくにしても、このような負担感を考慮し、無理のない範囲のものである必要がある。

　ここにおいて、重要な点は、コミュニケーション活動が可能となった場合に、どのような相手に向けて活動をするのかということである。表7-4は、

表7-4　コミュニケーション先としての優先順位について（%）

	優先度は高い	優先度はやや高い	どちらともいえない	優先度はやや低い	優先度は低い
行政担当者	49.9	36.2	11.3	1.5	1.1
患者／患者団体	46.3	37.3	13.7	1.6	1.0
政治家	34.7	37.6	20.1	3.9	3.6
科学雑誌の記者	28.6	42.6	22.4	4.7	1.7
企業関係者	28.3	46.0	20.2	4.2	1.3
一般ジャーナリスト／メディア	24.9	37.9	29.2	5.6	2.5
他領域の研究者	20.0	40.5	29.4	7.5	2.5
学校の生徒（高校生など）	14.4	36.0	33.1	12.4	4.1
一般の人びと	10.5	37.8	40.9	8.3	2.5
学校の教師	10.4	32.6	38.9	13.7	4.5
NPO、NGO 関係者	8.3	28.3	48.9	10.4	4.1

コミュニケーション活動の対象に関して優先度を聞いた結果である[1]。それによると、「行政担当者」と「患者／患者団体」が「優先度は高い」と回答する割合が40%を大きく超える結果となった。続いて「政治家」が34.7%となり、「科学雑誌の記者」、「企業関係者」、「一般ジャーナリスト／メディア」、「他領域の研究者」が「優先度は高い」とする回答も20%を超える結果となった。

　ただし、今回、表7-4で提示したデータは日本再生医療学会の会員による回答データであり、他の分野を含めた科学コミュニケーション一般における優先的な対象として解釈することには注意が必要である。類似の先行研究、例えば英国王立協会における調査では、「行政担当者」や「政治家」、「企業関係者」、「学校の教師」が優先度の高いコミュニケーション対象として回答されていた（The Royal Society 2006）。このことをふまえるならば、研究者が考えるコミュニケーション対象として、第一に「行政担当者」や「政治家」

---

(1)　ここでリストに挙げたコミュニケーション活動の対象は、英国王立協会が過去に行った調査で使用されたリスト（The Royal Society 2006）に、日本再生医療学会の調査であることを加味して「患者／患者団体」を追加したものである。

あるいは「企業関係者」がある程度一般的に共通して想定される相手であること、第二にコミュニケーションの対象として優先的に想像される相手は分野に応じて少しずつ変わってくることを認識する必要性がある。とりわけ第二の含意をふまえて、その分野ごとに目指すインパクトを理解し、誰とどのようなコミュニケーションを想定していくのかを考察すること、またそれに応じたコミュニケーションの形と支援を検討していくことが重要となる[2]。

6　科学コミュニケーション活動における科学技術政策的課題

　ここまで日本再生医療学会において実施した意識調査の結果から、研究者コミュニティのコミュニケーション活動への参加に対する動機や障壁、参加促進のための方策に関する基礎的なデータをみてきた。ここでの結果は、過去の先行研究の結果と基本的に類似のものであった（標葉ほか 2009; JST 2013）。このことから、今回の結果の含意を、先行研究をふまえつつまとめるならば、（おそらくはしごく当たり前の事柄なのだが）以下のような要素を考慮したコミュニケーション活動の基盤構築、支援体制の制度的整備が課題として指摘できる。

　　1．機会・場の提供
　　2．時間的負担の軽減
　　3．必要経費の低減ないしは補助
　　4．評価システムの不備

　第一の「機会・場の提供」に関連して、これまでにも年齢や立場の高い研究者ほど、講演会やセミナーなどを通じたコミュニケーションの機会が多い

（2）　例えば、患者の方を対象としたコミュニケーションを想定する場合に、疾患によって可能なコミュニケーションのあり方や必要となる補助は異なる。このように必要となるコミュニケーションデザインの違いは分野ごとに存在しており、それぞれの目指すインパクトに応じた支援が必要となる。

ことが指摘されている（文部科学省 2004b; 標葉ほか 2009）。職位（と年齢）が上がるにつれてコミュニケーション活動に関わる機会が増えるのは自然なことではあるが、今回紹介した結果においては、機会・場の提供を参加促進の施策として挙げる回答者が多かった。これらの事柄を考えあわせるならば、若手研究者でも参加できるようなコミュニケーションの場を、どのようにコンスタントに提供できるか、あるいはそのような場をデザインできるかという点が重要である。

　第二の「時間的負担の軽減」は、日本ならびに海外の先行研究でも繰り返し指摘されている課題であり（The Royal Society 2006; 標葉ほか 2009; JST 2013）、研究者をとりまく世界共通の問題といえる。加えて科学技術・学術政策研究所による調査によれば、研究者がコミュニケーション活動するという以前に、そもそも日本の研究者の研究時間自体が年々減少傾向にあることが明らかとなっている（神田・富澤 2015）。いずれにせよ、とにかく少しでも時間的負担を減らすことが肝要となる。

　第三の「必要経費の低減ないしは補助」についても、平時においてコンスタントかつ小規模な活動に活かせる経費の創出が一つの方向性として考えられるが、すでにみてきたように通常の運営費をめぐる状況が厳しい状況にある。また第四の評価システムについても、第3章でもみたように、議論の未成熟が課題として残っている[3]。これらの課題は、第Ⅰ部からみてきた問題群とも通底する、優れて科学技術政策的な問題である。そして残念ながら、これらを速やかに解決する万能薬は存在しない。ただし、日本科学未来館をはじめとする各地の科学館や博物館におけるさまざまな展示の試みと専門性のネットワークを上手く活用するような取り組みに対する支援などは最初の一歩になると考えられる（加えて、科学館の多様な活動と機能に対するよりよい評価のあり方もまた今後の課題となる）。この点は科学コミュニケーシ

---

(3)　標葉ほか（2009）や JST（2013）による先行研究では、とりわけ、准教授クラスの研究者などにおいて業績競争などの圧力を背景としたコミュニケーション活動への忌避感が指摘されている。特にコミュニケーション活動をめぐる評価システムの不備が大きな要因として考えられる。

ョンに限らない。今後の科学技術政策は研究者の個別の活動の基盤を支援するとともに、すでにある基盤施設の充実とネットワーキングをより進めていく方向でデザインしていく必要がある。

このようなインフラ面の改善に加えて、研究者側の意識の多様性も視野に入れていく必要がある。標葉隆馬らは、研究者のコミュニケーションに関する回答のパターン分類から、科学コミュニケーション活動の捉え方に「対話肯定型」、「業務型」、「対話回避型」といった類型があることを指摘している。そのうえで、中程度の関心をもつ回答者が多く含まれると考えられる「業務型」の回答において、周囲の協力が得られないという障壁についての回答傾向があることに注目している（標葉ほか 2009）。周囲の協力や理解といった要素は、科学者の積極的なコミュニケーション参加に重要であると指摘されており、これらが改善されることで科学コミュニケーション活動全体のさらなる活発化につながるものと期待されている（The Royal Society 2006; Poliakoff & Webb 2007）。

しかしながら、標葉らの結果は同時に、コミュニケーションに対する意識の類型はコミュニケーション活動への参加経験とはあまり関係していないものの、参加経験は各類型の内部でのコミュニケーション活動に関する意味づけを構築していく機能を担っていると考えられることも示している。例えば、同じ「対話肯定型」のなかでも、コミュニケーション活動への参加経験が一度もない回答者は「コミュニケーション活動にかかる費用の捻出が困難である」といった障壁を指摘する傾向が強いのに対して、参加経験のある回答者では、「話をするのが楽しいから」といった動機づけをより顕著に指摘する傾向が示唆されている（標葉ほか 2009）。コミュニケーション活動の経験により、障壁よりも活動のメリットに視点がシフトする可能性が考えられる。制度的支援とインフラの充実を前提とした環境の構築と周囲からの協力が増すことで、中程度の関心をもつ層がよりコミュニケーション活動に参入しやすくなることが期待される。

ここまで科学コミュニケーションへの参加において科学者が直面する課題の抽出と望まれる対応策を検討した。まずは機会や資金の提供といったイン

フラ面の整備が必要であり、そうした整備がコミュニケーション活動への参入をより容易にすると期待される。しかしながら、現状においては、コミュニケーション活動のための基盤整備やネットワーキングはまだまだ不十分であり、また研究者の時間的余裕も失われている状況がある。加えて、科学コミュニケーションを進めていく政策的方向性が打ち出されて久しいものの、その活動に対する評価システムに関する議論の充実と実装はいまだなされていない状況にある。こうした状況の改善は優れて科学技術政策的課題でもあり、研究者が置かれている環境の改善と、現状に即した制度的支援と議論が求められる。

第8章

科学技術をめぐる報道
—— バイオテクノロジー報道の事例から

　本章では、科学技術に関するマスメディアの報道に注目する。科学技術が社会のなかでどのように位置づけられ、また受け止められるのかという点において、マスメディアやソーシャルメディアにおける「語られ方」は大きな影響をもつと考えられる。そこで本章では、バイオテクノロジー関連の報道を事例として、このテーマについての検討を行う。

　これまでの国内外のバイオテクノロジー関連報道に関する研究から、医療などへのバイオテクノロジー応用（Red Biotechnology）は概してポジティブに語られる傾向にあり、一方で農業・食品へのバイオテクノロジー応用（Green Biotechnology）はネガティブに語られる傾向にあること、そしてこの差異化がとりわけ1990年代後半から顕著になってきたことが繰り返し指摘されてきた。

　また最近の事例として、幹細胞・再生医療研究をめぐる日本国内の報道に注目するならば、ヒトiPS細胞の樹立以降にその注目がますます集まると同時に「国家的推進」フレームが顕在化し、一方でELSI（倫理的・法的・社会的課題）に関する話題が「周辺化」していった状況が見出されている。このメディア上の関心状況と実際のELSIについての議論が乖離した状況は、研究開発においても潜在的なリスクとなっており、萌芽的科学技術をめぐる社会的議題の構築のあり方について、今後の積極的な議論が必要であると指摘できる。

1　バイオテクノロジーとメディア報道

日本再生医療学会の調査によれば、幹細胞・再生医療研究をめぐる主たる

情報源は「テレビ」が87.2％、「新聞」が78.0％の回答となっており、他のメディアに比べてその割合が大きい結果となっている。続いて「インターネット」（43.3％）や「公共機関からの情報」（38.9％）も主たる情報源として回答される傾向があるものの、科学技術に関してインターネット上で流通する情報のなかでもテレビ・新聞由来の情報が多いこと、公共機関や政府・行政からの情報もマスメディアを介して流通することが多いことなどを鑑みるならば、幹細胞・再生医療研究をめぐる情報流通において、テレビや新聞などの伝統的メディアの存在感はいまだ大きい[1]（Shineha et al. 2017）。

　これまでのメディア研究分野の知見をふまえるならば、メディア報道は萌芽的科学技術をめぐる「問題の枠組みの構築」（フレーミング）を通じて、社会的議題の設定において大きな役割を果たしていると考えられる（Downs 1972; Entman 1993; McCombs and Shaw 1972; Scheufele 1999）。エントマンは、メディアのフレーミング機能について次のように述べている。

　　「フレーミング」は必然的に選択と顕著さを内包する。フレームを付与するということは、認知された現実のある側面を選択し、それを人に伝えるテクストの中でより顕出的にするということである。そうすることで、描写された項目に関する特定の問題定義、因果的解釈、道徳的評価および／もしくは対策案を広めるのである[2]。（Entman 1993: 52）

---

(1)　メディア研究の蓄積は多岐にわたり、また紙幅と筆者の力量の問題からその全容を概説することはここでは行わない。しかしながら、（とりわけ選挙報道と投票における争点認識の分析から）、マスメディア報道は「何について考えるべきか」について、あるいはモノや人に対する「見方」を誘発することについて、大きな影響力をもっていることが指摘されている点は重要である（McCombs & Shaw 1972; McCombs 2014=2018）。また一度話題となるサイクルを経験したテーマは、その後の関心のベースラインが向上する争点関心サイクル（Issue Attention Cycle）などの効果も指摘されている（Downs 1972）。またマコームズは、年齢層においてメディア利用パターンが異なる場合でも、議題設定効果の大きさに影響が少ないこと（インターネット高利用者でも新聞議題との間に高い相関があること）を指摘している（McCombs 2014=2018）。

(2)　このエントマンのフレーミングに関する記述の翻訳は、竹下俊郎によるマコームズの著書の翻訳を引用している（McCombs 2014=2018: 83）。

すなわち、問題状況の定義づけ・構造・道徳的判断についての見通しがニュースとして提示されることで、問題の枠組み（フレーム）についての情報接触が担保され、社会的に「何について考えるべきか」に関する認知が形成されると考えられる。そしてこのメディア報道がもつ効果は、生命科学に関わるテーマにおいても同様に指摘されている（Bauer & Gutteling 2006; Lewison 2007; Marks et al. 2007; Nisbet & Huge 2006; Nisbet & Kroepsch 2003; Schäfer 2009）。

　このような背景をふまえ、本章では科学技術をめぐる報道の例としてバイオテクノロジーに関する報道に注目し、以下の作業を通じて、科学技術報道をめぐるメディアフレーミングの変化やその特徴についてみていくことにする[3]。

　　①海外におけるバイオテクノロジー報道研究の知見を概観する。
　　②日本国内における GMO（遺伝子組換え生物）やバイオテクノロジー
　　　関連報道についての先行研究を概観する。
　　③幹細胞・再生医療研究に関する報道に注目し、その動向とフレーミン
　　　グの特徴を検討する。
　　④科学技術報道をめぐる研究者コミュニティと社会との関わり方につい
　　　ての課題を検討する。

2　欧州のバイオテクノロジー報道に関わる研究

　欧州における重要な先行研究からみていくことにしたい。グッテリングらは、欧州 12 カ国[4]の主要紙における 1973 年から 1996 年までのバイオテクノロジー関連記事 5404 件をサンプリングし、収集した記事を 8 年ごとの三つの期間に分けて内容分析[5]を行っている[6]。その結果、バイオテクノロジ

（3）　なお、科学とメディアに関わる包括的な文献としては、田中幹人「科学とメディア」藤垣裕
　　子（編）『科学技術社会論の挑戦』（東京大学出版会、近刊）もあわせて参照されたい。
（4）　オーストリア、デンマーク、フィンランド、フランス、ドイツ、ギリシャ、イタリア、オラ
　　ンダ、ポーランド、スウェーデン、スイス、イギリスの主要な日刊紙・週刊誌から 5404 の記
　　事をサンプリングしている。

ーに関する報道は概してポジティブであり、特に「医療」に関する話題を「基礎研究」と結びつけて描き、健康などへの潜在的利益への注目を強調する傾向にあることを指摘している。また一方で「倫理」や「経済」に関する話題への注目は相対的に少ないこと、また国によってバイオテクノロジーの描かれ方やフレーミングの傾向の違いが見出せることなどが報告されている[7] (Gutteling et al. 2002)。このグッテリングらの分析では、全体的に医療に関する肯定的な言及が多いことが指摘されているが、これは同時期のアメリカにおける分析結果とも類似している（Nisbet & Lewenstein 2002）。

　しかしながら、欧州におけるバイオテクノロジー報道におけるフレーミングは、1990 年代の終わり頃に大きな変化をみせる。マーティン・バウアーは、1973 年から 1999 年までのイギリスの新聞報道ならびに 1996 年から 1999 年までの一般の人びとの意識調査に関する分析を行い、1996 年に欧州でもモンサント社開発の GM ダイズ（Roundup Ready Soybean）の輸入が開始されて以降、GM 作物をめぐる論争、1997 年のクローン羊ドリー[8]の登場などを契機として、バイオテクノロジーの医療などへの応用（Red Biotechnology）と農業・食品への応用（Green Biotechnology）の間に対称的な語られ方と受け止められ方が生じるようになったことを指摘している[9]（Bauer 2002）。

　またバウアーとグッテリングは、自身らの先行研究をさらに拡大する形で、1973 年から 2002 年の間における 18 カ国の新聞報道の分析を行っている。

---

(5)　内容分析は、集計対象となるコーディング項目をあらかじめ設定し、それらの項目のテキスト中における有無のカウントと量的分析などを通じて、その内容や傾向の特徴を分析、推論していく一連の分析アプローチの総称といえる。内容分析に関する教科書として以下のものを挙げておく。Riffe et al. (2013=2018); 山口・日比野（編）(2009); Krippendorff (1980=1994).

(6)　欧州では Life Science in European Society（LSES）プロジェクトの一環として行われた一連の研究群がある。そこで得られたデータは、以下の書籍などにまとめられている。Bauer & Gaskell (eds.) (2002); Bauer & Gaskell (eds.) (2006).

(7)　例えば、ポーランドやギリシャでは相対的にポジティブな描かれ方が多く、デンマークやスイスでは相対的にネガティブな描かれ方が多い。

(8)　スコットランドのロスリン研究所でイアン・ウィルムットらによる研究から、体細胞クローン技術により 1996 年に誕生した世界初の哺乳動物。現在では、ドリーの剥製がエジンバラ国立博物館にて所蔵・展示されている。

その結果、バイオテクノロジーに関する報道は1980年代から緩やかに増加をはじめるが、特に1996年から2001年までの期間に急激に記事数が増加し、2002年には大きく減少傾向に転じることをまず指摘している。また内容分析の結果から、それまでに医療を中心として肯定的な記述が主流であったバイオテクノロジー報道のフレーミングに、やはり1996年以降変化が生じていることを見出している。医療や基礎研究に関するテーマを取り扱う記事の割合が減少し、「安全性・リスク」や「規制の問題」をテーマとして取り上げる記事が増加していた。そして同時に国によって多少の違いや多様性はあるものの、欧州全体の傾向として、バイオテクノロジーの医療などへの応用（Red Biotechnology）と農業・食品への応用（Green Biotechnology）の間における語られ方の違いが顕在化してくることが強調されている[10]（Bauer & Gutteling 2006）。

　レヴィソンは、「GM食品」（遺伝子組換え食品）報道に注目し、2002年から2004年の間における6カ国14媒体[11]を対象とした比較分析を行っている。その結果、「GM食品」は、ドイツやイギリスにおける報道では相対的にネガティブなトーンで報道される場合が多く、一方でスペインにおける報道ではポジティブなトーンで報道されていることが指摘されている。またそのリスクの語られ方は、大きくは「環境」・「健康」・「経済」・「政治」の四つのフレーミングに沿ってなされており、ダイズや小麦などの具体的な対象よ

(9)　もう一つの興味深い例としては、イギリスにおける1973年から1996年までの新聞記事を対象にバイオテクノロジーの語られ方をレトリックの面から検討した研究が挙げられる。その結果、イギリスのバイオテクノロジー報道の表現は主として、「バイオテクノロジーのもたらす約束（された成功）：進歩・経済」、「バイオテクノロジーにまつわる恐れ：恐怖・優生学・すばらしき新世界」、「他の科学のイメージの投影：情報科学・考古学」、「宗教的表現：聖杯・傲慢・奇跡・不道徳」、「自然の摂理：不自然さ・モンスター・エイリアン・スーパーマン」、「遺伝子としての人間」、「科学者：マッドサイエンティスト・デザイナー」にカテゴライズされている（Liakopoulos 2002）。

(10)　同様の傾向は、マークスらの研究においても指摘されている。なお、マークスらはほかにも、異なる国で生じたイベントが、報道される国におけるローカルな文脈に即して書かれる点についても指摘している（Marks et al. 2007）。

(11)　BBC、『デイリー・メール』（Daily Mail）、『ニューヨーク・タイムズ』（New York Times）、CNN、ABC、『タイム』（Time）、『ル・モンド』（Le Monde）など、フランス、ドイツ、イギリス、スペイン、カナダ、アメリカの6カ国14の媒体を対象にしている。

りも、「作物」や「食品」など、より一般化された形で語られる場合にネガティブなトーンで書かれることが多いことが指摘されている（Lewison 2007）。

3　アメリカのバイオテクノロジー報道に関わる先行研究

アメリカにおけるバイオテクノロジー報道はどのような変遷をたどったのだろうか[12]。ニスベットとレーウェンステインは、1970 年から 1999 年に発行された『ニューヨーク・タイムズ』と『ニューズウィーク』（*Newsweek*）におけるバイオテクノロジー関連記事を対象とした分析を行っている。その結果、1995 年以降、報道記事中における「発展」フレームの割合が減少し、「倫理」・「公共への説明責任」フレームの割合が顕著に増加し、またベネフィットとリスクに関する言及も増加しているという特徴が見出されている[13]（Nisbet & Lewenstein 2002）。

またこのニスベットらの研究では、「経済的予測」フレームが 80 年代に増加したのち、一定の水準を保ち推移していることもあわせて指摘されている。つまり全体的な流れとしては、1970 年代には（産業面での）「推進」フレーム一辺倒であったが、80 年代以降は「経済的予測」フレーム、90 年代後半には「倫理」フレームと「公共への説明責任」フレームが登場してきたという大きな流れがあるといえる（Nisbet & Lewenstein 2002）。

またニスベットとヒュージは、1978 年から 2004 年における『ニューヨーク・タイムズ』ならびに『ワシントン・ポスト』（*Washington Post*）における報道内容と植物バイオテクノロジー関連政策の動向との対応関係を検討した。そのなかで、飼料用に認可されていた遺伝子組換えトウモロコシである

---

[12]　その他、バイオテクノロジーに関する個別のトピックスについてのアメリカにおける報道分析としては、遺伝子決定論に関する記事のヘッドラインとそのインパクトについて分析例（Condit et al. 2001）、幹細胞関連報道の分析例（Nisbet et al. 2003）などがある。

[13]　これらの報道では、DNA 研究全般の動向について取り上げた記事が多く、特定のトピックス報道ではクローン羊ドリー登場などが特に大きく取り上げられていることが示されている。また GM 作物など植物・農業に関連する報道数は、バイオテクノロジー全体のなかでは相対的に注目度が低いものの、Bt コーン（害虫抵抗性をもつ遺伝子組換えコーン）に関する話題はそのなかでは相対的に多いことが見出されている。

スターリンクが食用品に混入する事件が 2000 年に生じたことによってメディアの注目はピークを迎え、その前後で話題に関与するジャーナリストの属性が科学関係からビジネス関係へと次第に変化していったこと、それに応じて記事のフレームも科学的な内容を扱うものから経済・政治的なものや健康・環境面への影響も扱う多様なものへと変化していったことなどが指摘されている。そして彼らは、米国農務省（United States Department of Agriculture: USDA）や米国食品医薬品局（Food and Drug Administration: FDA）などの規制当局、ならびに米国議会やホワイトハウスなどによる政策的な動きが、報道のフレームの多様化と呼応する形でみえてくることを指摘している（Nisbet & Huge 2006）。

　加えてテン＝エイクとウィリメントの研究では、『ニューヨーク・タイムズ』（1971〜2001 年）と『ワシントン・ポスト』（1977〜2001 年）の記事の分析を行い、バイオテクノロジーの医療などへの応用（Red Biotechnology）と農業・食品への応用（Green Biotechnology）では前者のほうが総じてポジティブに書かれていること、90 年代の終わり頃から農業に関するバイオテクノロジーではネガティブな論調が増えてきていることなどが指摘されている（Ten Eyck & Williment 2003）。

4　日本におけるバイオテクノロジー報道の分析事例

　欧米におけるバイオテクノロジー関連記事の分析では、概して医療などへの応用（Red Biotechnology）はポジティブに語られ、一方で農業・食品への応用（Green Biotechnology）はネガティブに語られる傾向があったといえる。そして、このようなフレーミングの分極化が、1996 年以降に顕著にみられることが繰り返し指摘されてきた。

　このような欧米の状況をふまえつつ、日本におけるバイオテクノロジー関連報道の研究例をみていくことにしたい。先行研究として、日比野愛子と永田素彦による二つの論文をみておく必要がある（Hibino & Nagata 2006: 日比野・永田 2008）。

　日比野と永田は、2006 年の論文のなかで、バイオテクノロジーに関する新聞記事が、1996 年から 1997 年にかけて急激に増加することをまず指摘している。そのうえで、そのような記事増加の背景に、欧米におけるメディアフレーミングの変化と同様、GM 作物の輸入・販売に対する反対運動の高まりやクローン羊ドリーの誕生などがあること、また時系列に沿って記事の報道フレームが多様化していったことを指摘している（Hibino & Nagata 2006）。

　報道をめぐるフレーミングの変化の詳細は以下のとおりである。当初は科学的発見に対する称賛・バイオテクノロジー産業への期待が主なフレームであったが、1990 年代中頃から遺伝子治療などの審査に関するトピックスが登場し、倫理的側面に関する視点が追加された。1990 年代後半の記事数増加にともないバイオテクノロジーの応用がはらむ危険性や倫理的課題に関するフレームが多様化していく。日比野と永田は、この状況を「進歩」から「警戒と多様化」へのフレーミングの変化であると表現している。また全体として、医療などに関する話題はポジティブに、食品などに関する話題はネガティブに語られる傾向にあった。これは欧米における動向と方向性を同じくしている（Hibino & Nagata 2006）。

　続いて日比野と永田は 2008 年発表の論文のなかで、日本におけるバイオテクノロジー関連の報道が 2002 年をピークに増加から減少に転じており、2001 年以降「リスク・利益」に言及しない記事ならびに「経済」に関するテーマと「経済的展望」フレームを保有する記事が増加していることを指摘している。また記事内容の構造について、医療や基礎研究に関連する話題は「進歩」フレームへの結びつきや利益への言及が保持されていること、一方で 2001 年以降において、経済に関する話題は位置づけが変化し、科学のすばらしさや医療の進歩といった肯定的な意味合いをもつカテゴリ集合との関連が強くなっていること、「食品」や「ガバナンス」など否定的な報道内容のカテゴリの位置づけも変化していることを明らかにしている（日比野・永田 2008）。

　これらの結果から、日比野と永田は、日本におけるバイオテクノロジー報道の全体像を、1996 年以降におけるフレーミングの多様化、そして 2000 年

以降における「経済的展望をもたらす、既に始動した産業としてのバイオテクノロジー」としての議論の収束の過程として捉えている（日比野・永田 2008）。

　また西澤真理子は、日本の「遺伝子組換え」報道に焦点を絞り、1991年から2004年までに発行された日刊紙14紙におけるGM食品関連記事を収集し分析を行っている。その結果、GM食品関連記事が1996年から1997年にかけて急増し、2000年に記事数のピークを迎えること、2001年以降に記事数が減少していることをまず見出している（ただし、『読売新聞』については2002年まで記事数が増加傾向にある）。それぞれの記事の増加の時期には、1996年から1997年にかけてのGM作物輸入の開始[14]・本格化とそれにともなう反対運動の増加、2000年におけるスターリンク混入事件と、きっかけとなる出来事が生じている。また『朝日新聞』と『毎日新聞』における記事が遺伝子組換えに対してネガティブな内容かどうかについて検討し、「明らかにネガティブ」な記事は年次を経るにつれて次第に減るが、「ややネガティブ」な記事が増えることを見出している（そのため全体としてネガティブな記事は多いと結論している）。西澤は、そのような結果をふまえて、メイサーらによる先行研究（Macer & Chen 2000）から病害耐性GM作物に対する一般消費者の意識が次第に反対傾向へと傾く動きに言及しつつ、マスメディアと一般消費者のリスク認知形成の相関関係を指摘している。

　標葉隆馬らは、1984年から2006年までの『朝日新聞』ならびに『読売新聞』掲載の関連記事4867件を対象として、数量化Ⅲ類分析による頻出語の登場パターンの分類による話題の時系列変化に関する考察を行い、以下の事柄を見出している[15]（Shineha et al. 2008; 図8-1ならびに図8-2）。

　　①1980年代から1996年までは医療や産業利用などの話題が多く、それ

---

(14)　第4章注20を参照のこと。

(15)　この分析では、階層的クラスター分析による予備的解析で得られた話題分類からそれぞれの話題において登場数の多かったキーワードを抽出するとともに、専門家インタビューで指摘されたキーワードを追加した合計45語に注目した分析が行われている。

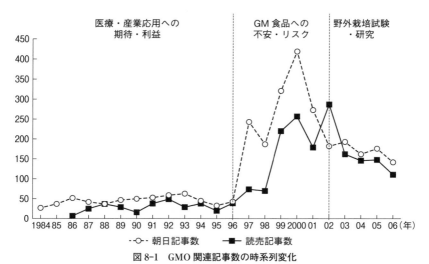

図 8-1　GMO 関連記事数の時系列変化

（出所）　Shineha et al.（2008）をもとに作成。

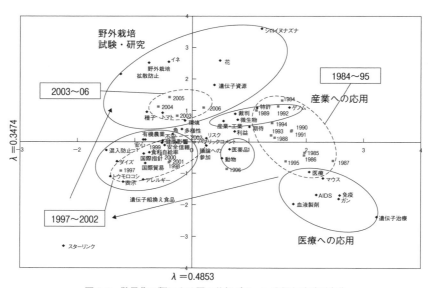

図 8-2　数量化Ⅲ類による語の共起パターン分類と時系列変化

（出所）　Shineha et al.（2008）をもとに作成。

らは利益や期待という文脈で語られている。

②1996年から1997年にかけて新聞記事数の増加がみられる。GM食品の認可が本格化した時期に話題の中心がGM食品に移り、不安やリスクといった文脈で語られるように変化した（第一の変化）。またこれらの結果は、これまでの先行研究で指摘されてきた知見と方向性を同じにするものである。

③2003年以降の傾向として、話題の中心が食品に関するものからGM作物の野外栽培試験や関連研究に関連するものにシフトしている（第二の変化）。また記事数は、2003年以降に減少傾向に転じている[16]。

　2003年以降に生じている「遺伝子組換え食品」から「野外栽培試験・研究」へのフレーミングのシフトについて、もう少しの検討が必要であろう。この期間では、「野外栽培」・「拡散」というキーワードの登場割合の増加がみられていることから、単なる基礎研究への回帰ではなく、GM作物の野外栽培試験における花粉の拡散による周囲環境への影響や「風評被害」（関谷2011）が関心事として存在していたことが示唆される。

　これらに関連する特に注目すべき動きとして、2003年以降にはじまる北海道におけるGM規制条例を思い出す必要がある。第4章でも取り上げた事例であるが、GM規制条例に対しては、6学会合同声明のような研究者コミュニティからの情報発信が行われた。しかしながら、図8-1ならびに図8-2などからみえてくるのは、こうした声明が、GM食品をめぐるフレーミ

---

⑯　1997～2002年までに「不安」や「リスク」といったキーワードと高い共起関係をみせていた「表示」・「コーン」・「国際貿易」といったGM食品に強く関連するキーワードは、2003～06年の時期では、その登場割合を顕著に減少させている。このことは、1997～2002年の時期に先鋭的であったGM食品に対する不安が、次第に収まっていったことを示唆しているとも考えられる。しかし、キーワードの登場割合を観察すると、一度増加したキーワードは、それ以降においても、（登場割合は減少するものの）ある程度の割合で登場する傾向にあり、その解釈には注意が必要であろう。メディアの争点関心サイクル機能（Issue Attention Cycle）などの視点をふまえるならば（本章注1を参照のこと）、このことは以前の時期において中心的であった話題が、次の時期には取り上げられなくなったということを意味しない。むしろ一時の熱狂が沈静化したのち、話題の中心を他のトピックスに譲りつつ、一つの安定した話題として登場し続けていることを含意しており、話題の多様化を示唆する結果であると考えられる。

ングの構築が終わり報道のピークが過ぎたあとになされたという点である。これは同時に、1990年代半ばまでの医療や産業へのバイオテクノロジーの応用についてポジティブなトーンで報道されていた時期に、早い段階から研究者や農業従事者など幅広いアクターが参加した形で、多様な論点を含む議題構築がなされていたとしたら、その後どのような議論が生まれていたのだろうかという問いを想起させるものでもある。

5　幹細胞・再生医療研究をめぐるメディア報道
——熱狂（Hype）と周辺化する「倫理問題」

　近年話題になることの多い幹細胞・再生医療研究に関連する報道は、どのような状況にあるのだろうか。カメノヴァとコーフィールドは、カナダ、イギリス、アメリカの3カ国における関連報道の内容分析の比較を行い、全体的に楽観的なトーンで書かれた記事が多いことを報告している（Kamenova & Caulfiled 2015）。ここまでにみてきたように、遺伝子組換え技術などのバイオテクノロジーをめぐる報道において、医療への応用に関連するものはかねてよりポジティブに報道されやすいことが指摘されており、幹細胞・再生医療研究においてもその例に漏れないといえる（Nisbet et al. 2003）。

　一方で、世界的な楽観的報道の多さのなかでも、ドイツの研究例では「モラル／コントロール」に関するフレーミングにメディアが注目していることが指摘されている（Listerman 2010; Schäfer 2009）。また幹細胞の種類に応じた報道フレームに対して、実際に読者がさまざまな倫理的反応を示すことも見出されている（Stewart et al. 2009）。幹細胞・再生医療研究をめぐる倫理的議論が、メディアの関心を一定程度集めていることを示唆する結果といえるだろう。また、韓国で起きたファン・ウソク事件[17]をめぐる報道の問題でも、メディア言説とその政治的文脈の関係性の分析例（Kruvand & Hwang 2007）や報道側の視点からの著作などがある（李・裵 2006）。

　またオランダのライデスドルフとヘルステンは、「幹細胞」をはじめとするキーワード間の共起関係に関するネットワーク構造の変化から[18]、その言

葉の置かれた文脈の変化を検討している。そのなかで、例えば『ニューヨーク・タイムズ』では「幹細胞」という言葉がさまざまな文脈のなかで特別な意味を付与される、現在進行形の政治的議論のメタファー的な位置づけとして使われていたことを見出している（Leydesdorff & Hellsten 2005, 2006）。

それでは、日本における幹細胞・再生医療研究をめぐる報道はどのように展開していったのだろうか。標葉隆馬は、『朝日新聞』、『読売新聞』、『毎日新聞』の国内の主要 3 紙における幹細胞・再生医療報道における定量テキスト分析（共語ネットワーク分析）から、日本における幹細胞・再生医療研究報道がもつ次のような特徴を指摘している[19]（Shineha 2016）。

①マスメディアは科学的達成の内実よりも、経済的・社会的・政治的インパクトに対してより注目している（ノーベル賞報道も「消費」された）。

---

[17]　韓国で起きた、ヒトクローン胚作成に関する論文不正・捏造事件である。韓国ソウル国立大学のファン・ウソクらの研究グループにより、2004 年 2 月に「ヒトクローン胚による ES 細胞作製」報告が、そして 2005 年 6 月には「患者対応型 ES 細胞作製」に関する報告が『サイエンス』（Science）に掲載された。しかしながら、この研究では、当初より韓国生命倫理学会や『ネイチャー』（Nature）誌上で卵子提供に関する倫理的問題への疑義が提示されていた。とはいえ、大きな成果をめぐる熱狂（Hype）のなか、各種の倫理的問題は大きな問題とされなかった。ところが、韓国内の研究者からの指摘をはじめとして、ファン・ウソクらの研究データにおける捏造や不正なデータの使いまわしが指摘されるようになり、2006 年 1 月のソウル大学最終報告においてファン・ウソクらによる研究は捏造と断定された。このファン・ウソク事件では、卵子の売買、研究室内の女性研究者への卵子提供の強要、メディアの熱狂（Hype）とそれにともなう倫理問題の周辺化やナショナリズムの喚起（倫理問題を取材したメディアへの反対運動の過激化なども）、スター化した研究者への国家による過剰な期待とファンディングなどの問題が付随し、多くの課題と教訓を提示することになった。

[18]　同時に登場する語パターン（共起あるいは共語と呼ばれる）を可視化する共語分析は、科学をめぐるフレーミングの変化の観察によく使われる分析である。共語を含めた科学計量学の科学技術社会論・研究評価分野の入門書としては、藤垣ほか（2004）などを参照のこと。

[19]　ここで提示する共語ネットワーク分析の方法については Shineha（2016）を参照のこと。基本的には、強く共起（Co-occurrence）する語の組み合わせをネットワーク状に可視化しており、そのネットワークの変化を語に付与された文脈や意味の変化として解釈している。共起の指標としては Salton's Cosine、中心性指標としては Betweeness を採用している。また類似の分析として、アムステルダム大学のロエト・ライデスドルフらによる共起ネットワーク分析があり、ここで示す分析はライデスドルフらの分析アプローチにならっている（Leydesdorff & Hellsten 2005, 2006）。

②マスメディアにおける「倫理」への興味は「周辺化」しており、実際
　に行われている ELSI に対する慎重な配慮／議論と乖離している。
③「国家的推進」フレームが登場し、強化されている。

以下では、これらの含意について順番に検討していきたい。

5.1　メディアは科学的達成よりも経済的・社会的・政治的インパクトに注目する

　図 8-3 に示す記事数の推移は単純なデータであるが、いくつかの重要な含意を引き出すことができる。

　まず注目すべき点として、アメリカのトムソンらによる 1998 年のヒト ES 細胞の樹立[20]や、2006 年の山中伸弥教授らによるマウス iPS 細胞の樹立[21]では記事数は増加していないことが挙げられる。このことはこれらの科学的ブレークスルーが、その科学的知見の含意の大きさにもかかわらず、報道件数をベースラインから大きく引き上げる効果をもたなかったことを意味している。とりわけ、2006 年のマウス iPS 細胞の樹立は、日本発の成果であることに加え、その基礎科学的な知見の大きさから 2012 年の山中教授のノーベル賞医学・生理学賞受賞の主たる理由にもなっていることを考えるならば、意外な結果ともいえる。

　1990 年代の記事数の増大は、日本国内で幹細胞・再生医療研究に関する指針や法律に関する議論がはじまったことがきっかけとなっている。また 2007 年 11 月のヒト iPS 細胞の樹立という、「わかりやすい対象」と「わかりやすい応用のイメージ」をもった成果をきっかけとして記事数が大きく増

---

[20]　胚性幹細胞（Embryonic Stem Cell: ES 細胞）は、胚盤胞期の胚から作成される細胞であり、高い分化多能性（さまざまな種類の細胞になることが可能）をもつ細胞。ヒト由来のものを特にヒト ES 細胞と呼ぶ。

[21]　人工多能性体細胞（induced Pluripotent Stem Cell: iPS 細胞）は、体細胞に特定の遺伝子を導入することで多能性を再獲得させた細胞。山中教授らのグループは、マウスに Oct3/4・Sox2・Klf4・c-Myc という四つの遺伝子を導入することで iPS 細胞を作成できることを 2006 年に『セル』（Cell）誌で発表し、さらには翌 2007 年にはヒト iPS 細胞の樹立を発表した（Takahashi & Yamanaka 2006; Takahashi et al. 2007）。

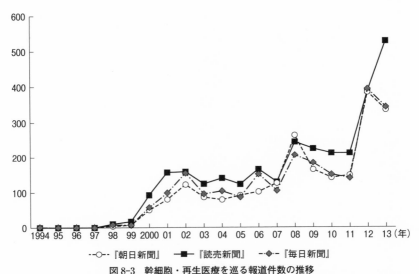

図 8-3　幹細胞・再生医療を巡る報道件数の推移

「胚性幹細胞」、「ES 細胞」、「iPS 細胞」、「万能細胞」、「再生医療」のいずれかの語を記事タイトルないしは本文中に 1 回以上含む記事を収集している。使用したデータベースは聞蔵 II（朝日新聞）、ヨミダス（読売新聞）、毎日 Newspack（毎日新聞）である。
（出所）　Shineha（2016）

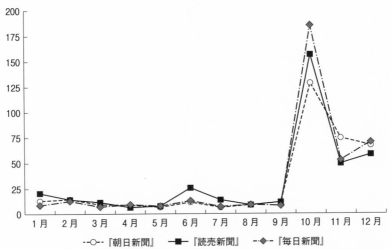

図 8-4　2012 年における幹細胞・再生医療をめぐる報道件数推移。ノーベル賞受賞者の発表のある 10 月の報道数が突出している

加している。

　また 2012 年に山中教授のノーベル賞受賞により記事数は跳ね上がっているものの、2012 年の月別記事数をみるとノーベル賞受賞者の発表が行われる 10 月に記事が集中しており、11 月には記事数は急落している（図 8-4）。この結果は、ノーベル賞報道においてもその話題の消費速度が急速であることを示している。

5.2　メディアにおける幹細胞・再生医療報道において ELSI 的関心は「周辺化」した

　日本における幹細胞・再生医療報道をめぐるフレーミングにはどのような特徴があるのだろうか。筆者が行った共語ネットワーク分析の結果から、時間と報道のフレーミングが変化していくさまが観察される。図 8-5 は『朝日新聞』における共語ネットワークの時系列の変化を示している。

　例えば、2004 年から 2006 年というファン・ウソク事件が大きく注目された時期（図 8-5a）では、「倫理」、「受精卵」、「卵子」、「女性」といった数多くの語が緊密なネットワークを構成している。またこれらのキーワードの登場率[22] も、倫理 31.8%、受精卵 23.4%、卵子 19.3%、女性 15.0%と大きな割合を示している。これはかねてからの幹細胞研究をめぐる倫理的問題に加えて、ファン・ウソク事件が卵子の売買や女性研究員への卵子提供の強制などの研究倫理上のさまざまな問題によって注目を集めたことによるものと考えられる（渕上 2009; L. Kim 2008; T.-H. Kim 2008; 李・裴 2006; Leem & Park 2008）。こういった特徴的な共語関係と登場割合は、その前の時期ではみられなかったものである。言い換えるならば、この時期の日本のメディア報道は、韓国の事件を通じて、幹細胞・再生医療研究をめぐるさまざまな ELSI について報道を行っていたともいえる。

　しかしながら、図 8-5a にみるような状況は 2007 年以降大きく変化している。ヒト iPS 細胞樹立後の、2007 年から 2011 年には、「倫理」をめぐるネ

---

[22]　割合は、分子を「当該キーワードが 1 回以上含まれる記事数」、分母を「当該時期の幹細胞・再生医療関連記事総数」として算出している。

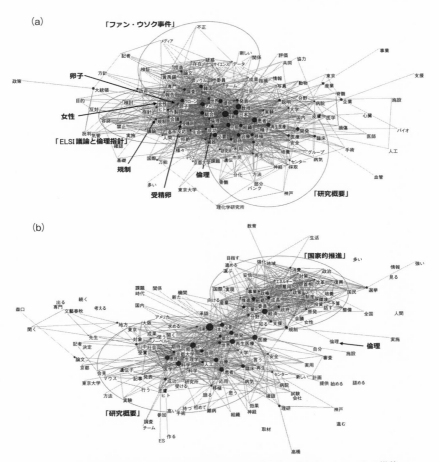

図 8-5　『朝日新聞』における幹細胞・再生医療関連記事の共起ネットワークの推移
(a)2004〜06 年　N = 274, 131 語（50〜500 回登場）
(b)2012〜13 年　N = 721, 163 語（120〜1760 回登場）
近接性指標 Cosine≧0.375、中心性指標：Betweeness.
（出所）　Shineha (2016)

ットワークは非常に粗くなり、登場率をみても倫理 11.4％とその値を大き
く減らしている。卵子（6.9％）や受精卵（14.7％）などのキーワードも同様
に登場率が減少していた。この傾向は、山中教授のノーベル賞受賞後
（2012〜13 年：図 8-5b）ではさらに加速している。「倫理」の登場率はさらに低

下し、つながる共語ネットワークはほぼ消失している。

5.3　「国家的推進」フレームの登場

　ヒト iPS 細胞が樹立された 2007 年以降、「政策」、「支援」、「経済」、「予算」など「国家的推進」を含意する共語ネットワーク構造が登場し、2012年以降その形をさらに明瞭なものとしている。

　以上、ここまでみた結果から、日本における幹細胞・再生医療研究関連報道の変化については、ヒト iPS 細胞の樹立以降にその注目がますます集まると同時に「国家的推進」のフレームが顕在化し、一方で ELSI に関する話題が「周辺化」していったことを理解することができる。またこれらの傾向は、『朝日新聞』、『読売新聞』、『毎日新聞』の 3 紙において基本的に共通していた。すなわち幹細胞・再生医療報道では、いわゆる「横並び報道」が行われていたといえる。

　iPS 細胞は体細胞から誘導できる多能性幹細胞であるため、その樹立においては受精卵を滅失するなどの倫理的課題は回避できる。しかしながら、iPS 細胞の研究を進めるうえでも、その性質に関する研究では ES 細胞との比較が重要となるため、ES 細胞研究はむしろその重要性を増すものである。また詳細は第 10 章で検討するが、動物性集合胚作成をめぐる同意の問題や、iPS 細胞から誘導する生殖細胞の位置づけの問題などの重要な論点が生じつつある。いま現在のメディア報道は、このような ELSI の現状と乖離しつつあるといえる。

　前節までにみた、GMO 報道をめぐる経緯もふまえるならば、科学技術と報道の関係において重要なポイントは、むしろ初期の肯定的な報道が多い時期から（あるいはそのような時期にこそ）、ELSI も含めた多様なフレーミングを視野に入れながら議題構築を行うことである。この教訓をふまえるならば、幹細胞・再生医療研究をめぐる報道関心において、とりわけ ELSI がその実態と離れて周辺化しており、また「国家的推進」のような研究推進のフレーミングが強い状況は、むしろ研究を進めていくうえでも大きなリスク

をはらんだ、危惧を抱くべき状況であるともいえる。

6　科学技術報道をめぐる研究者コミュニティと社会との「間」

　ここまでにみたような幹細胞・再生医療研究をめぐる報道のフレーミング
の変化のなかで、一般の人びとならびに再生医療分野の研究者は、報道とそ
の世論への影響をどう考えているのだろうか。

　表 8-1 は、一般モニターと再生医療学会の会員を対象とした質問紙調査か
ら再生医療をめぐるマスメディアの報道についての意識を比較したものであ
る。その結果、再生医療学会員のほうが、一般モニターよりも報道の正確
性・客観性・バランス・偏向性・情報量についてネガティブな評価を与えて
いることがわかる。

　加えて、マスメディアの報道が世論や人びとに与える影響について、一般
モニターよりも再生医療学会員のほうがその影響力を大きく捉えているとい
う結果となった。一般モニターでは、「世の中に氾濫している再生医療に関
する情報のなかから、人びとは適切なものを取捨選択できる」について「あ
まりそう思わない／そう思わない」が 32.9％であったのに対して、再生医
療学会員では 79.5％と大きく異なる結果となった。「人びとは、たいていの
場合、再生医療に関する大げさなメディア報道をそのまま信じたりはしな
い」についても、一般モニターでは「あまりそう思わない／そう思わない」
が 22.6％であったのに対して、再生医療学会員では 64.6％となっている。

　これらの結果をまとめるならば、研究コミュニティに属するアクターは、
報道の内容とセンセーショナリズム、そして一般の人びとの認識がそれに影
響される度合いをより危惧していると解釈できよう[23]。

　しかしながら、ここでサムナーらの興味深い指摘をみておきたい。サムナ
ーらは、イギリスのラッセルグループ所属の 20 大学が出したプレスリリー

---

[23]　表 8-1 は、土屋・小杉（2011）の先行研究での質問事項をベースに作成した質問票によるも
のである。土屋・小杉（2011）でも GMO、原子力、ナノ医療の専門家らを対象とした質問紙
調査を実施し、表 8-1 と同様の傾向を見出すことができる。

表 8-1　マスメディア報道の内容と影響についての意識（%）

	一般モニター			研究者		
	そう思う／ややそう思う	どちらでもない	あまりそう思わない／そう思わない	そう思う／ややそう思う	どちらでもない	あまりそう思わない／そう思わない
メディア報道は正確である	40.8	49.5	9.7	20.8	38.6	40.5
メディア報道は客観的な記事が多い	36.4	50.3	13.2	20.4	31.9	47.7
メディア報道はバランスがとれている	16.2	63.0	20.8	8.1	34.2	57.7
メディア報道は偏っている	18.9	58.8	22.3	57.0	28.0	14.9
メディア報道は信頼できる	32.4	50.0	17.6	13.2	42.9	43.9
メディア報道は情報量が十分である	14.5	44.1	41.3	7.4	23.3	69.2
再生医療に関する世論は、マスメディアの報道によって大きく影響を受けている	75.8	18.7	5.5	92.7	50.0	2.2
センセーショナルな報道によって、人びとは再生医療に対して不安に煽られている	35.0	44.8	20.3	38.6	25.2	36.2
世の中に氾濫している再生医療に関する情報のなかから、人びとは適切なものを取捨選択できる	20.4	46.8	32.9	3.7	16.8	79.5
人びとは、たいていの場合、再生医療に関する大げさなメディア報道をそのまま信じたりはしない	35.2	42.2	22.6	9.7	25.7	64.6

（出所）　Shineha et al.（2017）

ス 4093 件に対して、それらに言及した報道記事 668 件を対象とした内容分析を行っている。その結果から、プレスリリースのなかに誇張表現が入ると、報道記事における誇張表現の登場率がかなり上昇することが見出された。このことはプレスリリースという研究者コミュニティからの情報発信に誇張（あるいはリップサービス）が入ることが、センセーショナリズムの背景の一つにもなっていることを示唆するものである（Sumner et al. 2014）。

　すなわち、メディア報道の内容やセンセーショナリズムの検討も重要であると同時に、この問題を単純にメディアや市民の科学リテラシーの問題に帰着することにもまた注意が必要である。研究者コミュニティと社会とのコミュニケーションのあり方についても、あらためて省みていく必要がある。

第III部

責任ある科学技術ガバナンス
のために

第9章

インパクト評価をめぐる議論の現在と課題

　研究開発活動の価値は、新しい知識の生産にとどまらないものがある。そこには、イノベーションや新規産業領域の創出、政策立案のための根拠の提供、人材育成システムの改善、文化的価値の多様化など、幅広い社会的影響（インパクト）の可能性が含まれている。しかしながら、誰がどのようにインパクトを理解・把握するのか、またその評価のあり方と制度化については、各国で試行錯誤が続けられている。

　本章では、近年論点となることが多い「インパクト」評価をめぐる議論に注目する。インパクト概念の幅広さを背景とした議論の未成熟、研究者共同体側のインパクト理解の狭さ、インパクトの内容の例示による政策介入と研究の自治との間の緊張関係など、研究活動がもつ多様なインパクトの把握と評価にともなう課題は多い。そのうえで、「知識交換」や「生産的相互作用」など、研究開発のプロセスと関与するステークホルダー間の関係性に注目した、インパクト評価の新しい動きについての検討を行う。

1　インパクト評価という視点

　科学技術ガバナンスは、近年より多様なステークホルダーと複数の価値が関わる複合的なプロセスに変化しつつあり、さまざまな分野の専門家、行政組織や市民といった多様な関係者が関与しつつ、新しい科学技術研究の進展やその成果が社会で活用される際に生じる課題をマネジメントしていくことが重視されている（城山 2007, 2018）。

　そのような視点から、研究開発活動は、知識生産のみならず、イノベーションや新規産業領域の創出、政策立案の根拠の提供、人材育成システムの改

善など、幅広い社会的影響をもつものとして捉えられる。先端的知識の構築とそれにともなうさまざまな社会・経済的効果の創出と最大化のために、各国がさまざまな政策的展開と制度設計を模索している状況にある。こうしたなかで、研究機関への研究費配分における定常的資金から競争的資金へのシフトが生じている（小林 2012）。とりわけ研究機関や研究プログラムに戦略的な予算が措置される根拠として、学術的価値に加えて国の政策的必要性をふまえた社会・経済的価値の視点が含まれることが多くなり、評価の観点も変化しつつある（標葉・林 2013）。

　このような変化のなかで、研究開発活動が社会・経済にもたらす幅広い影響（インパクト）に関する評価システムの構築が重要なテーマとなり、さまざまな試みや議論が国内外で行われている。インパクト評価あるいはインパクト・アセスメント（Impact Assessment）と呼ばれるこのような評価の試みは、ファンディングあるいは政策オプション形成のための重要なプロセスとして位置づけられている。

2　インパクト評価の基本的な考え方

　インパクト評価は、研究開発活動がもたらすインパクトをできる限り事前あるいは上流で評価し、政策オプションの形成に活かすための取り組みである。ここでいうインパクトについて、例えばイギリスで行われている評価であるリサーチ・エクセレンス・フレームワーク（Research Excellence Framework: REF）では、「学術を超えて、経済、社会、文化、公共政策・サービス、健康、生活の環境・質に関する変化あるいはベネフィットをもたらす効果[1]」としている。このインパクトの定義は、インパクト評価をめぐる議論でおおよそ共有されていると考えられる。

　研究開発活動の評価においては、個別の研究・論文、大学などの機関、研

---

(1)　原文は "an effect on, change or benefit to the economy, society, culture, public policy or services, health, the environment or quality of life, beyond academia" である（Research Excellence Framework 2011: 26）。

究プロジェクト、研究プログラム、政策など異なる階層ごとに適した評価を、研究開発の事前・中間・事後・追跡などさまざまなタイミングで行うことが肝要となる（第3章参照）。同様に研究開発活動がもたらすさまざまなインパクトを捉える際にも、事前・事後・追跡、あるいは対象や目的に応じた評価・分析システムの構築とインパクトに関する理解が必要となる。例えば、ペンフィールドらは、大学を対象としたインパクト評価実施の意味として以下の点を指摘している。

　　①高等教育機関の貢献の概観（Overview）
　　②説明責任（Accountability）
　　③情報に基づいたファンディング（Informed Funding）
　　④インパクトの理解の促進（Understand）

研究活動のもつ社会への効果・貢献をインパクト評価を通じて説明することや、社会的理解の醸成、また予算使用の正当化などが期待されているといえる（Penfield et al. 2014）。

3　インパクト評価をめぐる日本における議論

　日本では、「科学技術基本法」（1995 年法律第 130 号）、「海洋基本法」（2007 年法律第 33 号）、「宇宙基本法」（2008 年法律第 43 号）、「再生医療を国民が迅速かつ安全に受けられるようにするための施策の総合的な推進に関する法律」（いわゆる「再生医療推進法」、2013 年法律第 13 号）などが議員立法により成立してきた。そのなかで、科学技術および研究開発活動がもたらす経済・社会的課題への影響のあり方とその捉え方が大きなテーマになりつつある（城山ほか 2010）。
　科学技術基本計画においても、2011 年の『第四期科学技術基本計画』において、先端的な科学技術がもたらす ELSI（倫理的・法的・社会的課題）への視座が強調されており、適切なアセスメントなどを通じた対応が重要で

あるとされている（内閣府 2011: 41）。また 2016 年の『第五期科学技術基本計画』でも、遺伝子診断、再生医療、AI など、先端研究がもたらす社会・経済に対する幅広い影響（インパクト）や ELSI について対応するための多面的なアセスメントの必要性がやはり指摘されている（内閣府 2016b: 47-48）。

　加えて、政府が発表する『科学技術イノベーション総合戦略』においても、社会的課題解決の面が強調されるようになってきた。『科学技術イノベーション総合戦略 2015』ならびに『科学技術イノベーション総合戦略 2016』では、内容自体は 2013 年版ならびに 2014 年版の総合戦略で述べられた社会的課題関連の記述と同じ方向であるものの、「経済・社会的課題の解決」が独立した章になっている[(2)]（内閣府 2015a, 2016a）。

---

(2)　ここで、これらの政策文書における経済・社会的課題の一つとして、「国家安全保障」がたびたび挙げられている点について言及しておきたい。近年の日本の科学技術政策における「安全保障」への言及として、例えば『科学技術イノベーション総合戦略 2016』では、「海洋、宇宙空間、サイバー空間に関するリスクへの対応や国際テロ・災害対策等技術が貢献し得る分野を含む、我が国の安全保障の確保に資する技術の研究開発を関係府省が連携して進めていくことが重要である」（内閣府 2016a）と述べられている。また科学技術基本計画に目を向けるならば、2001 年の『第二期科学技術基本計画』においても、「安心・安全で質の高い生活のできる国」が目標として設定されたうえで、「国家的・社会的課題に対応した研究開発の重点化」や「国民の健康や生活の質の向上、国の安全保障及び災害防止等（社会的効果）」というテーマが提示されている。また『第五期科学技術基本計画』でも、第 3 章において「経済・社会的課題への対応」について述べられており、「エネルギー・資源・食糧の安定的な確保」、「超高齢化・人口減少社会に対応する持続可能な社会の実現」といった項目と並んで、「国家安全保障上の諸課題への対応」が挙げられている。
　このように、日本の科学技術政策における「安全保障」の議論は、災害やテロ対策などに対する国家安全保障という形で限定的な意味で使われている点に注意が必要である。
　一方で、欧州委員会の科学技術政策の枠組みにおける「安全保障」の議論は、これらの論点も包含しつつ、「人間の安全保障」（セン 2006, 2009）に近い視点も含まれる幅広いものとなっている。例えばホライズン 2020 の枠組みであれば、人権、環境悪化、政治的安定と民主主義、社会問題、文化的・宗教的アイデンティティ、移民などの多面的な要素を考慮すべきものとして捉えており、「安全保障」をめぐる多様な要素を視野に入れることで、テロ・犯罪対策やサイバーセキュリティ、社会インフラならびに災害へのレジリエンス（強靭性）向上だけでなく、自由やプライバシーの確保、システムの互換性強化や標準化の促進など、幅広いテーマを「安全保障」という言葉のなかに包含している。（その是非はここでは一端脇におくとしても）このことによって人文・社会科学分野を含めたさまざまな分野への投資と参加が促される形となっている。
　なお、科学技術政策に限らないものの、欧州委員会全体のインパクト評価では、「安全保障」は外交に関するテーマの一つとして位置づけられており、その報告は欧州連合外務・安全保障政策上級代表宛てに提出される（EU Commission 2016b, 2016c）。

　このように経済・社会的課題への対応とその評価への注目が増すなかで、第四期科学技術基本計画に関わるフォローアップ調査では、近年の欧米におけるインパクト評価をめぐる議論を日本の科学技術政策に積極的に取り込むことが提言されている（三菱総合研究所 2014）。

　しかしながら、今後の日本の科学技術政策において、研究開発活動がもたらすさまざまなインパクトを体系的に分析するアプローチの構築、経済・社会的課題に対応した政策オプションの提示方法、また現在主眼に置かれている成長戦略との関わりのなかで見過ごされやすい課題群への対応方法の模索、具体的な制度設計のあり方など、残された課題は数多い。このような状況をふまえ、今後の議論の一助となるように、以下では、欧米におけるインパクト評価をめぐる議論について概観していくことにしたい。

4　欧州委員会におけるインパクト評価の展開

　欧州委員会のホライズン 2020 におけるインパクト評価では、まず組織やプロジェクトの目標達成に関する測定、戦略判断に資する業績評価指標（Key Performance Indicators: KPI）を設定したインパクトのモニタリングが試行されている。ホライズン 2020 の場合、KPI はプログラムごとに考えられており、例えば「社会的課題への挑戦」プログラムでは、各分野における上位 10％に入る高被引用学術雑誌への論文掲載割合、特許の出願数・取得数、プロトタイプ作成・実現可能性の検証実験・臨床試験の数、公的セクターと民間セクターの共同成果の出版数、新規な製品・プロセス・方法論をふまえたプロジェクト数などが挙げられている。

　また「科学技術と社会」の相互作用という観点では、ホライズン 2020 の基幹プログラムの一つである「社会とともにある／社会のための科学」プログラムにおいて、市民や市民団体をはじめとする社会的アクターが科学研究のアジェンダやコンテンツを共創するプロジェクトの割合が評価指標として挙げられている。ただしインパクトに関する信頼できる指標は限られていることもまた認識されており、試行錯誤のなかで評価実践が行われている点に

は注意が必要である（EU Commission 2015b）。

5　インパクトを評価する——アメリカにおける議論

　欧州委員会におけるインパクト評価に限らず、インパクトを捉え、評価しようとする取り組みは対象やタイミングに応じてさまざまなものがあり、各国でさまざまな試行錯誤がなされてきた。また、インパクトがプロジェクト採択などのプロセスにおいて評価基準として取り扱われるようになることそのものが科学研究に与える影響も、議論の的になっている。

　そこで以下では、アメリカとイギリスにおけるインパクト評価の枠組みの変化とそれにともない論じられてきた課題を中心に、議論の状況をある程度包括的に検討・整理をしていきたい。ここで強調すべきことは、どちらの国においても、緊縮財政などを契機とする公的セクターにおけるニュー・パブリック・マネジメントの導入や、それによる研究機関への資金配分の効率化要求と説明責任の増大を大きな背景としつつ、研究開発評価の対象が、知的生産だけにとどまらず、社会に与えるさまざまなインパクトまで範囲を拡大する方向へと変化してきた点である。

5.1　アメリカにおける「広範囲の影響」の議論

　アメリカにおけるインパクト評価についての議論の端緒は、1993年の政府業績成果法（Government Performance and Results Act of 1993）にみることができる。この法律により、米国国立科学財団（National Science Foundation: NSF[3]）における研究プロジェクトの採択審査プロセス（メリットレビュー）に対する説明責任の要求が増し、翌1994年に米国会計検査院（U.S. Government Accountability Office）によってNSFのメリットレビュープロセスに関する調査が行われた。その結果、米国国立科学審議会（National Science Board: NSB）により、メリットレビューの見直しが決定

（3）　NSFは医学を除く基礎研究への支援を行うファンディング機関、後出のNSBはその助言機関となっている。

され、1995 年から新しい評価基準が提示されることとなる。

　それまで、NSF の採択基準は、「潜在的な研究パフォーマンス力」（Research Performance Competence）、「研究固有のメリット」（Intrinsic Merit of the Research）、「研究の有用性と妥当性」（Utility or Relevance of the Research）、「科学技術インフラの効果」（Effect on Infrastructure of S&E）となっており、社会的・経済的な影響についての視点は薄いものであった。これらの四つの基準は、研究の学術的な価値である「知的メリット」（Intellectual Merit）、そして社会・経済・教育面に関わる「広範囲の影響」（Broader Impact）の二つの基準へと改訂された[4]。

　NSF は、「広範囲の影響」について次のように記述している[5]。

- 申請された研究活動がどの程度発見や理解を促進するとともに、教育、訓練、学習を促進するか
- 申請された研究活動がどの程度少数者（性、人種、障害、地域など）の参画を拡大するか
- 申請された研究活動によって施設、設備、ネットワーク、連携などの研究・教育のインフラストラクチャーがどの程度充実するか
- 科学技術の理解の促進のために研究結果が幅広く普及されるか
- 申請された研究活動がどのような利益を社会に与えるか

　そして、この「広範囲の影響」基準はさまざまな議論を巻き起こしてきた。その主だった論点としては、例えば次のようなものがある。

　①「広範囲の影響」の意味や範囲が不明瞭である。また研究活動とインパクトの関係・道筋の想定が単純すぎる。

---

(4)　NSF の採択基準の変化については、小林信一による以下の発表資料中の対照表が参考になる。http: //www. mext. go. jp/component/a_menu/science/detail/__icsFiles/afieldfile/2013/09/02/1339039_01.pdf（最終アクセス 2019 年 7 月 21 日）

(5)　"Broader Impacts Review Criterion." National Science Foundation Website https://www.nsf.gov/pubs/2007/nsf07046/nsf07046.jsp（最終アクセス 2019 年 7 月 21 日）

②「広範囲の影響」の観点を無視する研究者や評価者が少なくない。

③研究者や評価者に、社会的価値の観点から「広範囲の影響」を評価する能力があることが保証されていない。

④「広範囲の影響」の具体的な例示があまりにも多いと、評価制度を通じた国による研究活動への過度の介入につながる。

5.2　「広範囲の影響」の意味

　第一の論点は、インパクトの意味の理解をめぐる議論である。上述のように、「広範囲の影響」がかなり幅広い解釈を許す内容となっていることに加えて、ホルブルックは「広範囲の影響の意味や範囲が不明瞭であり、また研究活動とインパクトの関係・道筋の想定が単純すぎる」という批判を加えている（Holbrook 2005）。

　これは、実際のイノベーションが必ずしもリニアモデル的に進行するわけではないにもかかわらず、基礎研究への投資が最終的にインパクトにつながるという単純な想定が陰に陽になされていることへの批判でもある。リニアモデルとは、科学者が個々自律的に自己の知的関心のもとで活動することによって、集合的に科学の基礎研究から、自然と社会・経済的なインパクトが生まれるという考え方である（第1章もあわせて参照のこと）。このリニアモデルに基づけば、評価では研究活動が最終的にどのようなインパクトを生むと予想されるのかを問うことになる。しかしながら、現実のイノベーションプロセスは、リニアモデルのようなシンプルなモデルとは必ずしも合致しない。むしろ、さまざまな段階にある研究開発に対してフィードバックが相互的に働くといったモデルがより適合的といわれている（Kline 1985）。

　加えて、インパクトが分野によって異なると同時に、インパクトとされるもの自体が時代や社会、そして学問の状況に応じて変化するというインパクト理解の本質に関わる問題が、インパクト評価を困難にしている点も見過ごすことはできない（Brewer 2011）。

5.3　無視される「広範囲の影響」の観点

　インパクトをめぐる解釈の自由度が、第二の論点である「広範囲の影響の観点を無視する研究者や評価者が少なくない」状況を少なからず生じさせている（National Academy of Public Administration 2001）。議会は 2000 年に、新しい採択基準の効果について米国公共経営アカデミー（National Academy of Public Administration: NAPA）によるレビューを受けることを NSF に指示した。このレビュー結果では、基準の改訂により「広範囲の影響や社会的目標が、科学技術コミュニティと議会との双方に対してみえやすいものとなった」などの変化があることは認めながらも、実際には「広範囲の影響」を無視する申請者やレビューアーが少なくないことを指摘している。そのうえで、新基準の概念の明確化に関する議論と、評価者への明確な指示の必要性を提起している（National Academy of Public Administration 2001）。

　この論点に関連して、メラニー・ロバーツは、社会面での影響を記した申請書であっても研究成果の普及活動計画を実際に有している率が高いわけではないことを報告している。すなわち「広範囲の影響」を基準に設けても、普及活動の実施を通じた社会的効果の発現には結びついていない可能性を指摘している（Roberts 2009）。

　もちろん、積極的な活動を行う研究者もいる。2014 年 4 月にアメリカで開催された幅広いインパクトに関するサミットでの報告によれば、研究者による「広範囲の影響」の実践例としては、公開授業や実験教室による STEM 教育（理工系教育）、企画展示などのアウトリーチ（研究成果公開）活動が多いことがうかがえる（National Science Foundation 2015）。公開授業による研究活動の透明性向上や STEM 教育などによる人材育成の価値は重要であり、これらの活動がもつ意義自体はもちろん強調される必要がある。しかしながら、そのインパクト理解がある程度まで一様なものとなっている点にも留意が必要である。

5.4　誰が「広範囲の影響」を評価するのか／評価する能力をもつのか

　ボーズマンとボードマンは、経済・社会的インパクトの評価とは、概念や

モデルの問題というよりも、方法論の問題であると指摘する。研究の「質の管理」において歴史的に行われてきたピアレビューという評価手法は、はたして社会的価値の評価にも適用しうるものなのかという問いかけである。この点について、ボーズマンとボードマンは、従来のピアレビューに参加する研究者は、あくまである特定の分野の専門家であり、「研究者や評価者に、社会的価値の観点から広範囲の影響を評価する能力があることが保障されていない」という問題提起を行っている（Bozeman & Boardman 2009）。なお詳細は後述するが、イギリスの REF をめぐるインパクト評価の先行研究においても、ボーズマンとボードマンの論点と類似する指摘がなされている。

　ボーズマンとボードマンのこの指摘は、ある種、身も蓋もないものである。しかし、だからといって誰が研究開発をめぐる広範囲の影響や社会的価値について判断しうるのだろうか。「拡大されたピアレビュー」という形でさまざまなアクターの関与が期待されるといいつつも、その知識がもたらす社会像を想像するうえでその分野の研究者の関与の重要性は変わらないことも確かである。言い換えるならば、研究活動がもつさまざまなインパクトを洞察する能力を研究者コミュニティ側がどのようにして身に着けていくのかという問題であると表現することもできよう。

5.5　インパクト評価制度と政治的緊張

　第四の論点は、評価制度を通じた国による研究活動への介入と研究活動の独立性の関係をめぐるものである。現在のアメリカの状況を理解するためには、評価基準に関する文言の興味深い変化の経緯をみていく必要がある。

　2011 年 1 月に成立した「2010 年米国 COMPETES 再授権法[6]」では、「広範囲の影響」基準は維持するべきとしつつ、その「広範囲の影響」基準が追

---

(6)　America COMPETES Reauthorization Act of 2010（America Creating Opportunities to Meaningfully Promote Excellence in Technology, Education, and Science Reauthorization Act of 2010, P.L. 111-358). 第 1 章でも説明したように、2011 年 1 月に当時のバラク・オバマ大統領が署名したこの法律は、「2007 年米国 COMPETES 法」（America COMPETES Act of 2007, P.L. 110-69）の再授権に関する法律であり、アメリカの競争力確保のために研究開発によるイノベーションの創出、人材育成、そのための政府予算の増額などを指示している。

求すべきものとして以下の八つを掲げている。

1．アメリカの経済競争力向上
2．国際的に競争力ある理工系（STEM）労働力の開発
3．STEM における女性とマイノリティの参加拡大
4．学界と産業界のパートナーシップ拡大
5．幼児教育以降における STEM 教育[7]と教員の能力開発の改善
6．学部における STEM 教育の改善
7．公衆の科学リテラシー向上
8．国家安全保障の向上

　これらの国家目標をふまえ、NSB は 2011 年 6 月にこの八つの目標とほぼ同じ内容の「広範囲の影響」基準の改訂案を提示している[8]。

　しかしながら、このような形で、直接的に基礎研究と国家目標を結びつけることに対して、研究者側からは、多くの批判がなされることになった（Mervis 2011; Frodeman & Holbrook 2011）。そのため、2011 年 12 月に NSB は、「知的メリット」は「先端的知識の可能性」であり、また「広範囲の影響」は「社会的利益と特別な望ましい社会的アウトカムの達成に貢献する可能性を含む基準」であるとして、具体的な記述は排除されることとなった（National Science Board 2011）。また 2013 年 1 月に NSF が発表した改訂案では、先の NSB の記述がそのまま踏襲される形で、国家目標の記述を削除した曖昧な表現となった（National Science Foundation 2013）。

　一方、2016 年度科学技術連邦予算では、「未来の先端的工業・産業」、「クリーンエネルギー」、「地球観測」、「地球規模の気候変動」、「情報技術とハイパフォーマンス・コンピューティング」、「生命科学・生物学・神経科学のイノベーション」、「十分な情報に基づく政策形成・マネジメントのための研究

---

(7)　アメリカにおける初等・中等教育は K-12 と通称される。ここでいう幼児教育は K-12 の前段階のものを含む。
(8)　さらに「研究環境・ネットワーク・パートナーシップの強化」の項目が追加された。

開発」および「国家と国土の安全保障」が優先項目として指定され、それらの研究開発によるインパクトの最大化が目指されている[9]。

　このように、予算項目のなかでは個別の国家目標を記載する一方で、研究開発の評価基準では国家目標についての直接的な表現は避け、解釈の幅を許容する形となっている。この点が現在のアメリカにおけるインパクト評価をめぐる構造の一つの特徴となっている。

6　イギリスにおけるインパクト評価
——REF における事例とインパクト・パスウェイ

　イギリスの研究評価においても、「質の管理」から「質のモニタリング」への移行とそれにともなう視点の変化が生じ、インパクトへの視座が登場してきた。むしろ、このような変化は、イギリスにおいて先行して生じてきたといってよい。

　イギリスの大学への研究助成は、HEFCE（イングランド高等教育助成会議）など[10]を通じた研究・教育機関に対する基盤的な研究費補助（Institutional Funding）、そして七つあるリサーチカウンシル[11]から競争的に配分される研究助成の二本立てとなっており、デュアルサポートシステムと呼ばれている。また HEFCE などによる基盤的な研究費補助は、使途が指定されず

---

(9)　大統領府がとりまとめるアメリカの科学技術政策および予算文書（*Science and Technology Priorities for the FY 2016 Budget* 2014.7.18.）（https://obamawhitehouse.archives.gov/sites/default/files/microsites/ostp/m-14-11.pdf　最終アクセス 2019 年 5 月 19 日）

(10)　HEFCE（イングランド高等教育助成会議）、SFC（スコットランド財政審議会: Scottish Funding Council）、HEFCW（ウェールズ高等教育財政審議会: Higher Education Funding Council for Wales）、DELNI（北アイルランド雇用学習省: Department for Employment and Learning, Northern Ireland）の四つ。

(11)　AHRC（英国人文科学リサーチカウンシル）、BBSRC（英国バイオテクノロジー・生物科学リサーチカウンシル）、EPSRC（英国工学・物理科学リサーチカウンシル）、ESRC（英国経済・社会リサーチカウンシル: Economic and Social Research Council）、MRC（英国医学リサーチカウンシル: Medical Research Council）、NERC（英国自然環境リサーチカウンシル: Natural Environment Research Council）、STFC（科学技術施設カウンシル）。2018 年 4 月から UKRI（英国研究・イノベーション機構: UK Research and Innovation）のもとに統合された（佐藤 2018a: 236）。

に一括して大学に支給される「ブロックグラント」（包括的補助金）と呼ばれる形で支出されるが、このブロックグラントが研究評価の結果や所属する研究者数と連動して傾斜配分されていることが大きな特徴となっている[12]（林 2009; 佐藤 2018a）。

　このようなイギリスにおける基盤的経費までを含めた研究費と評価の連動は、マーガレット・サッチャー（Margaret H. Thatcher）政権における緊縮財政を背景として、1986 年より研究評価（Research Assessment Exercise: RAE）の結果が高等教育機関における研究開発活動の資金配分に反映される形として登場してきた。その後、RAE が大学の多様な研究を把握することに失敗しているにもかかわらず、研究の現場に過剰な負荷をかけているなどの反省が行われるようになったことを契機として（HM Treasury Contacts et al. 2006）、新しい研究評価枠組み（REF）が検討されることとなり、2014 年より導入された[13]。RAE では、研究開発活動の実績に関する評価が行われたが、REF では、評価の対象範囲が、知的生産による「アカデミック・インパクト」（学術的影響）だけにとどまらず、研究開発活動がもたらす「経済・社会的インパクト」まで広げられた[14]。

　REF の設計過程では、当初は論文数や被引用数などの計量的な指標を重

---

[12]　ブロックグラントは大きく研究用と教育用に二分され、後者は学生数や専攻分野などによって決定される。また 2017～18 年度予算では、教育用補助金はおよそ 13.2 億ポンド、研究用補助金がおよそ 16 億ポンドであり、「研究の質に関連する補助金」（Quality Related Funding）の主要部分はおよそ 10.9 億ポンドであった（佐藤 2018a: 235）。

[13]　例えば 2006 年にイギリス財務省などが中心となって取りまとめた『2004～2014 年における科学とイノベーションへの投資枠組み——次のステップへ』（*Science and Innovation Investment Framework 2004-2014: Next Step*）において、RAE が大学の多様な研究を把握することに十分に成功しているとはいえないにもかかわらず研究の現場へ過剰な負荷をかけていると指摘され、REF の検討がなされることとなった。

[14]　HEFCE による REF があくまで研究開発の事後に行われる評価であるのと異なり、七つのリサーチカウンシルの連絡・調整を行う英国リサーチカウンシル（Research Councils UK: RCUK）は、経済・社会的インパクトを事前に予測することは難しいとしながらも、インパクトへと至る潜在的な経路（インパクト・パスウェイ: Pathways to Impact）を研究者が考えることや、連携・共同先などのより詳細な記述を求めるようになった。これはインパクトに関する見込みについて事前に説明を求めるという点でアメリカの「広範囲の影響」に関する評価取り組みと類似している。

視する方法への転換などさまざまな評価のあり方が議論されたが、結果的には RAE と同様に、研究者同士による評価（ピアレビュー）を維持するという結論に至った。しかし、議論の過程で、研究の質や研究実施環境に加えて、研究開発活動がもたらすインパクトも評価基準に含まれることとなった（Research Excellence Framework 2011）。

　パイロット調査を経て行われた第 1 回 REF は 2011 年から準備が進められた。2013 年 11 月 29 日に報告書の登録が締め切られ、2014 年 12 月 18 日付で評価が公表されている。イギリスの 154 の高等教育・研究機関が参加し、最終的に 5 万 2061 名のフルタイム雇用のアカデミックスタッフ、19 万 1150 件のアウトプット、6975 件のインパクト・ケーススタディ、1911 件のテンプレート[15]が評価対象となった。評価は、大きく 4 領域に分類される 36 の専門家評価委員会によって行われ、合計で 898 名の学識者および 259 名のリサーチユーザーが評価者として参加している。インパクトについては、160名のレビューアーが関与し、1 件当たり 2、3 人（多くて 4 人）で評価している。

　この REF では、アウトプットの質[16]が 65％、社会的・経済的・文化的インパクトが 20％、研究環境が 15％という評価割合の配分がなされた。評価の対象が知的生産による「アカデミック・インパクト」（学術的影響）だけにとどまらず、研究開発活動がもたらす「経済・社会的インパクト」にまで広げられたことが大きな特徴となっている。当初「インパクト」には評価の25％のウェイトが想定されていたが、研究者の反対とロビー活動により当面20％となった経緯がある（研究者側は 15％相当を希望していた）。大学はインパクト・ケーススタディとして学問分野ごとに 1993 年から 2013 年に行わ

---

[15]　インパクトについての短い概要報告。研究の背景、インパクトに至る道筋、戦略・計画、インパクト・ケーススタディとの関係性についての簡単な説明が行われる。

[16]　「オリジナリティ・効果・影響の強さ・頑健性」（Originality, Significance and Rigor）が重要な基準とされる。今回の結果において機関別の評価結果をみると、30％が「世界をリードする」（World Leading）、46％が「国際的に優れた」（Internationally Excellent）、20％が「国際的に認知された」（Internationally Recognized）、3 ％が「国内に認知された」（Nationally Recognized）となっている。

れた研究活動について、2008 年 1 月 1 日から 2013 年 7 月 31 日に生じたインパクトを 4 ページにまとめた説明書を提出し、それがピアレビューにより評価された。その際、「関連する人びとへの効果・影響の広がり」(Reach)と「効果・影響の強さ」(Significance) が重要な基準であるとされた[17](Research Excellence Framework 2011)。

　このように評価基準における社会的・経済的・文化的インパクトの存在感は無視できないものとなっている。しかしながら、このインパクトに含まれる範囲をめぐり、さまざまな議論が生じてきたことも事実である。例えば2009 年に発表された REF のパイロット調査では「社会的福祉、社会的団結、国家安全保障の向上」(Improved Social Welfare, Social Cohesion or National Security) などのように直接的なテーマが評価基準に入っていたが、2012年に公表された評価基準では「健康と福祉」や「社会・文化・創造性」というように、より曖昧な表現にとどめたものになるなど[18]、すでにみたアメリカにおける状況と同様に、インパクトの範囲や表現について政策課題と現場

---

[17]　イギリスの RAE ならびに REF に関わる研究評価の変化と経緯、そしてそれにともなう学術コミュニティの変容については、佐藤郁哉による批判的検討がある（佐藤 2018a）。また、現在 2021 年に行われる REF 2021 に関わる議論も進みつつある。これについても佐藤による素描と批判的検討が試みられており、参考となる（佐藤 2018b）。佐藤が論じるように、REF についての総括的な評価報告書である『経験からの成功と学びをふまえて——REF 独立検証委員会報告』(*Building on Success and Learning from Experience: An Independent Review of the Research Excellence Framework,* 通称スターン報告) において、REF における教訓の抽出と今後の課題の整理が試みられている（Stern 2016）。スターン報告では、研究業績、インパクト、研究環境とそれぞれの評価における課題の指摘や全部で 12 の提言が行われている。そのなかには、評価対象になりうる研究者の定義、研究業績のカウントの方法、帰属先に関わる問題（可搬性）についての問題などが指摘され、また REF 2021 におけるルール変更の議論に影響を与えている。その結果、例えば REF 2014 に比べて REF 2021 では評価対象となる研究者数は大幅に増えることとなり、また業績カウントの方法なども変更されている（Research Excellence Framework 2019a, 2019b）。
　これらの提言の全体をここで扱うことはしないが（佐藤 2018b において邦訳が行われているのでそちらを参照されたい）、ここで「より広い文脈」に関連する事柄として指摘された三つの提言（提言 10〜12）に注目しておきたい。スターン報告では REF で得られるデータを重要な情報資源として位置づけており、幅広くデータの公開をするとともに、イギリス内における研究資源の把握・理解をはじめとした積極的な活用などを提言している。またインパクトに教育への貢献の視点も入れることを提言されているが（提言 7）、提言 12 においても高等教育機関における教育と研究の関係強化を促すような評価制度の設計が強調されている点は注視すべき事柄であろう。

の研究者からの意見との間での揺れ動きが認められる。

　このREFを経て得られた注目すべき知見としては、研究者側におけるインパクト理解の狭さ、そして評価の実践を経てインパクト理解・認識が広がる可能性が挙げられる。サムエルとデリックは、第1回REFに関わった医療関連パネル評価者62名への半構造化インタビュー調査[19]から、多くの場合で評価を行う研究者が、例えば「ワクチンの精製・製造」のような直接的なアウトカムをインパクトとして考えてしまうなど、インパクトの意味を限定的に捉えていたことを見出している。これは、先述のボーズマンとボードマンによる、研究者のインパクトを評価する能力は必ずしも保証されていないという指摘を彷彿とさせる知見である。一方で、評価者のなかには、インパクトが単なるアウトカムではないこと、「政策の変化」や「薬剤開発の停止」などもインパクトの一種であることを理解し、「インパクトは偶発的かつ社会的なプロセス」であると考えるようになったという事例も報告もされている（Samuel & Derrick 2015）。このようなインパクトについての幅広い理解と考察をさらに促していくことが政策的な課題となる。

　実際のところ、インパクトをめぐる議論では、最終的なインパクトを事前に正確に予測することを求めているのではない（そんなことは不可能である）。むしろ評価をめぐる考察と実践を通じて、イノベーションの各プロセスでのフィードバックを想定すること、研究活動がより開かれたプロセスとなっていくこと、幅広いインパクトに対する洞察を深め、研究活動がもつ多様な価値と視点に気づく契機となることが、インパクト評価の意味でもある。

　またREFのような事後評価だけでなく、事前評価においても経済・社会的インパクトに対する洞察の提示が求められるようになりつつある。2006

---

(18)　小林信一による以下の発表資料が参考になる。http://www.mext.go.jp/component/a_menu/science/detail/__icsFiles/afieldfile/2013/09/02/1339039_01.pdf（最終アクセス2019年7月21日）

(19)　質問の内容や順序を緩やかに決めて行うインタビュー手法であり、インタビューを受ける側（インタビュイー）の回答自由度を高める形で行われる質的研究手法。社会調査の基本的事項については、例えば大谷ほか（編）（2013）; 盛山（2004）、また質的研究の手法についてはフリック（2011）などを参照のこと。

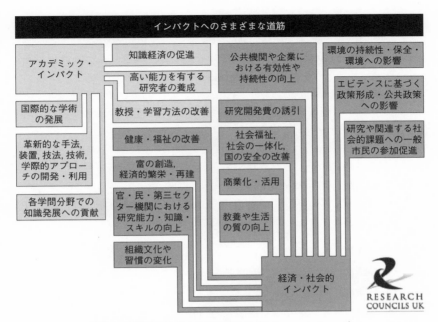

図 9-1　RCUK における潜在的な経路（Pathways to Impact）

（出所）　文部科学省『平成 25 年科学技術白書』（2013）掲載の図 http://www.mext.go.jp/b_menu/hakusho
　　　　/html/hpaa201301/detail/__icsFiles/artimage/2013/08/05/c_pbl_14_4/1338152_010.gif（最終アクセ
　　　　ス 2019 年 7 月 21 日）

年、当時の貿易産業省の科学イノベーション長官の要請により、資金配分機関である英国リサーチカウンシル（Research Council UK: RCUK）に経済インパクトグループ（Research Council Economic Impact Group）が設置された。このグループから報告された、経済的インパクトの強化についてのレポート（通称 Warry Report）に基づき、RCUK は実現したインパクトを毎年示すことが求められるようになった。このような動きを背景として、研究プロジェクトの申請においても、研究者は、その研究活動が（将来的に）もたらす経済・社会的インパクトが実現される道筋、あるいはインパクトへと至る潜在的な経路（インパクト・パスウェイ: Pathways to Impact）を考察し、提示することが要請され、それが事前評価されるようになるという大きな変化が生じることとなった。

　ここでいうインパクトは、図9-1のように「アカデミック・インパクト」（学術的影響）と「経済・社会的インパクト」の2種類が想定されている。審査においてはアカデミック・インパクトがこれまでどおり主要な基準であるが、経済・社会的インパクトも考慮される。

7　インパクト評価の新しい試み

7.1　「生産的相互作用」という考え方

　研究開発活動のインパクト評価に関する最近の議論のなかで、研究活動に関わるステークホルダー間ネットワークがいかに質的に変化するかを捉えることでインパクトを評価しようとする取り組みが注目されている。これは、単純な論文数やケーススタディの記述の評価とは異なり、アクター間のネットワークの拡大・変化をインパクトに至る中間的なものとして捉えて評価しようとする試みである。

　その代表的な例が、オランダにおける「科学と社会の生産的相互作用研究を通じた研究と投資のための社会的インパクト・アセスメントの方法」（Social Impact Assessment Methods for Research and Funding Instruments through the Study of Productive Interactions between Science and Society: SIAMPI）の試みである。

　SIAMPI は、オランダの「文脈のなかの研究評価」（Evaluating Research in Context: ERiC）プロジェクトの一環として実施された。ERiC プロジェクトは、研究活動をとりまくさまざまなアクター間の社会ネットワークに注目し、アカデミア内部に限らない幅広い相互作用・コミュニケーション・共同を研究開発活動がもたらす効果として評価することを志向するプロジェクトである。そのなかで SIAMPI は、ヘルスケア、ICT、ナノサイエンス、人文・社会科学の4分野を事例として、研究プログラムの実施期間中に生まれたネットワークを、研究者とステークホルダー間の「生産的な相互作用」（Productive Interaction）として捉えることを特徴としている。この「生産的な相互作用」では三つの相互作用が想定されている（Spaapen & van Drooge

2011; Spaapen 2012, Penfield et al. 2014; ERiC 2010; de Jong et al. 2011）。

①直接的相互作用（Direct Interactions）：個人的なつながり
②間接的相互作用（Indirect Interactions）：文書、研究に関するマテリアルやモデル、フィルムなどの資料のやりとり）
③経済的相互作用（Financial Interactions）：研究契約、経済的貢献、研究プログラムへの寄付などの経済的関与・参加）

　例えばスパーペンとファン・ドゥルージは、オランダ・ヘルスサービス研究所が、政府、行政、医療機関、専門家、患者団体、消費者団体、健康保険会社、市民との相互作用を維持しつつ研究開発を進めていったことなどの事例に注目している（Spaapen & van Drooge 2011）。言い換えるならば、学術界にとどまらない、産業界、行政、NPO、市民などの多様なアクター間の「知識交換」ネットワークの拡大そのものを中期的なインパクト（あるいは知識生産に至る中間生成物）として位置づけて積極的に評価する試みと理解することができる。これによって、評価の対象が研究そのものから相互作用のプロセスにシフトすること、関与するステークホルダーの数の増大、「知識交換」のプロセスが研究者のモチベーションを効果的に高める効果があること、評価者の側もまた挑戦すべきより大きなテーマに向きあう効果（Spaapen & van Drooge 2011; Upton et al. 2014）、さらには「ネットワークの失敗」（Block & Keller 2009: 459）による知識生産やインパクト創出をめぐる機会損失の減少を期待することができる[20]。

　また、「知識交換」のプロセスが研究者のモチベーションを高める効果があることも最近の研究から指摘されている。このことはステークホルダー間の「知識交換」だけでなく、そのプロセスもまた評価において注目すべき点であることを示唆している。

---

[20]　経済・社会的インパクトという視点ではないが、研究環境・ネットワークの変化を研究評価に活かそうという試みに関する研究としては、カナダ・ブリティッシュコロンビア大学における例（Baumwol et al. 2011）、また日本の例としては Anzai et al.（2012）などがある。

　一方、イギリスの九つの大学で行われた二つの研究（711 名が回答した質問紙による調査と 50 名を対象としたインタビュー）では、インパクトのあり方として、第一に知的貢献と教育、第二に政策への情報提供が想定されていること、また知識交換において「時間」を重視する回答は質問紙調査・インタビュー調査の双方で多く、時間的貢献に即した評価を希望するという回答が多く得られたことが指摘されている（Upton et al. 2014）。

　この「時間」という要素の問題は、研究者の社会とのコミュニケーション活動における参加障壁においても最も重要な要素の一つとして繰り返し指摘されている。（標葉ほか 2009; JST 2013）。科学技術・学術政策研究所による調査をみるならば、日本の公的機関に所属する研究者の研究活動に投じられている時間は年々減少傾向にあることが浮き彫りとなっている（神田・富澤 2015）。このような現状では、論文生産のための最低限の学術活動自体はもちろん[21]、「生産的な相互作用」を生み出すための時間もままならなくなり、「ネットワークの失敗」（Block & Keller 2009）を助長することにもなりかねない。

7.2　「生産的相互作用」の観点を日本の事例に当てはめる

　この「生産的な相互作用」や「知識交換」をインパクトとして評価する試みとして、イギリスのビジネス・イノベーション・技能省（Department for Business, Innovation, and Skills）は「経済的復興と成長を支援し、広く社会に貢献する大学を支援するため」として、2011 年から 2012 年の期間に 1 億 5000 万ポンドを知識交換のための資金として支出している（Department for Business, Innovation, and Skills 2013）。またカナダ社会・人文科学研究会議（Canada's Social Science and Humanities Research Council）でも、知識交換を支援する試みがなされつつある（Penfield et al. 2014）。

　「生産的相互作用」の観点は次第に注目を集めつつあり、今後インパクト評価をめぐる議論のなかでより重要性を増していく可能性がある。それでは、

---

(21)　そして事実、日本における論文生産は、大学セクターにおいて伸び悩んでおり、全体として減少傾向に転じていることが見出されている（阪・伊神 2015）。

日本においてモデルとなるような事例や活動としてどのようなものがあるのか、若干の考察を加えておきたい。

　「生産的相互作用」の観点から考えた場合、例えば東日本大震災後の民俗学や歴史学などの分野の活動は、より積極的な評価がされるべき事例と考えられる。被災した歴史資料の回収・修復・保存、あるいは無形文化財に関わる調査記録の共有や保護活動、またこれらの復旧プロセスの記録などである。これらの学術活動は、地域の住民や行政と関わりあいながら行われるものであり、また資料や文化財を通じて人のつながりを支援するものでもある。

　しかしながら、単純な論文や著作の数といった視点だけではこれらの重要な活動の評価が十全に行われる（あるいは現在行われている）とは考えられない。学術分野が果たすインパクトの一例として、国の研究評価制度の文脈においても「生産的相互作用」の観点からより積極的に評価される必要がある。

　また、データベース構築・運営・管理の営み、図書館における書籍・資料の集積、博物館や科学館における展示や知見・ストーリー解釈の普及なども、「生産的相互作用」を促すものとして評価されることになる[22]。例えばデータベース構築については、資料やデータを集積すること自体が、新しい研究を可能にするとともに（潜在的な新規研究の可能性を増大させる）、さまざまな人・モノ・情報をつなぐ媒介となり、新しいネットワークの形成・拡大を促す効果をもつ。このようなデータベースはその構築はもちろんのこと、保守管理や運営も、学術研究やその社会的価値を支える基盤として多くの貢献をなす重要な活動である。これらの活動は、定常的・継続的な維持活動そのものがまず非常に価値の高いものであるが、そのような専門性の発露は現行の評価制度の評価軸において十分な評価がなされてきただろうか。

　このような「生産的相互作用」の評価では、資金配分機関などの中間組織の役割と専門性の構築がますます重要となる。幅広いアクターのさまざまな

---

[22]　またネットワーク形成に主眼を置いた研究プロジェクト事例としては、生態学者である佐藤哲が中心となって取り組んでいるレジデンス型研究者の取り組みなどが該当すると考えられる（佐藤　2012）。

取り組みに関する情報を収集・集約し、新しいネットワーク形成に積極的な評価を行うファンディングプログラムのあり方が問われることになる。その場合、資金配分機関や行政がどれだけ「生産的相互作用」へのファンディングを行い、またそのファンディングによって「生産的相互作用」に関わるネットワークがどのように形成されたのか、ネットワーク形成自体をどれだけ積極的に評価しているのかについてのメタ評価が必要となる。

8　研究者のインパクト理解と活動を広げること

インパクト基準の新たな導入は、インパクトが実現するための道筋とそこに関わるアクターの検討を求めており、研究者に対して自らの研究活動の価値についてその学問分野を超えた領域における再考を求めるものでもある。このような再考は申請者個人のレベルだけでなく、レビューアーを含めて、学術コミュニティ全体での研究活動の再考にもつながりうる。例えば英国人文科学リサーチカウンシル（Arts and Humanities Research Council: AHRC）は人文学の経済的インパクトに関する報告書において、なぜ人文学研究は重要であるのか、そして公的投資が必要な活動であるのかについての検討を行っている（Bakhski et al. 2008）。評価というプロセスが、学術コミュニティがその研究活動の価値を自ら再考する場であると考えれば、その分野の研究者が評価者（Peer-reviewer）となることは不可欠の枠組みとしてその意味を見出すことができる。このように評価は研究活動自体のあり方やその価値についての検討を求めるようになりつつある。

上記のような研究のインパクト評価の是非に関する議論は、研究プロジェクトの採択のための事前評価だけでなく、事後評価にも同様に当てはまる。しかし、インパクトが実際に実現したか否かを確認する事後評価では、事前評価とは異なる点も存在する。その一つの特徴は、インパクトの事後的な測定は、個別のプロジェクトではなく、研究実施機関・組織や、研究プログラムやそれを運営する資金配分機関などのレベルで行う必要があるということである。研究活動のインパクトをプロジェクトや研究者という単位で評価す

れば、個々のプロジェクトが経済・社会的インパクトを実現することが必須
であるという印象を与え、研究活動をより短期的で堅実な研究課題へと導く
とともに、学術以外の要因に強く影響される状況を生む可能性がある。しか
し、機関やプログラムを評価単位とするならば、大きな単位のなかで一定期
間中にある程度のインパクトが実証されればよい。それにより、研究実施機
関や資金配分機関が、機関やプログラムのポートフォリオのなかで、どの程
度のリスクを許容した構成を組むかを自ら判断する裁量が与えられ、さらに、
長期を経て実現されたインパクトも報告しやすくなる。そのために、イギリ
スでも、インパクトはリサーチカウンシルという資金配分機関のレベルや、
大学というレベルで評価される設計となっている。

　ただし、評価がより上位の集合単位となるにつれ、評価方法の標準性に関
わる問題が生じてくる。評価単位が個々のプロジェクトであれば、インパク
トを把握するためには詳細なケーススタディの手法がとられる。研究活動か
ら社会・経済面でのインパクトが発生するまでには、その因果関係は複雑か
つ長期にわたり、その把握にはケーススタディの手法が最も適するためであ
る。しかし、大学や資金配分機関といった上位レベルが対象となる場合には、
個別のケーススタディは全体像を示しにくい。そのためには、包括的な状況
を把握することができる標準的方法が必要となるのである。特に、大学や研
究実施機関の間で実績に基づく資金配分を行うことが求められる場合には、
この傾向は顕著となる。ベン・マーティンは、インパクト評価は本来、ケー
ススタディ等の手工業的な活動であることから、このような標準的な形で大
量生産的に行われるインパクト評価に対して批判的である（Martin 2011）。
このような個別的なケーススタディ手法と、ある程度の比較可能性を有する
標準性の調和をいかにとりうるかが今後の課題となっている。

　インパクトは分野によって多様な形をみせるとともに、その内容自体が時
代や社会状況に応じて変化するものである。そのため、インパクト評価に関
わるシステムを考察する際には、「システムにおいて、どのような指標、エ
ビデンス、インパクトが捉えられる必要があるか」について繰り返し問いか
けることが必要となる。

　この論点に関連して、アメリカとイギリスの例でもみてきたように、研究者コミュニティの側もまた研究活動がもつインパクトの多様性についての理解を深めていく必要がある。研究者コミュニティ自身が、「インパクト」への想像力と表現力を高めることは、社会との円滑なコミュニケーションにおいて必要であるだけでなく、ひいては学術における自立性と研究基盤にとっても重要なコンピテンシー[23]の一つでもある。またそのようなインパクトを表現できる若手研究者をどのように育成するのか、インパクトを見据えた形でさまざまな ELSI への対応策を模索し、またその中長期的なビジョンを発信していくことは研究分野のコミュニティ全体に関わる問題でもある[24]。

　現在では、大学レベルにおいて「インパクト」のありようを研究者とともに検討・分析し、研究戦略の作成などを行う専門職としてリサーチ・アドミニストレーター（University Research Administrator: URA[25]）の導入が日本でも進みつつある。研究者コミュニティにおける「インパクト」についての洞察や研究環境や政策に関する基本的理解を促すことは、そういった新しい専門性をもった人材を活かし、協働するための基盤となる。

9　インパクトと社会技術的想像

　本章では、インパクト評価をめぐる議論の現状と課題を概観してきた。研究活動がもたらすさまざまなインパクトを、どのようにして分析し、理解し、評価するのか、欧米を中心としてそのための議論が積み重ねられている。イ

---

[23]　成果達成に資する、スキル、知識、自己概念、特性（身体的特徴やさまざまな状況への反応の仕方）、動機などによって構成される能力は、コンピテンシーなどの言葉で表現される。例えば、松下（2010）などを参照のこと。

[24]　このような中長期的なインパクトを想像し、また表現する能力を研究者育成のスキームのなかでいかに実現するのかもまた課題となる。例えば総合研究大学院大学（総研大）では、大学院生の受講者に自身の分野の将来像を想像し、表現すること、また分野の進展にともなう ELSI へのインパクトを考察することを積極的に促すワークショップ型講義なども行われている（標葉ほか 2014; 総合研究大学院大学「科学知の総合化」特別委員会 2016）。

[25]　URA の職務内容については各大学の事情によって非常に多岐にわたっており、当事者からの戸惑いや制度的不備も明らかになりつつある（高橋・吉岡 2016）。

ンパクトの多様性を捉えようとする試みと、インパクトに関わる政策的目標と研究者の関心・実践の間の架橋、この二つが同時に行われている現状をまず捉えておく必要があるだろう。

　実際のインパクト評価をめぐるこれまでの議論では、インパクトの帰属先がどのように判定され、また扱われるのかという問題、ゆっくりと蓄積されるさまざまな知識をどう評価するのか、研究とインパクトのリンクを示すエビデンスの収集・分析などさまざまな論点が課題となっている。近年ではインパクトを捉えるシステムや分類法の開発[26] などの取り組みも行われつつあるが、どのようにインパクトを理解し、また評価すべきかについての問いに繰り返し立ち返ることの必要性が強く認識されている[27]。

　少なくともインパクト評価において定量的評価に向けた努力や新規アプローチの開発は重要であるものの、異なる観点から判断されるべきものを金銭換算などで無理やり比較の机上に乗せてしまうことの誤謬に注意することが必要不可欠となる。また伝統的な計量書誌学によるアプローチが、研究開発活動がもたらすインパクト全体の一部分を映し出すにすぎないことや、研究のもつ正味の価値以上の成果に関心を集中させてしまう効果をもちうることを理解したうえで、定量的評価を活用する必要がある。定性的評価による質的な変化に注目することもまた重要である[28] (Spaapen & van Drooge 2011; Donovan & Hanney 2011; Bornmann 2013; Samuel & Derrick 2015)。

　インパクトをめぐる議論は学術研究を社会のなかに位置づける機会でもある。このことは同時に、インパクトの理解とその取り扱いをめぐり、研究現場と政策的議論の間で「境界設定作業」(Boundary Work) (Gieryn 1983,

---

[26]　欧州における Common European Research Information Format (CERIF) の開発、MICE (Measuring Impact Under CERIF) プロジェクトなどの例が挙げられる。

[27]　人文・社会科学分野におけるインパクト評価のあり方についても、試行錯誤のなかで検討が重ねられている (Ochsner et al. 2015)。

[28]　なおインパクト評価をめぐる議論の例として、ライデン・インパクト・マトリックス (Leiden Impact Matrix) がある。学術分野における相互作用、専門家の相互作用、企業・公的機関との相互作用、公共的相互作用などに応じた知識の移転・利用に関する指標や視点の整理などが試みられている。https://www.staff.universiteitleiden.nl/research/impact/roadmap-and-examples/leiden-impact-matrix (最終アクセス日 2019 年 9 月 19 日)

1995）が行われることを意味する。インパクトをめぐる欧米の議論状況を鑑みるならば、研究者側からのインパクト解釈についての積極的な議論と発信を行わなければ、研究現場におけるインパクト理解が必ずしも考慮されないままに政策的介入が進みかねないことが理解できるだろう。

　しかしながら、ここまでみてきたように、研究者コミュニティあるいは研究者自身がインパクトを非常に狭く捉えていること、あるいはインパクトの幅広さを想像することの困難に直面している点は無視できない。研究費配分システムが変わるにつれて、資金配分を行う中間機関や大学組織の果たす役割・責任もまた変化することになり、これらの組織にとってもインパクトを想定し、その明確なビジョンを説明することは難しい課題となる。

　一方、各研究分野において潜在的なインパクトが想像される場合、それを発信することがリスクをともないうることにも注意が必要となる。科学社会学分野の知見で、関連するものを少し紹介しておきたい。見上公一は、ジャザノフとキムによる「社会技術的想像」（Sociotechnical Imaginary）概念を補助線としつつ、再生医療に関わる科学者や政策担当者など48名へのインタビュー調査をもとに、再生医療分野事例における「社会技術的想像のロックイン」（Imaginary Lock-In）問題について論じている（Jasanoff & Kim 2009; Mikami 2015）。そこでは、例えばiPS細胞研究といえば再生医療の実現化がまず想像されるような「社会技術的想像」のロックインが生じてしまうことで、その影響下で政策形成やファンディングがなされてしまい、（本来の研究可能性は多様であるにもかかわらず）その政策的軌道に拠った形で研究者もまた行動することが生じていってしまうことが懸念される。

　この議論は、各分野においてどのようなインパクトが想像され、社会のなかで共有・理解されていくのか、「社会技術的想像」までを射程に捉えた分析とモニタリングのアプローチ開発の必要性を問いかけるものであり、インパクトをめぐる新たなアセスメント方法の模索が期待される。

第 10 章

科学技術研究に関わる倫理的・法的・社会的課題（ELSI）

　科学技術の発展は、現代社会に多くの恩恵をもたらすとともに、これまでにはみえていなかった倫理的・法的・社会的課題（Ethical, Legal, and Social Issues: ELSI）もまた顕在化させてきた。科学技術ガバナンスの観点からは、科学技術をめぐる ELSI を可能な限り早い段階から分析しながら、社会との間で論点の共有と議論を行い、その幅広いインパクトを含めて社会のなかに適切に位置づけていく道筋を洞察していくことが肝要となる。本章では、幹細胞・再生医療研究を中心事例として、これまでの ELSI をめぐる議論の一端をみていく。これまでの研究蓄積から、試料や情報の利用をめぐるインフォームド・コンセント（同意取得）のあり方、個人から提供される細胞試料あるいはその取得に関わる倫理的懸念をはじめとして多くの論点が提示されている。

　また再生医療分野を例としてみるならば、再生医療三法などの法的枠組みの整備が進みつつある一方で、多様な ELSI をどのように扱うのかについての具体的な議論には依然として多くの課題が残されている。例えばヒト動物キメラの作出をめぐる先行研究の知見をみるならば、丁寧な情報提供の重要性があらためて指摘されるとともに、「包括同意」をめぐる潜在的な困難、多様なインフォームド・コンセントのあり方の模索や同意撤回やオプトアウトのスキーム整備など、政策的・制度的課題も含めた新たな課題も見出されている。

1　科学技術ガバナンスと ELSI

　知識基盤社会とも呼ばれる現代社会は、科学技術の発展をはじめとするさまざまな知識に依拠している。生命科学分野を例にするならば、その発展は、

遺伝子間ネットワークの複雑な作用機序や細胞の発生機構に関する知見、難病に関する病因やメカニズムの解明などといった新しい科学的知識をもたらし、また創薬に代表されるような医療・産業への応用、新規な治療法の開発などそのベネフィットは多岐にわたるものである。

　しかしながら、「萌芽的科学技術」（山口・日比野 2009）とも表現される先端的な科学技術の発展は、はからずもこれまでにはみえていなかった倫理的・法的・社会的課題（Ethical, Legal, and Social Issues: ELSI）を顕在化させるものでもある。人の遺伝情報に関わる研究とその成果の利用を例にとるならば、インフォームド・コンセントやインフォームド・アセントのあり方[1]、医療機関を通さないような消費者直結型サービス（Direct to Consumer: DTC）の問題、個人情報保護との関係性、保険における遺伝子差別の潜在的課題など、対応すべき課題は数多い（菱山 2003, 2010; 井ノ上ほか 2014; 武藤 2015）。

　ELSI に関連する議論自体は、ELSI という言葉の登場以前から取り組まれてきた。例えばアメリカでは、1960 年代以降に生命倫理分野における議論が活発化し、1969 年には生命倫理分野の研究所・調査機関であるヘイスティングセンター（Hasting Center）が設立されるなど、分野の専門化が展開されるようになった。このような動きは、生命倫理学と現場の医療者・科学者との間にさまざまな関係性を構築しながら、いま現在におけるアメリカの生命倫理研究や ELSI 研究の背景ともなっている。

　また 1970 年代に入り確立された遺伝子組換え技術をめぐっては、当初、研究者コミュニティ自身が、その社会的影響を想像することで科学者の自主的規制（モラトリアム）を実施した。そして、遺伝子組換え実験の指針に関する議論を重ね、最終的にアシロマでの会合（アシロマ会議）を経て公表さ

---

(1)　研究活動への参加・協力を得る際に行われる同意手続であり、「十分な情報を共有されたうえでの同意」がインフォームド・コンセントである。また未成年者など研究協力者本人に同意能力がないと考えられる場合には親権者など代諾者による同意が行われるが、成長にともない自身の意見・希望の表明や意思確認が可能になるなどが生じた場合、代諾者だけでなく本人からもあらためて同意・賛意を得ることが求められ、このことはインフォームド・アセントと呼ばれる（高嶋 2015a）。

れた。このアシロマ会議に代表される議論の途上で、倫理的課題はひとまず議論の射程の外に置かれ、科学的安全性の確保の観点に焦点が絞られていった経緯がある。しかしながら、遺伝子組換え技術の確立は、科学技術と社会との関わりについて研究者コミュニティが関心をもつきっかけとなった出来事であり、その経験と議論から得られた含意は多くの ELSI 的知見を提供してきた。

　その後、ヒトゲノム計画を契機とした ELSI という言葉の登場とともに、科学技術をめぐる倫理的・社会的側面の研究は、以前よりも大きなファンディングをベースとした研究プログラムとしての性格を帯びていくこととなった。ヒトゲノム計画をはじめとする大型プロジェクトのなかで、予算の 3 〜 5 ％を ELSI の研究に充てる研究プログラムが登場したことがその契機となった。例えば、ヒトゲノム計画における ELSI プログラムでは以下の目的が設定された（小林ほか 2007; 吉澤 2013; 武藤 2015）。

- ヒトゲノムの解読が個人や社会にとってどのような意味をもつのかを予測する。
- ヒトゲノムの解読がもたらす倫理的・法的・社会的な影響を検討する。
- これらの問題に関する社会的議論を促進する。
- 個人や社会のための情報発信の方策を検討する。

　その後、遺伝子組換え生物（Genetically Modified Organisms: GMO）をめぐる社会的議論の経験などもふまえ、生命科学のみならずナノテクノロジー、人工知能、合成生物学などをはじめとした萌芽的科学技術の各分野において研究開発の初期段階から ELSI について幅広く検討する機運が高まっていくこととなった。「科学技術ガバナンス」の観点からは、科学技術をめぐる ELSI や構造的課題を可能な限り早い段階から分析しながら、社会との間で論点の共有と議論を行い、その幅広いインパクトを含めて社会のなかに適切に位置づけていく道筋を探求していくことが肝要となる（城山 2007, 2018）。

　このような背景をふまえながら、本章では、具体的事例として幹細胞・再

生医療研究分野の ELSI に関する議論を中心にみていくことで、科学技術を
めぐる ELSI 的関心とその議論の一端を素描していく。

2　幹細胞・再生医療研究の事例からみる ELSI 的関心

　幹細胞・再生医療研究分野では、これまでに多くの ELSI が議論されてき
た。1998 年にアメリカのトムソンらによって樹立・発表されたヒト胚性幹
細胞（Embryonic Stem Cell: ES 細胞）では（Thomson et al. 1998）、その研究
の過程において女性からの卵子提供あるいは不妊治療を経たカップルから提
供された余剰胚などを滅失して使用する必要がある。このヒト胚の使用をめ
ぐり、人になれる可能性をもつ存在を破壊することになるのではないか、ヒ
ト胚は「人の生命の萌芽」として尊重される必要があるのではないかという
倫理的な懸念が提示され、議論が重ねられてきた経緯がある[2]（菱山 2003,
2010）。このようにヒト胚を「人の生命の萌芽」として捉え、その使用にお
ける ELSI 的側面を検討する動きは、何も日本に限ったことではない。その
なかで、ヒト胚をめぐる道徳的地位あるいは道徳的価値などの観点からの議
論、良心や宗教的信条のありようも視野に入れた研究や倫理的議論、あるい
は研究基盤や規制の構築が行われてきた[3]（菱山 2003, 2010; Nisbet 2005; 米本
2006; 渕上 2009; Sleeboom-Faulkner 2008, 2010; 高嶋 2015b; 澤井 2017）。

　また幹細胞・再生医療分野の研究者が集まる国際学会である国際幹細胞学
会（International Society for Stem Cell Research: ISSCR）においても、試

---

(2)　日本国内における議論の経緯の概要などについては、例えば菱山（2003）（2010）を参照の
　　こと。また、2000 年代初期の頃の海外の議論については米本（2006）などもある。
(3)　ヒト ES 細胞をめぐり、米国ブッシュ政権が共和党の大きな支持母体の一つであるキリスト
　　教右派への配慮から、2001 年にアメリカ国内におけるヒト ES 細胞の新規樹立による研究へ
　　のナショナルファンドのとりやめを決定したことは、宗教的価値観をめぐり生じた科学技術政
　　策上の影響事例として興味深いものといえる。ファーマンらは、このブッシュ政権の政策がア
　　メリカの幹細胞研究にどのような（ネガティブな）影響を与えたのかについての検討を行って
　　いる。その結果、この政策介入により、政策介入がなかった場合に比べて 3 ～ 4 割ほど論文生
　　産が低下する影響を受けたという試算結果を提示し、そのなかでも中堅規模の大学がより大き
　　な影響を受けたことを指摘している（逆に大型大学では民間ファンドの導入などにより、その
　　影響が軽減されていた可能性が見出されている）（Furman et al. 2012）。

料提供にともなうインフォームド・コンセントなどの問題、あるいは臨床試
験に関わる安全性の担保、安全性の見当が不十分な体制の国で幹細胞治療を
受けるような「幹細胞ツーリズム」への対応などの課題が論じられ、種々の
ガイドラインや声明が公表されてきた（International Society for Stem Cell
Research 2006, 2008, 2009, 2016）。それらのガイドラインにおける主な論点の例
を表 10-1 に示している。

　加えて、韓国で起きてしまったファン・ウソク事件[4]の教訓などを中心と
して、女性や社会的弱者からの試料提供の問題（ある種の搾取構造）、研究
室内におけるハラスメント、生殖医療への応用がもつ社会的影響、メディア
報道などを媒介とした熱狂（Hype）とそれにともなう倫理問題の周辺化や
ナショナリズムの喚起など、多くの論点が指摘されている[5]（李・裴 2006; T-
H. Kim 2008; L. Kim 2008; Leem & Park. 2008; 渕上 2009; Kamenova & Caulfield 2015;
Shineha 2016; Caufield et al. 2016）。

　このようななかで、日本における幹細胞・再生医療研究をめぐる制度・規
制に関わる当初の議論は、クローン羊ドリーの誕生やヒト ES 細胞の樹立な
どに触発される形で、1990 年代後半から科学技術会議（現・総合科学技術・
イノベーション会議）に設置された生命倫理委員会を中心として展開され、
種々の倫理指針や関連法が整備されてきた。そして 2006 年の京都大学の山
中伸弥教授らのグループによるマウス iPS 細胞（induced Pluripotent Stem
cell: iPS 細胞）、（Takahashi & Yamanaka 2006）、翌 2007 年のヒト iPS 細胞の樹
立というブレークスルーは（Takahashi et al. 2007）、その幹細胞・再生医療研
究をめぐる政策的議論に大きな影響を与えることとなった。こうした流れの
なかで 2003 年から「再生医療の実現化プロジェクト」や、iPS 細胞の登場

（4）　ファン・ウソク事件の概要については第 8 章注 17 を参照のこと。

（5）　韓国のファン・ウソク事件にみるように、卵子やヒト胚の提供にともなう金銭の授受や、ハ
　ラスメントをともなう強制的な試料提供などの問題は避けて通れない。これらの問題は女性や
　社会的弱者からの生体試料の「収奪」に関わるテーマであるが、これらの状況は、例えば生命
　科学の発展にともなう「生－資本」化の議論などと関わる論点である（Rajan 2006=2011;
　Rose 2007=2014）。「生－資本」をめぐる総論的な議論としては、標葉隆馬（2019）を参照の
　こと。

後の 2009 年には「iPS 細胞研究ロードマップ」など、幹細胞・再生医療研究を重点領域とした資金配分と政策的支援、規制の緩和、また臨床応用の実現に向けた安全性確保に関わる法令の整備などが進んでいる（見上 2011; 一家 2014）。これらの動きのなかで主だったものの経緯を表 10-2 にまとめている。このような日本における幹細胞・再生医療研究をめぐる展開について、見上公一は、アメリカのジャザノフとキムが論じる「社会技術的想像」（Sociotechnical Imaginary）の議論を援用しつつ（Jasanoff & Kim 2009）、「社会技術的想像のロックイン」（Imaginary Lock-In）の問題について検討している（Mikami 2015）。見上の議論は、幹細胞研究をめぐる「想像」が社会のなかで特定の方向に固定されていくことで、幹細胞研究をめぐる政策や制度もまた方向性が固定化されていくことを考察するものであり、またそのことによって研究の可能性が逆に狭まることに対して警鐘を鳴らす議論である。

　また 2013 年には「再生医療を国民が迅速かつ安全に受けられるようにするための施策の総合的な推進に関する法律」（再生医療推進法）、「再生医療等の安全性の確保等に関する法律」（再生医療等安全性確保法）、「医薬品、医療機器等の品質、有効性及び安全性の確保等に関する法律」（改正薬事法）という、いわゆる「再生医療三法」が成立し、現在はこの再生医療三法の枠組みのもとで種々の規制が行われている。とりわけ再生医療等安全性確保法により、再生医療は Ⅰ 種〜Ⅲ 種の 3 タイプに分類された形で安全規制・基準・手続きが整備されている点が特徴となっている[6]（一家 2014; 辰井 2014; 辰井ほか 2014; 一家 2017）。

　　　第 Ⅰ 種再生医療等：ES 細胞・iPS 細胞などを用いるヒトに未実施の医
　　　　　　　　　　　　療（高リスク）。特定認定再生医療委員会での審査、
　　　　　　　　　　　　厚生労働大臣への計画提出義務、一定の実施制限期
　　　　　　　　　　　　間、厚生科学審議会からの安全性当についての意見

---

[6]　京都ベテスダ・クリニックでの事件などを背景としている（事件のあらましについては第 6 章注 5 を参照のこと）。またこれらの法律の課題を検討した研究としては、一家（2014）（2017）、辰井（2014）、辰井ほか（2014）などがある。

表 10-1　ISSCR ガイドラインにおける論点例

発行年	主な ISSCR の主要なガイドライン等	主な論点・項目など
2006	ヒト ES 細胞研究の実施に関わるガイドライン（Guidelines for the Conduct of Human Embryonic Stem Cell Research）	・幹細胞研究とその目的の正当性確保、研究行為に関わる信頼と責任の担保、一般の人びととの科学的・医学的エビデンスの情報共有、ヒトの生殖型クローニングの禁止、国際共同研究に関する課題と ISSCR の役割、国際各レベルでの監視体制の構築、倫理基準や実践のコンセンサス形成など制度的対応、ヒト幹細胞の樹立・バンキング・配布に関する各原則づくり、状況に応じた指針の見直しなど留意 ・倫理原則の提示への関心と過去の国際指針の準拠を意識 ⇒ニュルンベルク綱領（1947 年）、ヘルシンキ宣言（1964 年）、ベルモントレポート（1979 年）、国際医科学機構評議（CIOMS）「人を対象とする生物医学研究の国際的倫理指針」（2002 年）、UNESCO「生命倫理と人権に関する世界宣言」（2005 年）
2008	幹細胞の臨床移渡しに関わるガイドライン（Guidelines for the Clinical Translation of Stem Cells）	細胞治療や臨床研究に関する大きな関心の提示がされつつ、以下のような事柄の指摘が新しい視点として付加： ・細胞治療ツーリズムなどの未認可の商業的治療介入に関する問題状況の指摘 ・臨床研究実施者への関連政策・規制の周知、規制担当者との協力 ・幹細胞由来製品の市場化リスクに関する分析 ・リスクに応じた規制と監視の強化 ・ヒト対象研究の倫理委員会による審査 ・インフォームドコンセントの標準化（カバーされるべき基本的事項の提示） ・予期せぬ安全性の問題への関心（リスク、利益相反（Conflict of Interest: COI）の開示、長期影響モニタリング、保険適用範囲の提示など） ・社会正義の観点からの考察、政策形成における市民参加。ISSCR における社会的善の最大化という視点
2016	幹細胞研究と臨床移渡と研究のためのガイドライン（Guidelines for Stem Cell Research and Clinical Translation）	・基本的な倫理原則の提示 ⇒研究公正、研究対象への敬意、情報の透明性、社会正義といった観点の強調 ・患者の福祉が最大目的であることの提示 ・ヒト多能性幹細胞の樹立・バンキング・配布、パンキング、研究モニタリング、安全性、COI、臨床研究、経済性と価値提供への関心、幹細胞研究に依拠した医療イノベーションへの関心、幹細胞研究と価値提供した医療の工夫 ・「コミュニケーション」ならびに「幹細胞研究の標準化」が独立した章として言及されている ⇒幹細胞研究をめぐる表象に対応した、正確でバランスのとれた情報の提示、説明方法の工夫 ⇒幹細胞を用いた研究：医療におけるデザイン・実施・解釈・報告の標準・報告の標準の開発・実装

（出所）International Society for Stem Cell Research (2006) (2008) (2016) より筆者作成。

聴取を行う（場合によって厚生労働大臣からの計画
変更命令が行われる）。
第Ⅱ種再生医療等：体性幹細胞等を用いる現在実施されている医療（中
　　　　　　　　　リスク）。特定認定再生医療委員会での審査、厚生
　　　　　　　　　労働大臣への計画提出義務がある。
第Ⅲ種再生医療等：体細胞の加工などの医療（低リスク）。認定再生医
　　　　　　　　　療委員会での審査が行われ、厚生労働大臣への提供
　　　　　　　　　計画の提出義務がある。

　Ⅰ種〜Ⅲ種のタイプによって違いがあるものの、基本的に再生医療の実施
についての計画提出が義務化されている点が大きな特徴となっている。
　また再生医療推進法では、生命倫理に関して、「再生医療の特性を踏まえ、
生命倫理に配慮しつつ、迅速かつ安全な研究開発及び提供並びに普及の促進
のため、施策の有機的な連携と実効性を伴う総合的な取組が進められるべ
き」などと述べられており、3カ所で「生命倫理への配慮」が言及されてい
る[7]。また再生医療等安全確保法においても、その第1条（目的）において
次のように提示されている[8]。

　　この法律は、再生医療等に用いられる再生医療等技術の安全性の確保及
　び生命倫理への配慮（以下「安全性の確保等」という。）に関する措置
　その他の再生医療等を提供しようとする者が講ずべき措置を明らかにす
　るとともに、特定細胞加工物の製造の許可等の制度を定めること等によ
　り、再生医療等の迅速かつ安全な提供及び普及の促進を図り、もって医
　療の質及び保健衛生の向上に寄与することを目的とする。

---

[7]　https://elaws.e-gov.go.jp/search/elawsSearch/elaws_search/lsg0500/detail?lawId=425AC
　　1000000013（最終アクセス日 2019 年 9 月 18 日）
[8]　https://elaws.e-gov.go.jp/search/elawsSearch/elaws_search/lsg0500/detail?lawId=425AC
　　0000000085　（最終アクセス日 2019 年 9 月 18 日）

表 10-2　幹細胞・再生医療研究に関わる主な法令・指針など

年次	出来事
1997 年	体細胞クローン羊ドリー誕生（イギリス）
1998 年	ヒト ES 細胞樹立（アメリカ）
1999 年	クローン技術による人個体の産生等について（科学技術会議生命倫理委員会） クローン技術による人個体の産生等について（科学技術会議生命倫理委員会）
2000 年	ヒト胚性幹細胞を中心としたヒト胚研究について（科学技術会議生命倫理委員会） ヒト胚性幹細胞を中心としたヒト胚研究に関する基本的考え方（科学技術会議生命倫理委員会） ヒトに関するクローン技術等の規制に関する法律（2014 年改正）
2001 年	ヒト ES 細胞の樹立及び使用に関する指針（文部科学省、2009 年改正）
2003 年	特定胚の取扱いに関する指針（文部科学省、2009 年改正）
2004 年	再生医療の実現化プロジェクト（文部科学省） ヒト胚の取扱いに関する基本的考え方（総合科学技術会議生命倫理専門調査会）
2006 年	マウス iPS 細胞の樹立 ファン・ウソク事件最終報告（ソウル国立大学） ヒト幹細胞を用いる臨床研究に関する指針（厚生労働省、2014 年廃止） ヒト ES 細胞の樹立及び分配に関する指針（文部科学省、2010 年改正）
2007 年	ヒト iPS 細胞の樹立 iPS 細胞（人工多能性幹細胞）研究等の加速に向けた総合戦略（文部科学省、2009 年改訂）
2009 年	iPS 細胞研究ロードマップ（文部科学省） ヒト ES 細胞の使用に関する指針（文部科学省、2010 年改正） 生殖補助医療研究目的でのヒト受精胚の作製・利用の在り方について（文部科学省・厚生労働省） ヒトに関するクローン技術等の規制に関する法律施行規則（文部科学省）
2010 年	ヒト iPS 細胞又はヒト組織幹細胞からの生殖細胞の作成を行う研究（文部科学省、2015 年改正）
2011 年	再生・細胞医療に関する臨床研究から実用化への切れ目ない移行を可能とする制度的枠組について（厚生労働省） 山中伸弥教授 ノーベル医学・生理学賞受賞
2012 年	ヒト ES 細胞使用計画の実施の手引き（文部科学省） 医療イノベーション 5 か年計画（内閣府） 日本再生戦略（内閣府）
2013 年	再生医療を国民に迅速かつ安全に受けられるようにするための施策の総合的な推進に関する法律（再生医療推進法） 再生医療等の安全性の確保等に関する法律（再生医療安全性確保法） 医薬品、医療機器等の品質、有効性及び安全性の確保に関する法律（改正薬事法）
2014 年	ヒト ES 細胞の樹立に関する指針（文部科学省・厚生労働省） ヒト ES 細胞の分配及び使用に関する指針（文部科学省、2015 年改訂） STAP 細胞事件
2015 年	人を対象とする医学系研究に関する倫理指針（文部科学省・厚生労働省） ヒトの幹細胞から作成される生殖細胞を用いたヒト胚の作成について（中間まとめ）（総合科学技術会議生命倫理専門調査会）

（出所）菱山（2003）（2010）；小島（2010）；高嶋（2015b）をもとに筆者加筆・作成。

　ここで「安全性の確保等」という表現にまとめられている点も興味深いが、生命倫理と法律をめぐる関係について、一家綱邦の指摘に注目しておくことにしたい。一家は、再生医療等安全性確保法の目的規定に「生命倫理への配慮」という漠然とした表現しか採用されていないこと、「倫理」に関わりそうな言及テーマがインフォームド・コンセント、個人情報保護、リスク・ベネフィット評価と一般的課題にとどまることに注目し、「立法時点で再生医療がもたらす固有の生命倫理的問題を特定できなかった証左」ではないかと指摘する[9]（一家 2017: 79）。生命倫理的課題をめぐる法的な取り扱いは多くの場合手続論的な議論に集約されていくことも多く、多様な ELSI をめぐる議論とその対応については周辺的な位置づけの議論にとどまってしまっているともいえよう（辰井 2014; 一家 2017）。

3　ヒト動物キメラをめぐる意識の差異からみえる ELSI 的含意

　幹細胞・再生医療研究に関する法的議論では、上述のように倫理的課題に対してある程度関心が払われながらも、インフォームド・コンセント取得をはじめとして手続論的な性格の強いものが中心となっており、その他の多様な ELSI 的課題の具体的な検討はまだまだ周辺的な論点となっている。

　たしかに iPS 細胞の作成そのものでは胚の滅失自体は回避されることから、それにともなう倫理的課題の多くは回避される[10]。しかしながら、このことは日本における幹細胞・再生医療研究、また iPS 細胞研究に関わる「ELSI がない」ことを意味するものではない。むしろ iPS 細胞ならではの ELSI を慎重に検討する必要がある。ここでは、まず幹細胞・再生医療研究領域の

---

(9)　一家は、これまでの生命倫理あるいは生命倫理問題に対する法的な対応では、行政機関のガイドラインによる規制管理である「管理型方式」が最も多用されてきたこと、そして個人の自己決定や自主的活動と医療専門家集団による自治・自己規律による合意形成（インフォーマルな規制方式）である「自治方式」が相補的あるいは対立的に用いられることで、法律によるハードな規制の回避が行われてきたことを論じたうえで、再生医療等安全確保法がもつ立法背景と課題を分析している（一家 2017: 74-75）。

(10)　ES 細胞との比較研究が重要になることなどから、胚をめぐる取り扱いの議論を完全に回避できるかは別である。

ELSI においてよくふれられるヒト動物性集合胚[11]やヒトの臓器をもった動物（ヒト動物キメラ）の作出・利用についての論点を事例としてみていくことにしたい[12]。

　井上悠輔らは、日本再生医療学会による質問紙調査のデータ分析から[13]、再生医療学会員（回答者数 1115 名）と一般モニター（回答者数 2160 名）の間で、ヒト動物キメラの作成に対して異なる態度がみられることを指摘している。再生医療研究に関わる取り組みには、一般モニターの回答でも基本的に好意的な回答者が多い。しかしながら、ヒト動物キメラの作成については非常に慎重な態度がみえる（Inoue et al. 2016）。

　まず人間の臓器をもつ動物をつくりだすことについての意見は図 10-1 のようになった。一般モニターでは「許される」が 6.4%、「生物の種類によっては許される」が 16.2%、「許されるべきではない」が 49.0%、「わからない」が 28.4% となった。一方で、再生医療学会員では「許される」が 29.9%、「生物の種類によっては許される」が 25.5%、「許されるべきではない」が 30.2%、「わからない」が 14.4% となった[14]。

　また「人間の臓器をもつ動物をつくりだすことにあなたの細胞を用いること」への質問を行った結果は、一般モニターでは「かまわない」が 9.6%、「生物の種類によってはかまわない」が 11.2%、「使用してほしくない」が

---

[11]　動物性集合胚は、動物の胚にヒトの細胞を注入したものであり、ヒト動物キメラはその胚が発生し固体となったものである。現在では審査のうえで基礎研究目的でのヒト動物性集合胚の作成が可能となっているが、その胚を動物の子宮に移植することは禁止されている。将来的な移植用臓器の作成などが目指されているが、それ以外に臓器形成の発生生物学的知見の獲得、多能性幹細胞の分化能検討、疾患メカニズム解明、創薬などの活用が期待されている。

[12]　キメラ動物に関する話題ではないものの、実験動物や野生動物などをはじめとする「動物」をめぐる政策的状況について概観するうえでは、打越（2016）が詳しい。

[13]　この日本再生医療学会の調査については第 6 章で詳述している。そこでも述べたように、この調査で筆者は、その設計・分析・執筆に参加した。

[14]　なお、この質問で「許される」あるいは「生物の種類によっては許される」と回答した人を対象として、つくりだすことが許されないと思う人間の臓器をもつ動物の種類について質問した結果、研究者回答では、サルにおいて問題を感じる傾向が他種よりもやや強いことに比べて、一般モニター回答では生物種による忌避感の違いが不明瞭であった（ただし、ウシについては忌避回答がやや少ない）。また海外においても、さまざまな動物種によるヒト動物キメラの作成と活用が検討されているが、同時に ELSI や動物の福祉の観点も含めた検討がなされている（The Academy of Medical Science 2011）。

図 10-1　人間の臓器をもつ動物をつくりだすことについての意見
（出所）　Inoue et al.（2016）

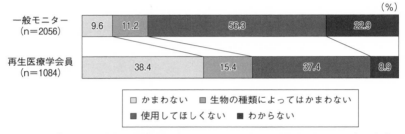

図 10-2　「人間の臓器をもつ動物をつくりだすことにあなたの細胞を用いること」の意識
（出所）　Inoue et al.（2016）

56.3％、「わからない」が 22.9％となった。一方で、再生医療学会員では「かまわない」が 38.4％、「生物の種類によってはかまわない」が 15.4％、「使用してほしくない」が 37.4％、「わからない」が 8.9％となった（図 10-2）。

　また「人間の臓器をもつ動物をつくりだすことにあなたの細胞を用いること」への質問において、「かまわない」あるいは「生物の種類によってはかまわない」と回答した人を対象として、自身の細胞を有する動物の取り扱われ方についての関心について質問した。その結果、一般モニターならびに研究者双方において、「関心はあるが管理者（研究者）の判断に任せる」あるいは「事前に用途を知りたい／事前に知らせてもらって可否を判断したい」と回答する層が多かった（図 10-3）。

　これらの結果は、一般の人びとが再生医療研究に好意的だとしても、その使い方（今回についてはヒト動物キメラの作成）によっては、研究者とは異

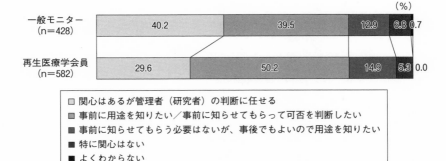

図 10-3 自身の細胞を有するヒト動物キメラの取り扱われ方についての関心
（図 10-2 の質問において、「使用してもらってもかまわない」／「生物の種類によっては、使用
してもらってもかまわない」と回答をした者が対象）
（出所）Inoue et al.（2016）

なった慎重あるいは忌避的な反応を示す可能性があることを示唆する。また
ヒト動物キメラに対する関心の内実は多様であり、自身の細胞の使用に許容
的である層においてもその細胞の用途について関心をもっていることは重要
な点であろう[15]（Inoue et al. 2016）。

---

[15] このヒト動物キメラをめぐる意識調査の追加分析では、一般モニターにおける回答者属性と
「人間の臓器をもつ動物をつくりだすこと」への意識の間の関連性についての検討が行われて
いる。その結果、この調査で得られたデータセットにおいて、理系専攻、あるいは大学・大学
院卒の回答者層はヒト動物キメラに相対的に許容的である可能性が見出されているものの（こ
の点については、澤井努らの研究でも類似の結果が示唆されている：Sawai et al 2017）、「人
間の臓器をもつ動物をつくりだすこと」への意識・教育歴・専攻分野を対象とした 3 重クロス
集計において、教育歴あるいは専攻分野で統制をかけた場合に有意差が消失することが見出さ
れている。このことは、大学・大学院卒業や理系専攻の回答者が、そうではない回答者層に比
べて相対的に「許される・条件付きで許される」回答が多かったということを示す結果である
と同時に、その内実はそう単純に解釈できるものではないことも含意している（標葉ほか
2017）。なおこれらに関連する議論を粥川（2018）も行っている。また第 4 章で検討した事柄
であるが、バイオテクノロジーをめぐる受容や肯定感については、知識量（あるいは教育歴）
と新規技術への肯定度や受容度との関係性が複雑であること、あるいは価値観など他の要因の
効果のほうが大きいことなどがこれまでにも示唆されており（Midden et al. 2002; Allum et al.
2002; Sturgis & Allum 2004; Jasanoff 2005; 永田・日比野 2008; Drummond & Fischhoff 2017）、
そういった先行研究の結果をふまえた今後のさらなる検討が必要である。また異なる動物間で
細胞や臓器の移植を行う異種間移植（Xenotransplantation）については、過去に欧州におい
て行われた調査においても一般の人びとの強い忌避感を引き起こすことが見出されている
（Midden et al. 2002）。

　また井上らの論文でデータを使用した日本再生医療学会の質問票では、ヒト動物キメラについての質問でその技術に関する説明は簡単なものであった。一方、澤井努らは、ヒトとブタのキメラ動物作成を事例としてその研究段階に応じたメカニズムや目的などに関する絵を用いた説明をつけ、その説明をみたうえで回答を求める形式のインターネット質問紙調査を 2016 年に行い、一般モニター 520 名からの回答を得ている。その結果、60％を超える回答者がヒト−豚キメラの作成とその研究に対して許容するという回答をしている（Sawai et al. 2017）。

　この澤井らの結果からは二つの含意を引き出すことができる。一つは、情報の共有により、ヒト動物キメラへの懸念や忌避感がある程度解消される可能性である（ただし、澤井らの調査では井上らのものと異なり、「わからない」という回答項目がない。これらの調査項目の差異によって一般モニターの回答傾向に差異がある可能性に留意する必要がある）。もう一つは、ある程度の説明を付与したとしても、ヒト動物キメラの産出については忌避感をもち続ける層が一定程度いるということである。

　これらの先行研究をふまえるならば、情報の共有によりヒト動物キメラの作成への試料使用に関して一定程度の許容が得られる可能性があるものの、一般の人びとの忌避感ならびに研究者との意識の差が意味することについては慎重に検討する必要があると考えられる。提供された試料を使う側にとっては、一度の同意でさまざまな研究にサンプルが使用できる「包括同意」の形などが望ましいと思われるかもしれない。だが、ここまでに示された一般の人びとと研究者側の意識の差異を慎重に考えるのであれば、用途によって細胞などの試料の提供・使用に関する許諾の可否が変わってくる可能性がある。同意撤回による試料使用をめぐる混乱などを考えるならば、研究を進める側にとっても「包括同意」がもつ問題点を無視することは難しい。

　あらかじめ用途や使用者について知らされることを望む提供者の感情・意思を尊重するならば、例えば以下のような方策を政策・制度的にも検討していく必要がある。

表 10-3　さまざまな分類

同意の種類	概要
再同意（Re-consent）	目前の用途に加え、将来の用途などについても個別に情報提供し、また同意を取得する。
推定同意（Presumed Consent）	オプトアウト（選択的な離脱）が表明されない限り、研究利用への同意があるものとみなす。
一般同意、包括同意（General-/Open-/Generic-/Blanket Consent）	目前の用途および将来のすべての用途に関する同意をまとめて表明するもの。
広い同意（Broad Consent）	目前の用途および将来の用途（がん、糖尿病、心疾患などの特定の領域全体）に関する同意をまとめて表明するもの。「一般同意」などと混乱があり、区分は不明瞭。
層別同意（Tiered-/Line Item-/Multilayered Consent）	目前の用途への同意表明に加え、将来用途についての条件設定ができるもの（例：商業活動への転用は認めない）。
委任（Delegated Trustee）	将来の用途について、研究活動に中立の特定のものに判断を委ねる。
第三者の監督（Third Party Oversight）	提供者がまとめて同意した場合においても、実際の研究利用の際に倫理委員会による承認を必要とするもの。

（出所）　井上（2019: 159）

- 研究の進展、新しい実験計画などが生じた場合の継続的な情報発信
- 用途別などで区分した同意である「層別同意」の制度実装など、さまざまな形の「同意」をめぐる議論を精緻化・制度化[16]（井上 2019）
- 同意撤回のハードル低減（同意撤回文書の雛形を国が準備するなど）
- 提供者にとって簡便で、かつ研究での試料使用の混乱を防ぐようなオプトアウト（選択的離脱）の方式の構築

これらの論点のなかで、例えば、さまざまな同意のスキームに関する議論が国内外で進みつつあり（表 10-3）。これらの議論の含意を制度に組み込んでいくことの検討などは幹細胞・再生医療研究に関する今後の ELSI をめぐる政策的課題の一つといえる。

---

(16)　ヒト試料を用いる科学研究における同意の問題については井上（2019）に詳しい。あわせて参照されたい。

4　卵子・胚・胎児をめぐる生命倫理的観点

　生命科学をめぐる ELSI では、細胞やゲノム情報などの「資本」あるいは「資源」的性格に多くの関心が払われてきた。例えば、韓国のファン・ウソク事件において実験試料となる卵子の売買や搾取の構造が問題となったように、試料の倫理的側面は慎重な議論を要するものがある。実際、卵子[17]・胚・胎児をめぐるその位置づけや資本化は、近年の生命倫理分野における重要なテーマとなっている。限られた範囲のものではあるが、それらの議論の一部を紹介しておきたい。

　柘植あづみは、卵子・余剰胚・死亡胎児が「棄てられるもの」という認識の共有を背景として資源化が進むこと、卵子・胚・胎児をとりまく提供者の情動は決して一様ではないこと、そしてこれらの資源化によって利益を受けるものとリスクを受けるものとの差異を見過ごすべきではないことを強調する[18]。そして女性の身体と生殖に対して、生殖補助技術によってどのように特定の社会的価値と政治性が付与されていくのかについての検討を試みている（柘植 2012）。

　ここで胎児をめぐる議論に絞り、小門穂による興味深い指摘をみておくことにしたい。小門は、横浜の産婦人科クリニックにおいて中絶胎児が一般廃棄物として棄てられていた事件にふれつつ、死亡胎児をめぐる法的取り扱いが、とりわけ妊娠期間 12 週未満の場合にその処置が都道府県ごとの条例に依拠するものとなっており、国レベルでの法的取り決めがないことを指摘している。自治体によって、死亡胎児や胞衣[19]の取り扱いは条例の有無を含めてケース・バイ・ケースとなっており、胞衣業者に関する条例のなかで 12 週未満の胎児に関する規定がある場合、斎場条例において 12 歳未満の胎児

⒄　体細胞核移植研究が卵子をめぐる市場へ与える影響、女性や弱者へのリスクの偏りにおける生‐経済の問題については、キャサリン・ワルドビーの研究などがある（Waldby 2008）。

⒅　柘植（2012）は、幹細胞・再生医療研究をめぐる「期待」という駆動原理に対する注目と批判的考察を促している。

⒆　胎児を包んだ膜と胎盤。胞衣についての文献として、中村（1999）などがある。

の火葬が規定されている場合、感染性廃棄物として他の医療廃棄物と一緒に処理される場合があるなど、（先端医療において資源としてもみられる）胎児をめぐる曖昧な状況の存在が見出されている（小門 2006）。

　また山本由美子は、2015 年に発表した『死産児になる──フランスから読み解く「死にゆく胎児」と生命倫理』（山本 2015）において、日本とフランス[20] の文脈を比較考証しつつ、「死産児」について次の 3 点をまず指摘している。

　　①死産児という枠組みのなかには、生きて生み出された娩出児がさまざまな事情や経緯のもと、死んだものとして包含されている。
　　②そうして生きて生み出された娩出児は、「死んで生まれた胎児」や「出生しなかった──出生届を行うに相応しいとみなされなかった──胎児」に置き換えられ、医学的または法的な死産児へと包括されていく。
　　③生きている娩出児をいわゆる死産児へとカテゴライズすることにより、娩出児が死産児になるまでのさまざまな背景も抹消される。

そして、「これらの機能を不可視化させるのが、既存のいわゆる死産児という枠組みである」と山本は指摘する（山本 2015: 20-21）。山本の議論の主眼は「死産児」が形成されていく構図とその背景にあるさまざまな事情が抹消されていく政治性を読みとることにあり、生命倫理学の議論のなかで「死産児」あるいは「死にゆく胎児」に関する視点が欠落しているという問題を提起している。この山本の「死産児」そして「死にゆく胎児」という枠組みは、生殖細胞や胎児・胚をめぐる生命倫理学的議論において有用な視座を与えるものである。

　またヒト幹細胞からの生殖細胞の誘導に関わる論点についても注目しておきたい。本書の執筆時点では、ヒト幹細胞からの生殖細胞誘導はあくまで基

---

(20)　なおフランスの生命倫理法における生殖医療をめぐる構造と論点の見取り図としては、小門（2015）をあわせて参照されたい。

礎研究の段階にある[21]。また現在の指針では、幹細胞からの生殖細胞の誘導までは許容されているものの、倫理審査を含めて研究の実施にはハードルが設定されており、作成された配偶子を受精させることは禁止されている。ヒトiPS細胞の登場移行、幹細胞からの生殖細胞誘導に関わる規制は緩和傾向にあるものの、少なくとも現時点においては、幹細胞から生殖細胞が容易に生産できるような状況は夢物語であり、あるいはかなり楽観的にみても大分先の話でしかないことに留意が必要である。

　しかしながら、将来的に研究が進展し、また幹細胞由来の生殖細胞の性能が実証されるようになった場合、またそうやって誘導された配偶子から胚を作成することが可能となった場合、ヒト幹細胞由来の胚の位置づけをめぐる検討が必要となると考えられる（金森 2010; Ishii et al. 2013; 澤井 2017）。あえて想像力を逞しくするならば、もし仮にヒト幹細胞から生殖細胞が「大量生産」できるようになった場合、ヒト幹細胞由来の生殖細胞やヒト胚は、現状における受精卵や卵子などと同様に「人の生命の萌芽」としての取り扱いを受けることができるのだろうか。そのとき、実際の規制においてはどのように位置づけられ、また取り扱われることが望ましいのだろうか。あるいは現状の規定の根本となっている「人の生命の萌芽」という考え方自体が変化していくのだろうか。これらの論点について、研究の進展をすばやく捉えながら、将来的に生じうる議題の候補として、早い段階からの検討と幅広い議論が求められる。

---

[21]　本書執筆時点において、ヒト幹細胞からの生殖誘導研究は、「ヒトiPS細胞又はヒト組織幹細胞からの生殖細胞の作成を行う研究に関する指針」により精子ならびに卵子の誘導までは容認されており、京都大学の研究チームなどによる研究が進められている。iPS細胞からの生殖細胞誘導については、マウスレベルでは2011年時点ですでにiPS細胞由来の生殖細胞から子マウスが生まれており、さらにはその子マウスも生殖に成功したという結果が論文化されている（Hayashi et al. 2011）。また2015年にはヒトiPS細胞から始源生殖細胞様の細胞の誘導に成功している（Sasaki et al. 2015）。そして2018年に、ヒトiPS細胞由来卵原細胞の産生に関する論文が発表された（Yamashiro et al. 2018）。また、ヒト胚に対するゲノム編集技術の適用について、日本国内での意識調査なども行われつつある。例として、Uchiyama et al. (2018) がある。

5　ELSI から RRI へ

　ELSI という言葉の登場から時間を経て、関連する研究者の取り組みもま
た変化しようとしている。ELSI に関わる協働、そして萌芽的科学技術をめ
ぐる早期からの議論の取り組みは、GMO をめぐる社会的議論の経験を経て、
ナノテクノロジーや合成生物学におけるより上流からの ELSI の検討へとつ
ながっている（e.g. Marris et al. 2014; Marris 2015; Balmer et al. 2015）。このような
状況をふまえつつ、バルマーらは、「ポスト ELSI」という表現を使いなが
ら、これまでの ELSI 研究・実践から引き出される教訓と今後のアジェンダ
として、人文・社会科学者の役割も強調しながら、以下のような事柄を指摘
している（Balmer et al. 2016）。

　　1．科学者やエンジニアと人文・社会科学者の協働経験（Collaborative
　　　　Experimentation）。
　　2．冒険（Taking Risk）：人文・社会科学者がさまざまな役割を担う必
　　　　要がある。それは一種の冒険である（時間もエフォートもかかる）。
　　3．協働的省察（Collaborative Reflexivity）。
　　4．共有されていない目標についての議論が開かれること（Opening-
　　　　up Discussions of Unshared Goals）：科学者・エンジニアにとっての
　　　　優先的な目標と人文・社会科学者にとっての優先的目標の違いをオー
　　　　プンに議論することが継続的な協働をむしろ可能にする。
　　5．隣人性（Neibourliness）：権力との距離感、脆弱性や近接性に関す
　　　　る問題であり、（同床異夢を含めた）共同実践における倫理をめぐる
　　　　問いに関わる。各領域の専門性の違いに対する敬意が重要となる。

これらのアジェンダは、今後の ELSI 研究において、人文・社会科学研究者
と科学者・エンジニアがより積極的に「知識の共生産者」になっていくこと
が重要であり、それをどのように実現するのかという問いである（Balmer et

al. 2015)。そのためには平時からのコミュニケーションと協働体制の構築、政策的・制度的な支援基盤の形成、協働とその成果（必ずしも論文のような形でのアウトプットとは限らない）を評価するシステム形成などが課題となる（第Ⅰ部の議論をあわせて参照されたい）。

　またこのような萌芽的科学技術をめぐる ELSI への関心の高まりと並行して、テクノロジーアセスメントのあり方についての議論もまた変容してきたことも指摘しておく必要がある。テクノロジーアセスメント（TA）に関する議論や研究は、日本国内においては 1970 年代に当時の科学技術庁を中心としてはじめられ、その後は民間企業を中心に取り組まれてきた。その後、GMO をはじめとしたバイオテクノロジーへの社会的関心の高まりなどから、参加型テクノロジーアセスメント（Participatory Technology Assessment）とも呼ばれるような社会的関心の学習・可視化のプロセスへと世界的に展開が進んでいく。科学的安全性に焦点を絞るのではなく、社会的・経済的・政治的影響まで、科学技術がもたらす幅広いインパクトをどのように捉え、それをいかに早期に抽出するかへと関心がシフトしていった（吉澤 2013）。しかしながら、ELSI にアプローチするようなテクノロジーアセスメント体制の構築は、その制度的基盤の脆弱性や人材育成の問題から日本においてまだ根付いているとはいえない（城山ほか 2010, 2011; 城山 2018）。これらの ELSI 研究や協働実践、あるいは種々のテクノロジーアセスメントの取り組みは、近年では「責任ある研究・イノベーション」（Responsible Research & Innovation: RRI）をめぐる議論として展開されつつあり、日本においてもその知見の検討と今後の議論への反映が期待される（RRI に関わる議論の詳細は第 11 章にて紹介・検討する）。

──【コラム 7】生命の市場化──────────────

　遺伝情報や細胞が市場的価値をもつものとの認識が広がり、知的財産権をめぐる制度が整えられていくのと平行して、もはや古典的な議論ともいえる「人体の

市場化」もまた、臓器レベルだけでなく、細胞レベルの生体試料までを対象としてその領域を拡大していっている。バイオテクノロジーの進歩とともに「生」そのものが資本として価値づけされるようになってきたことの背景として、1970 年代から 90 年代のアメリカにおけるバイオテクノロジー関連のプロパテント政策（特許重視政策）について、ここで簡単に押さえておく[i]。

　1971 年のニクソン政権下で成立した「国家がん法」（National Cancer Act of 1971）に代表されるように、1970 年代に入る頃には、アメリカの科学技術投資は NASA を中心とする宇宙開発部門から、米国国立衛生研究所（National Institution of Health: NIH）を中心としたバイオテクノロジー研究への投資へと色合いを変えていった。そのようななかで、次第に「生物」を特許の対象とするための議論、あるいは法廷闘争が活発化していくことになる。

　1972 年の「石油分解バクテリア」特許の申請とその認定をめぐる法廷闘争（ダイアモンド・チャクラバティ裁判：Diamond v. Chakrabarty 裁判）は、1970 年代初頭における特筆すべき出来事である。また 1974 年には遺伝子組換え技術の生みの親であるスタンリー・コーエン（Stanley Cohen）とハーバード・ボイヤー（Herbert Boyer）が遺伝子組換え技術の特許申請を行っている。ダイアモンド・チャクラバティ裁判では、1980 年に連邦最高裁判決により石油分解バクテリアの特許が認められ、同年コーエンらの特許も認められた。そして 1984 年には、ヘアリー細胞白血病患者であるムーア（Moore）の脾臓細胞株（ムーア細胞）の所有権争いに関して、カリフォルニア大学ロサンゼルス校のムーア細胞特許が認められている。そして 1990 年には、カリフォルニア州最高裁によりムーア細胞株に関して個人の所有権が否定される判決が下された。この判決は、ムーア細胞の特許におけるインフォームド・コンセントの不備について認めているものの、バイオテクノロジー推進、経済的メリット、所有の概念など、いろいろな思惑の交錯した結果であった（Andrews & Nelkin 2001=2002）。この間、1984 年に申請された遺伝子組換えマウスの特許は 1988 年に認可され、1985 年には遺伝子組換えトウモロコシの特許も認可されている。

　このような展開を後押ししたものが、「バイ・ドール法」や「スティーブン・ワイドラー技術革新法」といった法律群であった（第 1 章も参照のこと）。これらにより、政府帰属とされていた大学における研究発の特許の所属権が大学や研究者に帰属する余地が認められるとともに、連邦政府機関の研究者と民間企業との協働研究や技術移転における制度が整えられ、大学から産業への技術移転促進の基盤整備が大きく進むこととなった。

　そして 1986 年、レーガン政権において『ヤング・レポート』(*Global Competition The New Reality: Young Report*) が発表され、その提言に沿う形で IT 産業とバイオ分野での積極的投資と知的財産権の優先的保護が行われていくこととなった。また 1991 年には、『米国バイオテクノロジー政策に関する報告書』(*Report on National Biotechnology Policy*) が発表され、また植物育種者権条約改正が行われ、バイオテクノロジー振興政策がより強化・明確化されていくこととなる。

　その後、このアメリカにおける動きは、1994 年の「知的所有権の貿易関連の側面に関する協定」(Agreement on Trade-Related Aspects of Intellectual Property Rights: TRIPS 協定) や「衛生植物検疫措置の適用に関する協定」(Agreement on Sanitary and Phytosanitary Measures: SPS 協定) など、バイオテクノロジーや生物資源の貿易に関係する重要な国際的協定の成立へと発展し、これらを基盤とした 1995 年の世界貿易機関 (World Trade Organization: WTO) の発足など、国際的な流れとして確立していく。

　こうした一連の動きの以前には、生物（あるいは生物体組織）そのものは自然の一部であると考えられ、人工物としての特許が認められていなかったという点は見過ごすべきではないだろう[ii]。このプロパテント政策の進行のなかで、「生」をとりまく特許のあり方が非常に大きく変化したのである[iii]。

[i]　関連する議論の例として上山 (2010) がある。
[ii]　植物育種の知的財産権をめぐるロビー活動自体は、19 世紀後半から展開されている (Kevles 2007)。
[iii]　アメリカにおけるバイオベンチャーと特許の関係性、また特許をベースとしたビジネスの課題についての分析例として、ゲイリー・P・ピサノによる著作などが参考となる (Pisano 2006=2008)。

──【コラム 8】「生 - 資本」論──

　生命科学に注目する一連の人文・社会科学的研究では、資本主義とバイオテクノロジーの現代的接合、とりわけゲノム科学、幹細胞、そして生殖補助医療技術が急速に進む時代に「生」がどのように市場のダイナミクスのなかに取り込まれてきたのかについての議論が重ねられてきた。これらの議論は、生 - 価値、遺伝的資本、ゲノム学的資本、剰余としての生、生 - 経済、生 - 資本などのさまざまな概念を提案してきた。それらはおおよそフーコーのいう「生政治」や「生権力」

の対象がいまや個人単位ではなく、細胞、分子、ゲノム、遺伝子までに広がって
きたことを分析するものであった（Helmreich 2008）。この生 – 資本に関する代表
的な議論としては、カウシック・サンダー・ラジャンによる『バイオキャピタル
──ポストゲノム時代の資本主義』（Rajan 2006=2011）ならびに『製薬政治──グ
ローバル時代の生物医学における価値、政治、知識』（Rajan 2017）、ニコラス・ロ
ーズの『生そのものの政治学──二十一世紀の生物医学・権力・主体性』（Rose
2007=2014）、そしてメリンダ・クーパーによる『剰余としての生命──新自由主義
時代のバイオテクノロジーと資本主義』（Cooper 2008）などがある。

　これらの議論は、1970 年代以降のバイオテクノロジーの急速な発展ならびに
1980 年代に展開されていったプロパテント政策を背景とした「生」に対する経済
的価値の付与と市場整備、そしてその背景にある「語り」の効果や政治性に注目
するものといえる[i]（これらの議論の整理については、例えば標葉隆馬 2019; 廣野 2019
などを参照されたい）。

---

　[i]　本コラムは標葉隆馬（2019）がもととなっている。なお、先端科学技術を駆動する「期待」
　　に注目した日本の分析として、山口富子は、期待の社会学の観点を補助線としながら、日本に
　　おけるバイオテクノロジー研究を駆動する「期待」の「語り」に注目している（山口 2019）。
　　また鈴木和歌奈も科学技術において希望や期待が果たす役割に関する先行研究をまとめたレビ
　　ュー論文を発表している（鈴木 2013）。

第11章

責任ある研究・イノベーション（RRI）
という実験

　本章では、「責任ある研究・イノベーション」（RRI）に関する議論を検討する。RRI は、「現在における科学とイノベーションの集合的な管理を通じた未来に対するケアを意味する」とされ、プロセスの正統性・妥当性・透明性の向上、応答責任の所在の明確化、倫理的な受容可能性の向上、社会的要請への応答、潜在的危機への洞察の深化を目指す試みである。現在では、欧州のホライズン 2020 の基幹プログラムの一つである「社会とともにある／社会のための科学」プログラムの中心的概念として位置づけられ、議論が進みつつある。

　RRI の議論は、遺伝子組換えをめぐる社会的議論の反省を背景としつつ、ナノテクノロジーや合成生物学分野において先行してきた。その議論の展開と背景を確認しつつ、RRI の取り組みに関する評価や、RRI 教育プログラムの構築、研究者コミュニティにおける関連テーマの議論状況についてみていくことにしたい。

1　責任ある研究・イノベーション（RRI）

　欧州委員会における科学技術政策に関する議論において「責任ある研究・イノベーション」（Responsible Research and Innovation: RRI）という考え方が、2011 年以降繰り返し強調されてきた（von Schomberg 2011; EU Commission 2011b）。2014 年から開始された欧州委員会の科学技術政策枠組みであるホライズン 2020 では、基幹プログラムの一つとして「社会とともにある／社会のための科学」（Science with and for Society）プログラムが設

定され、そのなかで RRI は中心的概念として位置づけられている。ホライズン 2020 では、この RRI の政策的な意味づけとして以下のものを構成要素に挙げている[1]。

- 科学技術研究やイノベーションへのより幅広いアクターの参加
- 科学技術の成果（知識）へのアクセシビリティ向上
- さまざまな研究プロセスや活動におけるジェンダー平等の担保
- 倫理的課題の考慮
- さまざまな場面での科学教育の推進

RRI をめぐる議論では「先見性」（Anticipation）・「省察性」（Reflexivity）・「包摂」（Inclusion）・「応答可能性」（Responsiveness）などの要素を軸として、理論的枠組みの検討が進みつつある[2]（Stilgoe et al. 2013）。そしてウィクソンとカレーは、RRI をめぐる議論は四つの主題が中心であるとまとめている（Wickson and Carew 2014: 255）。

①顕著な社会経済的な要請と挑戦に取り組むことへの注目
②実質的でよりよい意思決定と相互学習のための幅広い利害関係者の積極的な引き込み
③可能性のある問題の予測、適切な代替手段の調査、潜在的な価値・前提・信念の反映についての献身的な試み
④すべての参加者がこれらの考え方に応じて活動し、また適応的にふるまうという意思

RRI に関する基本的なアイディアや議論をおおまかにまとめるならば、RRI とは幅広いアクターの問題意識や価値観を包摂し、相互に応答しながら、プロセス自体も省察をともない、得られた課題や反省のフィードバックをふ

---

(1) https://ec.europa.eu/programmes/horizon2020/en/h2020-section/science-and-society（最終アクセス日 2019 年 8 月 15 日）

まえてイノベーションを進めることを志向するものであると概括することができる。そのような相互作用的なプロセスの正統性・妥当性・透明性の向上により、応答責任の所在の明確化、倫理的な受容可能性、社会的要請への応答、潜在的危機への洞察深化などが進展することが目指される（von Schomberg 2011; Owen et al. 2012; Stilgoe et al. 2013）。そのため、RRI は社会的なイノベーションの一つであると考えられており（Rip 2014）、「RRI は、現在における科学とイノベーションの集合的な管理を通じた未来に対するケアを意味する」（Stilgoe et al. 2013: 1570）と表現されている[3]。

---

(2)　ジェンダー平等に関連する事柄としては、アメリカのマサチューセッツ工科大学（Massachusetts Institute of Technology: MIT）における女性教員をめぐる調査報告と状況改善の取り組み事例が有名である。MIT が学内の女性教員や女性研究者などを対象としてこれまでに継続的に行ってきた調査から、学部、大学院、ポスドク、教員とキャリアが進むにつれて、女性比率が大きく下落することや、待遇の差異、女性教員における疎外感や孤立感の問題、家庭内におけるジェンダー役割の差異による負担などが明らかとされてきた（MIT 1999, 2002, 2011）。これらの結果を受け、機会や雇用条件の均等化や積極的なアファーマティブアクション（差別などによる社会的な不利に対する積極的な格差是正措置。例えば大学などにおける研究者雇用の場合、性別による不均衡を是正するため、多くは同等の研究業績・能力がある際に女性研究者を優先的に採用するなどの方法がとられる）とヘッドハンティング、出産・育児の支援をはじめとした対策がとられ、その状況は少しずつであるが改善がみられると報告されている（MIT 2011）。MIT によるこの長期的な取り組みは、女性教員や女性研究者をめぐる構造的な問題や差別について、多くの示唆を与えるものである。MIT による改善の努力の重要性は疑いがない。だが、MIT の一連のレポートは、MIT という一つの組織の取り組みだけでは女性研究者をめぐる問題構造の改善には十分ではなく、研究者コミュニティ全体としての働きかけが重要であることを示唆している。なお海外における女性の大学教員・研究者をめぐる状況については、例えば、Kahn & Ginther（2017）によるアメリカの調査事例、犬塚（2017）によるカナダの事例研究などがある。

　また、日本国内のものとして、『科学技術社会論研究』第 7 号が「女性と科学技術」を特集している。加えて、女子学生の理工系進路選択に関する親の影響についての調査例として、Ikkatai et al.（2019）がある。女性研究者が差別的取り扱いを受け、低く評価されてしまう現象（マチルダ効果）についての近年の実証研究として、例えば Lincoln et al.（2012）や Moss-Racusin et al.（2012）がある。なお、科学論の観点からの科学とジェンダー不平等に関する比較的最近の総説として Fox et al.（2017）も参考となる。

(3)　RRI の考え方を受け、研究評価においてもまた「責任ある研究評価・測定」（Responsible Metrics）の必要性が指摘されている。これらの議論では、イノベーションプロセスへの関与者の多様性を確保しつつ、研究開発がもたらす社会的なインパクトや幅広い影響をできる限り予見・測定・考慮することが期待されており、イノベーションの創出プロセスを社会のなかでどのように確立していくかについて繰り返し問い直しつつ研究開発を進めていくことが志向されている（Wilsdon et al. 2015）。また、少し変わった研究例として、欧州の特許制度を RRI 的観点から評価・分析する議論も行われている（Forsberg & Groenendijk 2019）。

2　RRI をめぐる議論

　欧州における RRI をめぐる重要な背景の一つに、遺伝子組換え生物（GMO）とりわけ遺伝子組換え食品（GM 食品）をめぐる社会的議論の混乱に関する教訓がある[4]。GMO に関する早期からの社会的議論、また幅広いアクターの関与による議題の共創に失敗してしまった経験から、合成生物学やナノテクノロジーをめぐる ELSI（倫理的・法的・社会的課題）には早くから関心が向けられてきた。

2.1　合成生物学における RRI 議論事例

　合成生物学の分野では、GMO の教訓を活かす形で研究領域の形成当初から ELSI や政策に関わる議論に関心と注意が払われ、国内外の研究者コミュニティで積極的な議論が行われてきた特徴がある。ハート研究協会（Hart Research Associate）が公表したアメリカにおける意識調査では、「合成生物学」というキーワードの認知自体は年々上昇傾向にあるものの、リスクとベネフィットの関係については慎重あるいは判断保留の態度が示唆されている（Pauwels 2013; Hart Research Associates 2013）。

　このようななかで、これまでに指摘された主な ELSI と科学政策上の論点としては、例えば、潜在的なリスクとベネフィット、コントロール下ではない条件での環境放出のリスク、バイオテロと安全保障問題、特許・知的財産権の扱いと技術貿易に関わる課題、倫理的課題、研究に関わる規制と予防原則の兼ね合い、研究インフラの整備、イノベーション政策のあり方などさま

---

(4)　欧州においても GM 食品の輸入開始などを契機として、その取り扱いについて賛否両面からのさまざまな議論が行われた。しかしながら、それらの議論は、一般消費者における受容と忌避感に関する状況の多様性（また国によってその態度の傾向も異なった）、アクターの間におけるフレーミングの差異、アクター間における相互不信などを背景として、大きな困難をともなうものとなった（e.g. Bauer & Gaskell（eds.）2002, 2006）。その結果、第 4 章でみたイギリスの GM Nation をめぐる議論の経緯と顛末が「GM Nation は遅すぎた」と表現されていることが象徴的であるが、より開かれた議論と情報共有が歓迎されつつも、その分断が解消しきれないものとなった経験への反省がある。

ざまな問題が論じられ、ガバナンスとリスクマネジメントに関わる論点が幅広く議論されてきたといえる。合成生物学をめぐる重要なフレーミングとしては、人工的な生命へのアンビバレントな態度、どのような将来的なシナリオがありうるのかについての知見や理解の不足や、技術の管理責任と情報公開の透明性を通じた社会との信頼関係などの課題が指摘されている[5]（Balmer & Martin 2008; BBSRC, EPSRC 2010; Pauwels 2013; OECD 2014; Marris et al. 2014）。

　またイギリスの事例をみるならば、英国ビジネスイノベーション技能省（Department for Business Innovation and Skills）の要請により、独立専門家パネルによって作成された合成生物学研究に関する提言『イギリスにおける合成生物学ロードマップ』（*A Synthetic Biology Roadmap for the UK*）では、イギリスにおけるこれまでの研究やファンディングスキームがもつ強みを検討しながら、合成生物学研究における RRI の振興をビジョン・テーマの一つとして位置づけている[6]。

　またイギリスでは 2010 年に英国バイオテクノロジー・生物科学リサーチカウンシル（Biotechnology and Biological Sciences Research Council: BBSRC）が『合成生物学をめぐる対話』（*Synthetic Biology Dialogue*）という大規模な対話の取り組みについて報告している（BBSRC & EPSRC 2010）。『合成生物学ロードマップ』でも、『合成生物学をめぐる対話』で得られた知見をふまえつつ、ベネフィットの明確化、幅広いステークホルダーとの協働（その多様な視点の理解を含む）、（GMO の経験とカルタヘナ議定書などの

---

(5)　人文社会科学分野の研究者と合成生物学分野の協働に関わる事例としては、エジンバラ大学やマンチェスター大学の研究者らのグループの活動が挙げられる（e.g. Balmer et al. 2015; Calvert & Schyfter 2017; Szymanski & Calvert 2018; Marris & Calvert 2019）。

(6)　ロードマップ作成の議論に関わった、マリスとカルバートは、その作成プロセスに参加した経験と議論の内容についての検討を行っている。そのなかで、技術発展の予測の難しさと不確実性からくる未来のガバナンスの難しさ、ロードマップ自体がもつパフォーマティビティ（遂行性）や正統性をめぐる問い、そして未来と価値をめぐる規範性が科学的あるいは政策的言説のなかで取りこぼされてしまうリスクなど、議論の過程で発見された問題について記録している。また古典的な欠如モデル的視点を超えて、RRI に関わる視座を議論に入れ込むことについての検討を行っている（Marris & Calvert 2019）。

規制の枠組みを前提としてふまえた）効果的・適切・応答的な規制枠組みによる世界的な社会的・環境的課題や、新規な問題への取り組みが強調されている。なかでも実務者が潜在的な問題と最先端の研究開発に対応した規制の枠組みに関するさまざまな「気づき」の機会を継続的に得るための鍵として、開かれた対話を維持することの重要性が指摘されている点が特徴である[7]（UK Synthetic Biology Roadmap Coordination Group 2013）。このロードマップにおける RRI の議論は、英国工学・物理科学リサーチカウンシル（Engineering and Physical Sciences Research Council: EPSRC）による『責任ある研究・イノベーションフレームワーク[8]』（*Framework for Responsible Innovation*）へとつながっていった（Marris & Calvert 2019）。

　また合成生物学の分野では、当初より教育面において注目すべき事例がみられる。合成生物学の国際学生コンペである iGEM（international Genetically Engineered Machine）では、全員参加の ELSI に関するセッションが行われるなど、積極的な教育と議論の場の構築が試みられてきた。また日本国内においても、「細胞を創る」研究会において ELSI をめぐる議論やセッションが行われてきたことは、重要な先行事例として指摘しておく必要があるだろう[9]。

2.2　ナノテクノロジーにおける RRI 議論事例

　ナノテクノロジーの領域における ELSI と RRI についての展開をみていく

（7）　このロードマップでは、①イギリスの合成生物学研究の資源を傑出したものとして確立するための他分野越境型研究センターネットワークへの投資、②高度な専門性とエネルギーをもつ合成生物学コミュニティの確立とそのための投資、③市場に対応したテクノロジーの加速への投資、④国際的役割を主導すること、⑤リーダーシップ会議の設置、以上五つが主要な提言としてまとめられている。

（8）　ジャック・スティルゴエやリチャード・オーウェンらが参加した EPSRC の『責任ある研究・イノベーションフレームワーク』では、「先見性、省察、参加と行動」ならびに RRI 枠組みに関する「支援」と「期待」が鍵概念として提示されている（e.g. Stilgoe et al 2013; Marris & Calvert 2019）。https://epsrc.ukri.org/research/framework/（最終アクセス 2019 年 4 月 17 日）

（9）　ベッテンらは、iGEM に参加する学生らとの合成生物学研究に関する将来シナリオ作成を通じて、この分野の RRI 的展開を促すツールの検討を行っている（Betten et al. 2018）。

ことにしたい。ナノテクノロジーをめぐる ELSI への関心をプログラムレベルで明示した早期の事例が米国ナノテクノロジーイニシアティブ（National Nanotechnology Initiative: NNI）である。NNI では「責任ある開発」（Responsible Development）が提唱されており、欧州における RRI の議論でも一つの参照点となっている。NNI における「責任ある開発」は、例えば以下のように表現されている。

> ナノテクノロジーの責任ある開発は、テクノロジーのもつポジティブな貢献を最大化し、ネガティブな影響を最小化するための努力の調和として性格づけられる。それゆえ、責任ある開発は、技術の適用と潜在的含意の両方の検証を含むものである。それは、悪影響あるいは意図せぬ結果を予見あるいは緩和するためのすべての責任ある努力がなされたうえで、人類と社会にとって最も差し迫った必要に応える技術を開発し、使用することへの義務を意味する。(National Research Council 2006: 73)

　このような視点のもとで、ナノテクノロジーをめぐる ELSI の把握、適切なリスクアセスメントが重要視され、その後、知識ギャップや規制の必要性の検討、熟議、国際的で多様な関係者の参加、共同責任に関する倫理、テクノロジーデザインに関する規範的原理、人文・社会科学的知見の適切な反映といった論点が提起・展開されていった（Barben et al. 2008）。また、ナノテクノロジーの社会的側面に関わる研究拠点として、NSF（米国国立科学財団）のファンディングのもとで、アリゾナ州立大学とカリフォリニア州立大学サンタバーバラ校に「社会のなかのナノテクノロジー研究センター」（Center for Nanotechnology in Society）が設置されている（Guston 2014）。

　このような NNI に代表される事例と平行して、2000 年代より、ナノテクノロジーのリスクアセスメントに関する良質な事例や手法（ベストプラクティス）の推進や指針策定、産業界・市民との対話の場の設定などが提言されてきた（UNESCO 2006）。また日本においても 2000 年代後半より、ナノテクノロジー利用食品をテーマとした市民対話の試み（ナノトライ）などが積み

重ねられてきた（三上ほか 2009a, 2009b; 三上・高橋 2013）。

　近年では、欧州委員会が『ナノテクノロジー研究情勢における近年の RRI 議論』（*Current RRI in Nano Landscape Report*）と題したレポートを発表している。そこでは、ナノテクノロジーを、生物医学、食品・農業、産業、電気電子、環境、再生エネルギー、繊維、物質・材料など多様な領域のイノベーションの鍵となるコア領域の一つとして位置づけたうえで、ナノテクノロジーの RRI における基本的な論点を整理している。そのなかには、研究公正や研究倫理、研究プロセスの透明性確保、多様なアクターの参加などの RRI でよく取り上げられる基本的な論点も指摘されているが、社会的文脈に適した知識の共創のあり方や、技術文化の形成、企業の社会的責任（CSR）の取り組みとの関わり、また相反するモラルの問題なども提起されている（EU Commission 2016d）。

　また、ナノ研究開発を止めずに、欧州域内のネガティブな効果を防ぐための方策についての議論もみられる。シュレーダーらは、欧州域内においてもナノテクノロジーの研究を進めやすい国・地域の偏りがあり、そのことでナノ研究が進むことによる欧州域内の経済格差拡大のリスクに注目し、その是正のための試論を展開している[10]（Schroeder et al. 2015）。

2.3　リアルタイム・テクノロジーアセスメントと「先見的ガバナンス」

　前述してきた合成生物学やナノテクノロジーの ELSI 的側面についての社会科学的な議論と平行して、RRI は、「リアルタイム・テクノロジーアセスメント」（Real-Time Technology Assessment: RTTA）と、「先見的ガバナンス」（Anticipatory Governance）という二つの観点からの議論を経由して成立してきたことを指摘しておく必要がある。

　ガストンとザレウィッツは、ELSI に適切に対応してイノベーションを社会に位置づけるために、研究の現状、過去の教訓、社会的関心の所在を包括的に捉えるためのテクノロジーアセスメント（TA）として RTTA を提案

---

[10]　ナノテクノロジーを哲学・倫理学的な観点から分析した例は多い。ある程度まとまった著作として、例えば以下のものなどがある。Armin（2012）.

している（Guston & Sarewitz 2002）。

　城山英明のまとめによるならば、TA の機能には、①科学技術の幅広い影響の整理、②社会的・政策的課題の明確化、③市民とのコミュニケーションの進化、④利害関係者の知識交流の推進、⑤多用な認識や価値観の可視化、⑥イノベーションや新しい制度の設計などがあり、これらの機能を通じて TA は科学技術をめぐる意思決定・政策決定を支援する（城山 2018: 141）。そしてこのような TA において、とくに RTTA は、以下の四つの要素を重視する概念であり、よりよい意思決定の仕組みと政策オプションの確保を目指すためのものである。

> ①研究プログラムのマッピングによる可視化（Research Program Mapping）
> ②過去に学ぶ——類似事例のケーススタディ（Analogical Case Study）
> ③早期警鐘とコミュニケーション（Communication and Early Warning）
> ④テクノロジーアセスメントと選択の提示（Technology Assessment and Choice）

　2000 年代中頃には RTTA や市民参加（Public Engagement）に関する議論の蓄積を背景として「先見的ガバナンス」（Anticipatory Governance）という観点が登場してきた（e.g. Barben et al. 2008; Guston 2014; Stilgoe & Guston 2017）。「先見的ガバナンス」は、イノベーションの先のあるべき社会の姿を共有したうえで、現在必要な指針を考えるというスタンスに立った視点である[11]（Stilgoe & Guston 2017）。そのため、「萌芽的科学技術をマネジメントするために、（そのようなマネジメントが可能なうちに）多様な入力に基づいて意思決定することができる社会を通じて拡張される幅広い能力」（Guston 2014: 219）とも表現されている。

---

[11]　そのため、ときとして科学の自治にある種の制限を投げかけかねない側面も内包するとの指摘もある（Stilgoe & Guston 2017）。

　これらの RTTA や「先見的ガバナンス」をめぐる議論や実践においては、先端技術の ELSI の探索やその影響を受けるアクターの視点の検討、よりよい政策オプションと意思決定プロセスの模索が共通のテーマであった。RRI まで続く一連の議論は、（研究開発成果の）リスクガバナンスからイノベーション・ガバナンスへと視点が変化していくなかで、イノベーション・エコシステムのあり方自体の省察的な検討を通じて「組織化された無責任」（Organized Irresponsibility）（Beck 1988; Guston 2014）を超克しようとする試行錯誤の積み重ねであったといえる（Guston 2014; 吉澤 2013）。だからこそ、さまざまな資源動員が行われるイノベーション・エコシステムのなかで、研究の自治のあり方、研究者の社会的責任の変化、技術の社会的形成をめぐるダイナミクスの理解、不確実性や予見の難しさとの向きあい方、問題の経路依存性、倫理的ジレンマ、意思決定プロセスにおける熟議のあり方とその位置づけをどのように考えるのか、またメタ的規制の議論といった観点が論じられてきたのである。

3　RRI をめぐる評価基準の議論

　RRI に関する議論の進展にともない、RRI に関わる取り組みをどのような評価軸のもとで評価するのかについても議論が進みつつある。
　ウィクソンとカレーは、表 11-1 に示すような七つの評価項目を基本とした RRI に関する評価基準とルーブリック[12] について試論を提示している。これは、ノルウェーにおいて行われた、ナノレメディエーション[13] を事例としたワークショップにおいて、ナノ環境毒性学・環境化学・環境改善・環境政策などの分野の専門家 17 名の参加者の議論によって形づくられたものである（Wickson & Carew 2014）。
　また RRI の評価に関する議論は、欧州委員会も進めている。欧州委員会

---

(12)　パフォーマンス評価において使用される、到達度に関する評価基準表。評価についての観点と尺度で構成される。
(13)　ナノテクノロジーを活用した環境浄化技術。

表 11-1　ウィクソンとカレーによる RRI 評価項目の試案

評価項目	評価基準
社会的意味と問題解決志向	(A)問題の強調，(B)解決方法の探索
持続可能性と将来のスキャニング	(A)潜在的な未来への期待、(B)潜在的リスク・ベネフィットの区分、(C)社会的・経済的・環境的持続性の考慮
多様性と熟議	(A)関与する分野横断のレベル、(B)ステークホルダーが関与する場、(C)ステークホルダーがどのように関与しているか
省察と応答可能性	(A)文脈とグループにおける前提条件認識、(B)底流にある価値・前提・選択の探索、(C)公開性と批判的精査、(D)内的省察と外的フィードバック後の変化能力
正確性と頑健性	(A)問題で考慮された側面、(B)アクターと設定を超えた再現性、(C)現実世界におけるアウトカムの信頼性
創造性とエレガントさ	(A)新規性と大胆さ、(B)効率性と美しさ
誠実さと説明可能であること	(A)不確実性と限界の区分、(B)委任と所有の線引き、(C)研究倫理・ガバナンス要請におけるコンプライアンス、(D)オープンアクセス・情報共有ポリシー、(E)ポジティブ・ネガティブ両方のアウトカムに対する当事者意識

（出所）　標葉（2017c）より引用、Wickson & Carew（2014）をもとに筆者訳出・作成。

は 2014 年に RRI の指標に関する専門家会議（Expert Group on Policy Indicators for Responsible Research and Innovation）を設置し、2015 年に報告書『RRI の促進とモニタリングのための指標』（*Indicators for Promoting and Monitoring Responsible Research and Innovation*）を公開している。この報告書では、①包括的原理としての「ガバナンス」、②ガバナンスのための鍵となる領域として「市民参加」（Public Engagement）、「ジェンダー平等性」（Gender Equality）、「科学教育」、「オープンアクセス」、「倫理」、③より一般的な政策目標としての「持続可能性」と「社会正義・包摂」、これら計八つの領域の重要性を強調している（表 11-2 を参照のこと）。

　とりわけ、①ならびに②に関わる「ガバナンス」、「市民参加」、「ジェンダー平等性」、「科学教育」、「オープンアクセス」、「倫理」という六つの鍵となる領域は、かねてより欧州委員会において議論が重ねられてきたものであり、「プロセス指標」、「アウトカム指標」、そして「研究とイノベーションがどのように社会に受け入れられるか（受容指標）」という三つのカテゴリにおけ

る評価指標の試案が提示されている。それぞれの評価指標・項目としてどのようなものが考えられているのかについては表 11-2 を参照されたい。またこのなかで、「市民参加」については、政策・規制のフレームワークの形成（市民参加への投資額などに注目）、社会的関心の創出（メディア報道量や博物館・科学館来館者数などに注目）、コンピテンシーの構築（科学ジャーナリズムの状況などに注目）などの論点における評価基準も検討がなされている（EU Commission 2015c）。

　総じていうならば、これらの RRI の評価基準に関わる二つの文献では、ELSI への対応・議論の状況、市民参加や科学コミュニケーション、科学教育、オープンサイエンス、包摂的視点（ジェンダーやマイノリティへの視点の有無）、正負を含めた潜在的なインパクトへの視点、政策形成と RRI 政策への関与などが強調されているといえる。RRI の視点からみたときに研究をめぐる環境や社会のなかでの活動の状況が改善されているか否かを判断するうえで、最低限必要となる情報や指標の内容が検討されている（Wickson & Carew 2014; EU Commission 2015c）。

　欧州委員会が 2018 年に発行した『欧州における責任ある研究・イノベーション――RRI モニタリング指標報告書』（*The Evolution of Responsible Research and Innovation in Europe: The MoRRI Indicators Report*）では、上述の指標群を念頭に置きつつ（特に表 11-2 を参照）、RRI をめぐる評価指標のさらなる検討と、欧州連合統計局（ユーロスタット: Eurostat）やパットスタット（欧州特許庁データベース: Patstat）、SCOPUS[14] をはじめとした具体的なデータ取得先のリスト化とその分析結果をふまえながら、RRI に関する取り組み状況の考察が試みられている（EU Commission 2018f）。

　もちろん、RRI をどのように評価するのかということについて、表 11-1 や表 11-2 に挙げられているような指標だけで十全な評価が可能であるかといえば心もとない。またここで挙げた評価項目において、どのような視点が欠けているのかという議論もまだまだ必要であり、さらなる検討が現在進行

---

(14)　エルゼビア（Elsevier）社による論文情報データベース。

表11-2　欧州委員会における RRI 評価項目をめぐる視点

	パフォーマンス指標		社会受容指標
	プロセス指標	アウトカム指標	
ガバナンス	・国および欧州レベルでの双方における RRI を促進する研究とイノベーションの公式・非公式のネットワークの同定 ・RRI を促進する資金提供者の活動	・RRI 関連議論の数 ・RRI プロトコルの数 ・RRI 政策の数 ・RRI に関連する協定の数 ・RRI 関連活動を支援するファンディングメカニズムの数 ・RRI プロジェクトにおいて投資された額	・RRI の議論におけるより幅広い市民の参加(ソーシャルメディアなどを用いた評価尺度) ・RRI 政策、政策形成過程、政策への幅広い市民の参加 ・RRI の適用に市民する文献の数 ・共創的 RRI プロジェクトの数
市民参加	・市民参加のための公的な手続き(コンセンサス会議、住民投票、その他)の数と発達程度 ・市民科学プロジェクトの数(在野における草の根的活動に限定したもの)	・(a)市民あるいは市民団体によって運営される、あるいは(b)市民あるいは市民団体によって実施される研究のプロジェクトやイニシアティブのファンディングの数や割合(市民科学) ・市民や市民団体の委員を含む諮問委員会の数 ・諮問委員会等において特別な責任をもつ市民と市民団体の割合(座長、報告者、その他) ・市民科学プロジェクトに参加する市民の数	・科学技術の問題への一般の人びとの関心のレベル:関心があることを表明する総数の割合、科学技術への興味を間接的に提示する市民の割合(科学館来場割合、科学問題に対する子どもの参加割合など) ・責任ある科学への期待:科学を問題そのものというよりも解決策の一つであると考える人の割合、科学技術に高い期待をもつ人の割合
ジェンダー平等	・ジェンダー条件を明らかに含むファンディングプログラムの加盟国における保有有無 ・(a)ジェンダー平等計画の実施に関する文書化されたポリシーをもつ研究機関の割合、(b)ジェンダー平等計画の実施に関する文書化されたポリシーをもつ研究機関の割合 ・特定の不利になるような労働環境を最小化/縮小する特別な行動を明文化している研究機関の割合(例:労働時間の流動性) ・ジェンダー・バイアスを強化するような組織文化を変えるための特別な行動を明文化している研究機関の割合 ・研究におけるジェンダー的側面についての包括に関する研究者へのトレーニング/支援を提供している研究機関の割合 ・(初等・中等教育における)キャリア選択におけるジェンダー平等問題の改善を目指すプログラムをもつ学校の割合	・諮問委員会における女性の割合 ・専門家グループにおける女性の割合 ・評価委員会における女性の割合 ・(フルタイム換算における)ライフサイクルを通した研究プロジェクトにおける女性の割合 ・PI における女性の割合 ・研究論文において、第一著者が女性である割合 ・ジェンダー分析、研究内容がジェンダーに関わる研究プロジェクトの割合 ・研究の流動性プログラムにおいて女性が参画している割合	・(若者とその親における)科学におけるジェンダーの役割の受容状況(例:科学のキャリアは男女問わずに平等であると信じている若者の割合、子どもが性別に関係なく STEM キャリアを目指す機会があると考える親の割合) ・ジェンダー平等に関連する研究の割合(例:研究・イノベーション領域において働く人の割合、研究・イノベーションにおけるキャリアを続ける機会が男性と平等であると考える女性の割合)

科学教育	・研究戦略・職業・事業計画等における RRI 関連トレーニングに関するポリシーあるいは要請の有無（ある・ないの回答割合） ・RRI 関連トレーニングのための能力構築（投資されているファンドの割合や有無）	・EU と国レベルの、初等・中等・高等教育における能力枠組みにおける RRI 関連記述の登場割合 ・教育機関あるいは研究分野における RRI 教育／トレーニングの存在 ・研究・イノベーションプロジェクトにおいて RRI 教育／トレーニングを奨励しているかどうか ・提供可能な教育素材を少なくとも一つ以上もつ研究プロジェクトの割合 ・STEM 分野の教師あるいは学生を交えた研究プロジェクトの割合 ・Scientix（欧州科学教育コミュニティ）に登録されたプロジェクトの数	・一般の人びとがその環境にアクセスし、また有用であることを見出しているかどうか
オープンアクセス	・オープンサイエンスに関するポリシーの明文化 ・オープンサイエンスの促進のための制度的メカニズムの明文化 ・オープンサイエンスの経験から学ぶためのメカニズムの明文化 ・研究政策におけるオープンサイエンス対策と募集の有無	・（明確な定義はまだであるが）一定以上のアップデータと積極的な使用が示されているヴァーチャル環境をもった研究プロジェクトの割合 ・使用を促すような説明やコメントを含んだデータリポジトリの割合 ・日々の研究ラボノートがオンラインで公開される研究プロジェクトの割合 ・オープンサイエンスのメカニズムによって本当の付加価値を報告する研究プロジェクトの割合（研究者自身あるいはその他のアクターにとって）	
倫理	・倫理的受容性の評価のプロセスにおけるマルチステークホルダーとか分野横断型のためのメカニズム（ベストプラクティス） ・倫理的受容性のための ELSI/ELSA に関するプロジェクト（ベストプラクティス） ・研究公正ポリシーと行動に関する規範的緊張関係に関する文書化 ・倫理審査と倫理審査委員会認可の公的かつ実質的な視点	・倫理的受容性の評価のための優先的に帰せられる研究・イノベーションの変化の明文化 ・資金申請あるいは一次的な倫理アセスメントの実質的な変化を求める倫理審査あるいは倫理審査委員会認可を求める倫理的緊張関係の割合	

（出所）標葉（2017c）より引用、EU Commission（2015c）をもとに筆者訳出・作成。

形で重ねられていることは強調しておく必要がある。

4　RRI をめぐる課題

　RRI をめぐる議論と実践の試行錯誤は、科学技術研究がもたらす正負双方のさまざまなインパクトや ELSI を含めた幅広い社会的影響を捉え、科学技術とイノベーションを社会的文脈のなかによりよく位置づけようとする試みである。しかしながら、こうした議論の問題点や限界に関する省察もなされつつある。ここで、そのすべてを網羅することはできないものの、主だった論点をいくつかみておくことにしたい。

　第一の論点は、RRI の枠組み自体がもちうる政治性についての指摘である。すなわち、現状のイノベーションの方向性を正当化するためのアリバイづくりとして利用されるのではないかという指摘が行われている（Stilgoe & Guston 2017）。ただのアリバイづくりにならないためには、RRI の重要なコンセプトでもある「先見性」・「省察性」・「包摂」・「応答可能性」の要素をふまえた（Stilgoe et al. 2013）、イノベーション・ガバナンスの構築がきちんと検討される必要がある。

　第二に、RRI が目指すイノベーション・ガバナンスの方向性に賛同するとしても、潜在的なインパクトや ELSI に関する詳細な検討は、各研究分野の文脈に沿った形で行われる必要がある（e.g. Ribeiro et al. 2017）。言い換えるならば、各領域の文脈においてどのような RRI が必要かが精査されなければ、研究活動を社会のなかによりよく位置づけるという目的が達成できないのではないかという問いである。この問いは同時に、「各領域ごとにおける異なるインパクトを、誰が、どのように想定するのか？」という問題を引き起こすことになる。もちろん、その研究内容に明るい専門分野の科学者・技術者は、研究活動がもたらすインパクトの洞察に最も積極的に関与することが期待される。そのうえで、患者団体などの関係者、政策担当者、倫理学者や社会科学者などを交えたさまざまな視点からの議論が望まれ、その議論の場のデザインと結果の取り扱いが課題となる。

　第三の論点は、萌芽的科学技術をめぐる議論において、リスクに準拠したガバナンスがそもそも困難であることに関連している。この問題は、研究成果の社会実装においてつねづねついて回る課題であるが、現在から未来を見通すことはそもそも困難な作業であるからこそ、現在の延長としてパターナリスティック（父権主義的）に未来像を投影しがちであるとの指摘がなされている。RRI 自体は、イノベーションのプロセスのあり方へと視点を変えつつあるものの、だからといって萌芽的科学技術をめぐるリスクをどのように考えるかという困難が完全に回避されるわけではない。「誰が、（正負両面の）どのような影響を受けてしまうのか？」という問いに関する幅広いアクター間における不断の議論と、アセスメント体制の構築が課題となる。またそのようなアセスメント体制の構築に際して、人文・社会科学分野の研究者も含めた関与のあり方もまた検討課題となる（e.g. Wynne 2006; 吉澤 2013; Balmer et al. 2016）。

　今後、RRI に関わる視点をふまえた意思決定や制度化の検討に際しては、すでに指摘されている課題や反省をふまえたものにすることで、よりよいガバナンスの構築が期待される。またそのガバナンスの構築にあたっては、「誰が、（正負両面の）どのような影響を受けてしまうのか？」という問いを研究者だけの責に帰すべきではなく、科学技術ガバナンス全体としての責任のあり方として検討することが必要となる。

5　RRI と教育

　RRI と教育の関係性について検討しておくことにしたい[15]。高度知識人材育成[16]をめぐる政策的議論は、科学技術政策、学術政策、高等教育政策などの領域を横断する課題であり、ここでその詳細に立ち入ることはしない。日本の大学の教育状況を概括するならば、まずファンディングシステムの変化、

---

[15]　研究者の「幅広い視野」に関わる政策文書の検討については、標葉ほか（2014）を参照のこと。

[16]　例えばアメリカにおける大学院教育の研究としては阿曽沼（2014）などがある。

産学連携や重点・推進領域の動きなどを背景としつつ、大学におけるインプット・アウトプットの変化と役割の多様化が図られている（林 2014）。そして科学技術開発と人材開発・経済発展の関連が強く意識される形で、グローバル化と知識経済に対応するための人材育成とそうした人材に必要とされる素養について語られてきた（あるいは語られてきてしまった[17]）。

　例えば『第四期科学技術基本計画』のなかでは、「国際的に通用する高い専門性と、社会の多様な場で活躍できる幅広い能力を身につけた人材を育成する上で、大学院教育が担うべき役割は極めて大きい」（内閣府 2011: 32）としている。そして、大学 – 大学院レベルの高等教育における高度な専門性と汎用的能力の育成のあり方[18]、あるいはよりよい研究者育成を目指した幅広い能力の育成について論じている。

　ここで「幅広い能力」（あるいは「幅広い視野」）とは、異分野との協働・コミュニケーション能力、説明・応答責任に関する視点、自身の研究がもつ社会的意義への洞察力、（ELSI を含む）将来生じる領域の課題の理解、そして研究活動に必要となる社会基盤・制度についての視点などを含意するものと想定するのであれば（塚原 2013; 標葉ほか 2014）、研究者の育成においては、その高い専門性に加えて、RRI に関わる洞察力と発信力の涵養もまた

---

(17)　この大学ガバナンス改革の促進は、「学校教育法及び国立大学法人法」の改正などもともないながら進められようとしている。

(18)　日本の行政文書のなかで提案された能力概念に絞ってみるだけでも、厚生労働省「就職基礎能力」（厚生労働省 2004）、経済産業省「社会人基礎力」（経済産業省 2006）。文部科学省・中教審「学士力」（文部科学省 2008）などが提案されている。中教審が提示した「学士力」は、その理論的基礎が曖昧であるにもかかわらず、各大学のディプロマ・ポリシーと結びつくことによって強い規範性を発揮しているとも指摘されている（松下 2010: 27）。2011 年に文部科学省が発表した「博士論文基礎力審査」も知識経済とグローバル化の進展を論の背景としている。そのなかには専門分野の枠を超えた多様な教育の経験などの論点もやや含まれているものの、より直接的な大学院教育における汎用的能力育成をめぐる議論に集中するため、ここでは博士論文基礎力審査に関する議論の詳細には立ち入らない。教育学者の松下佳代は「新しい能力概念」と総称するこれらの能力概念には、「基本的な認知能力（読み書き計算、基本的な知識・スキルなど）」、「高次の認知能力（問題解決、創造性、意思決定、学習の仕方の学習など）」、「対人関係能力（コミュニケーション、チームワーク、リーダーシップなど）」、「人格特性・態度（自尊心、責任感、忍耐力など）」が含まれており、これらの共通点として「①認知的な能力から人格の深部までおよそ人間の全体的な能力を含んでいること、②そうした能力を教育目標や評価対象として位置付けていること」を指摘している（松下 2010）。

期待されているものとみることができる。

　しかしながら、学術研究の意味を省察し、社会に向けて発信するという営為が換骨奪胎され、研究費獲得のためだけの説明スキルとして形骸化するのであれば、それはただ単にコストが増えるという意味でしかなくなる。多くのエフォート投入が不可避である研究活動と RRI 的視点の涵養との両立は、その必要性は認めるにしても、実際の大学院での研究・教育現場での実現にはさまざまな困難をともなう[19]。

　そのような課題を抱える RRI 教育について、国内外の注目すべき参照事例としてはどのようなものがあるのだろうか。その一つとして、ナノテクノロジーをめぐる ELSI／RRI に関連して言及したアリゾナ州立大学の事例を挙げることができる。アリゾナ州立大学の「科学・政策・アウトカム」コンソーシアム（Consortium for Science, Policy & Outcomes: ASU-CSPO）が提供する PhD Plus プログラム[20]では、科学研究を行う大学院生が、自身の研究がもつ社会的意味・位置づけ・接点などについて調査・考察を行ったものをまとめ、博士論文の一章分として追加するという取り組みが行われている。筆者がヒアリング取材を行った時点までに、物理学、化学、環境工学、バイオロジカル・デザインを専門とした大学院生 4 名が PhD Plus プログラムを修了し、公的機関の分析官、サイエンスコミュニケーター、企業研究者などのキャリアに進んでいた。

　また国内での RRI 関連教育としては、総合研究大学院大学（総研大）に

---

(19)　このような視点は、第 9 章でみてきた研究活動をめぐるインパクトについての視座とも関わるものであろう。例えばイギリスでは、インパクト評価の制度化の流れのなかで、これまでに研究活動のもつさまざまなインパクトを考えるためのワークショップの開催が盛んに行われてきた。イギリスに限定してその一部を挙げるだけでも、アバディーン大学、ブリストル大学、キングスカレッジロンドン、オックスフォード大学、リーズ大学、バーミンガム大学、マンチェスター大学、ノッティンガム大学などで博士課程学生やポスドクを対象としたワークショップが実施されてきている。ただし、このような活動が、どれだけ「ためにするため」の取り組みではなく、体系化された設計のもとでの教育プログラムとして実質化されてきたかについては留保が必要である。

(20)　筆者は PhD Plus プログラムについて、実際の担当教員らへのヒアリングを行っている。ヒアリングは、2014 年 4 月 25 日に David Guston 教授、Jameson Wetmore 准教授、Clark Miller 准教授らに対して行った。

における事例がある。総研大の先導科学研究科では、進化生物学を中心とした研究活動が行われているのと同時に、科学史、科学哲学、科学社会学、科学技術社会論、科学技術政策、科学コミュニケーション、科学ジャーナリズム、研究倫理、研究公正などをテーマとする「科学と社会」教育が実施されており、関連するコースワーク科目群と「副論文」制度が設定されている。とりわけ副論文は、生物学分野専攻の大学院生は自身の研究活動に関わる社会的側面や科学史的側面からの分析を、「科学と社会」分野専攻の大学院生は逆に生物学分野に関わる研究を、それぞれエフォートの10%程度を目安に行い、論文としてまとめて提出するものである。アリゾナ州立大学の事例に近い設計といえるが、先導科学研究科においては必修化されている点が大きな特徴となっている[21]（標葉ほか 2014; 総合研究大学院大学 2016）。

　総研大とアリゾナ州立大における取り組みに共通した課題として、履修生の負担感軽減（学生の主たる所属側からの拒否感ないしは肯定感と深く関係する[22]）、学内の部局そして各分野の研究者との協働関係の構築／コミュニケーションの促進、資金的基盤も含めた安定的な運営可能性、また教育効果の評価とそのフィードバックの実施、さらには評価のあり方の検討といった事柄があり、試行錯誤のなかで教育プログラムの改善が試みられている[23]。

6　ELSI／RRIと学術コミュニティ

　本章の最後に、学術コミュニティの形成と教育に重要な役割をもつ「学

---

[21]　副論文のなかには、査読論文として投稿・出版に至るものも出ている（e.g. 永田・伊藤 2016; 秋山ほか 2018）。

[22]　副論文制度は、（学生にとっても、教員にとっても）副論文履修にともない学生に要求されるエフォートの相場感、総研大という大学が抱える地理的制約などのハードルなどから、必修となっている先導科学研究科以外からの履修例は基本的にはない。また副論文制度は、学生ひとりひとりに個別に対応する丁寧な教育とならざるをえないものであり、そのための人員なども含めた教育資源の確保といった課題も残されている。

[23]　文部科学省「科学技術イノベーション政策における「政策のための科学」」プログラムのもとで展開されている、九州大学の科学技術イノベーション政策教育研究センター、また大阪大学ならびに京都大学の協働による「公共圏における科学技術・教育研究拠点」における教育プログラムなどが国内における近年の関連事例として挙げられる。

表 11-3　生物学系 133 学会における ELSI／RRI 関連内容の言及状況

ELSI／RRI 関連内容項目	委員会設置あるいは独自文書内での言及あり	Cohen's κ
法令順守に関する事項	23.3%	0.636
基本的人権の尊重	9.8%	0.681
プライバシーの保護	22.6%	0.920
研究データの適正な管理・保存	34.6%	0.833
剽窃・捏造・改ざんの禁止条項など	15.0%	0.907
インフォームド・コンセントに関する文言など	7.1%	0.931
研究対象に対する危害・不利益の防止	10.2%	0.756
研究（者）の社会的信頼性（の確保）について	35.3%	0.862
研究（者）の社会的責任・良心に関する文言	54.5%	0.805
生命倫理への配慮について（医学・臨床的な倫理についても含む）	17.7%	0.808
動物実験に関わる倫理	15.8%	0.902
研究者倫理の指針・ルール設定や教育活動について	32.7%	0.733
利益相反	11.3%	0.825
デュアルユース	0.0%	0.494
ジェンダー平等（あるいは男女平等）	19.9%	0.822
科学教育	43.2%	0.793
マイノリティ・ハンディキャップへの配慮	2.3%	0.699
差別の禁止	5.3%	0.788
社会とのコミュニケーション	49.2%	0.702
オープンアクセス／オープンサイエンス	80.8%	0.644

会」に注目して、RRI に関する議論の現状を概観する。

　ここで提示するデータは、学会名鑑で「基礎生物学」・「総合生物学」のカテゴリに分類される生物学系 133 学会のホームページ上に公表されているすべての文書・テキストを確認し、ELSI あるいは RRI に関連する内容（あるいはキーワード）についての言及の有無を内容分析した結果である（表11-3）。ここでいう言及割合は、「当該問題について扱う専門部会や委員会などの設置」あるいは「学会独自の文書において言及がされている」ものをカウントしたものである[24]。

　データの収集・分析は 2017 年 9 月から 12 月の間に行った。コーディング項目とコーディングルールは[25]、表 11-1 ならびに表 11-2 掲載の評価基準をもとに、日本の科学コミュニケーションや ELSI、研究公正の議論をふまえながら作成した。コーディング作業は訓練した 2 名のコーダーで行い（また追加でもう 1 名によるチェックを行っている）、Cohen's κ 指標の算出によりコーディングルールの妥当性について確認した。また内容分析の実施に際しては、言及のレベルを、①当該テーマに関する委員会設置、②テーマに言及している学会独自の文書（倫理綱領・約款など）、③会長談話などでの言及、④関連リンク、⑤言及なし、といった 5 段階のレベルに分けて分類・集計を行った。

　生物学系 133 学会を対象とした内容分析では、「研究（者）の社会的責任・良心」（54.5％）、「研究（者）の社会的信頼性」（35.3％）、「研究データの適切な管理・保存」（34.6％）、「研究者倫理の指針・ルール設定や教育活動」（32.7％）などが指針・綱領などにおいて 3 割を超える言及割合を示す結果となった。研究者の社会的な役割や責任あるいは研究倫理に関する項目が、指針や綱領など学会独自の文書でも多く言及されていることがうかがえる。

　また「動物実験に関わる倫理」が 15.8％、「プライバシーの保護」が 22.6％という言及割合となっており、さらには今回の対象が基礎生物学系学会に絞られていることもあるが「インフォームド・コンセント」への言及は 7.1％という結果であった。

　また科学コミュニケーションに関わる項目として、「科学教育」への言及は 43.2％、「社会とのコミュニケーション」への言及は 49.2％、「オープンアクセス」への言及は 80.8％となっており、言及割合が他の項目に比べて高い傾向が見出される。学会によっては最新の知識をわかりやすく提供しようと工夫を凝らしている事例もみられる。

---

(24)　なお標葉（2017c）において、（生物学系学会に限らない形であるが）52 学会を対象とした予備的分析について報告を行っている。今回の結果は、対象となる学会のカテゴリを生物学系に絞り複数名による内容分析を確認したものとなっている。

(25)　内容分析については、第 8 章注 5 の情報などを参照のこと。

　一方、研究公正（Research Integrity）や RRI の観点から重要な要素となる項目の一部については言及状況の少なさが見出される結果となっている。

　例えば、「利益相反」については、論文執筆の条件（投稿規定）として具体的に例示している学会も見出されたものの、指針や綱領のなかで言及している学会は 11.3％ にとどまった。また、「ジェンダー平等」については 19.9％ の言及割合であったものの、「差別の禁止」への言及は 5.3％、「マイノリティ・ハンディキャップへの配慮」への言及は 2.3％[26] であった。また指針や綱領などで「デュアルユース[27]」について言及している学会は今回の分析では見出せなかった[28]。

　以上の結果から、生物学系学会においては、第一に ELSI や科学コミュニケーションに関わる項目についてある程度の言及が行われていることが見出された。2000 年代以降の日本の科学技術政策では、科学技術人材の能力育

---

[26]　「マイノリティ」そのものに関しては、今回対象としたどの団体でも特段の言及はなされていないが、例えば日本魚類生態学会が「魚類名称」の問題でハンディキャップのある方の蔑称とならないような名称の普及・使用に言及している例がみられる。また、日本微生物生態学会倫理規定では、「公平性の確保」という項目において「会員は、すべての個人に対し、その自由と人格を尊重し、人種・国籍・宗教・職業・性別・年齢・障害などに囚われることなく、公平に対応する」と述べられている（マートンの CUDOS における「普遍主義」や「利害超越」的な観点からの公平性視点と解釈できる）。なお、社会学者のロバート・K・マートンは、科学者共同体の分析から、「公有性」（Commonnalism）、「普遍主義」（Universalism）、「利害超越」（Disinstrestedness）、「系統的懐疑主義」（Organized Skepticism）という行動規範を見出した。これらの頭文字をとって CUDOS、あるいはマートン・ノルムと呼ばれる（Merton 1949=1961）。一方、ジョン・ザイマンは、この CUDOS に対して、実際の科学研究は「所有的」（Proprietary）、「局所的」（Local）、「権威主義的」（Authoritarian）、「請負的」（Commissioned）、「専門的な仕事」（Expert Work）であり、これらの頭文字をとって PLACE 的性格をもつと指摘した（e.g. Ziman 1994=1995）。

[27]　「軍事用途と商業用途の両方を有する技術」（軍民両用性）はデュアルユース技術と呼ばれる。また近年では、科学・技術の悪用または誤用などによって顕在化する科学技術の善悪相反する両義性である「用途両義性」に関する議論が展開されている（日本学術会議 2012b; 川本 2017）。またデュアルユース問題や軍事研究に関する関連文献としては、杉山（2017）や夏目（2018）がある。

[28]　この結果については、Cohen's κ の値から、解釈に際してやや留保が必要となる。なお、比較的近い例としては、日本微生物生態学会の倫理規定第 7 条〈情報の公開〉において「研究ならびに技術開発の中で、安全に関わる社会的に影響の大きな事柄が生じたときはこれを速やかに公開する」というバイオセーフティの視点からの言及がみられる。『日本微生物生態学会倫理規定』http://www.microbial-ecology.jp/?page_id=5742（最終アクセス日 2017 年 3 月 30 日）

成に関連して、研究者の社会とのコミュニケーション活動や「説明責任」
（Accountability）をめぐる議論に重点が置かれてきたが、今回の結果は少
なくともキーワードの表出の仕方としてはこれと軌を一にしているといえる
（塚原 2013; 標葉 2016, 2017a, 2017b）。

　一方で、「ハンディキャップ／マイノリティへの配慮」や「差別禁止」な
ど、RRI において重視される包摂的な観点やデュアルユースに関する論点へ
の言及は少ないという現状もまた見出されたといえる。

　RRI の議論に立ち返るならば、研究活動がもたらす多様なインパクトにつ
いて、RRI の観点から考察しつつ、その学術分野の将来像を共有していくこ
とが求められる。このことは、研究活動がもたらす正負含めたさまざまなイ
ンパクトを（限界はあるとしても）想像し、社会のなかでの説明とコミュニ
ケーションを行っていくことにほかならない。多様な影響を想起し、今後の
研究活動のあり方のビジョンを社会のなかで共有していくこと、そのために
学会などの学術コミュニティからより積極的に情報を発信していくことが期
待される。

―― 【コラム 9】 デュアルユースをめぐる事例　インクテル ――――――――

　デュアルユースに関連する興味深い事例として、インクテル（In-Q-Tel）とい
うベンチャーキャピタルの事例を紹介しておきたい。

　米国 CIA が設立した非営利ベンチャーキャピタルであるインクテルは、IT ベン
チャーへの投資を行うことでアメリカにおける IT 分野の研究開発力の向上と関係
者間のネットワークの強化を行っている。このインクテルの投資は直接的に軍事
技術の研究開発に投資するものではないものの、軍事も含めたさまざまな分野へ
の活用が可能な知識への投資という点で IT 時代におけるデュアルユース振興のモ
デルとなっており、インクテルの活動は、海外の文献においてはイノベーション
研究の文脈で言及されはじめている（e.g. Keller 2011）。そのなかで、とりわけ
「ネットワークの失敗」（Block & Keller 2009）を防ぐ効果が論点として注目されて
いる（Keller 2011; 小林 2017b）。また Google Earth やポケモン GO もインクテルの

投資による開発をもとに生まれてきたサービスである（小林 2017b）。

　インクテルの事例は、デュアルユースの議論をするうえでも、軍事研究に直結する研究や防衛費拠出の研究費を受け取らなければよいというような素朴な視点を超えた議論が必要であることを含意する。すなわち根源的には、さまざまな知識がもつ「用途両義性」、言い換えれば知識転用のあり方そのものへの問いを投げかける事例といえる。そのなかで、研究活動とそれをとりまくさまざまな外部環境との関係性の変化について議論を深めるような教育のあり方が論点となる。軍事研究に直接的に関わらない研究者、職業人やエンジニアは、デュアルユースに対してどのように考える必要があるのか、またその教育課程において何をどこまで教えなければならないのか、それはどのようなカリキュラムや内容において可能になるのか（あるいはならないのか）、問いは尽きない。

　インクテルの事例については、『平成 21 年版科学技術白書』（文部科学省 2009b）や小山田和仁の報告において言及がなされているものの、いずれもふれられている程度のものである（小山田 2016）。そのため、筆者の知る限り、小林信一の論文が日本の公的セクターあるいは学術セクターの、少なくとも人文・社会科学分野における最初のまとまった文章である（小林 2017b）。より早い時期においてインクテルの事例に言及しているものとしては、毎日新聞に所属していた瀬川至朗氏による記事（1999 年 9 月 30 日の『毎日新聞』夕刊掲載）や、ウェブニュース掲載の記事などがあった（むしろビジネスセクターにおいてより認知されていた）。このことを考えるならば、公的あるいはアカデミアにおける認識の薄さがむしろ際立つ。

——【コラム 10】学会におけるデュアルユース関連言及の事例——

　先の基礎生物学系 133 学会を対象とした分析では、指針や綱領において、包摂的観点やデュアルユースに関連する言及例が少ないことを指摘した。しかしながら、ここで一つ、学会における事例を紹介しておくことにしたい。学会名鑑で「農学」のカテゴリに分類されている、日本農芸化学会の事例である。

　日本農芸化学会では、『日本農芸化学会会員行動規範』のなかで、「会員は、あらゆる場において、人種、宗教、国籍、性、年齢、所属等に基づく差別的な言動を厳に慎み、各種ハラスメントの防止に努め、自らがこの趣旨を厳守する」と述べ、はっきりと差別禁止の方針を提示している。

　また例えば「デュアルユース」に関しても、日本農芸化学会の日本農芸化学会

会員行動規範 4 条（安全の確保と健康、環境への配慮）・第 2 項（製造物、副産物について）において以下のように述べている[i]。

製造物、副産物について製造する製品、生物生産物、食品、それらの副産物、及び用いる方法や工程などについて関連法規を遵守し、安全性の確保ならびに健康への影響について十分な対策を講じる。二次的かつ非意図的な影響や災害を及ぼすこともあるので、出荷後の状況の監視や情報提供などに十分な配慮と対応が重要である。また、考案した方法、製造した物質や装置、及び育種した生物が悪用されないよう安全保障措置を講じる。

この文章は、デュアルユースという言葉自体は登場しないものの、バイオセキュリティに関わる内容になっており、川本思心の整理によるならば、デュアルユースをめぐる用途両義性への言及と考えられる[ii]（川本 2017）。

（i）『日本農芸化学会会員行動規範』http://www.jsbba.or.jp/wp-content/uploads/file/about/about_koudoukihan.pdf（最終アクセス日 2017 年 3 月 30 日）
（ii）なお、133 学会対象の分析では、この日本農芸化学会のような形でのデュアルユース関連記述も含めて探索を行ったものの、指針や綱領における言及事例を見出すことはできなかった。

おわりに——責任ある科学技術ガバナンスのために

　知識基盤社会とも呼ばれる現代は、科学技術研究の成果をはじめ、多様な知識生産に支えられている。「科学技術ガバナンス」の目的と視座とは、このような科学技術研究をめぐる顕在的・潜在的な ELSI（倫理的・法的・社会的課題）を考察し、そして先端的な「知」に関わる社会構造的な問題を把握しながら、研究活動がもつ幅広いインパクトと社会的位置づけを探求していくことにある（城山 2007, 2018）。

　このような先端科学技術の ELSI や社会的議題を分析する試みは、これまではテクノロジーアセスメント（Technology Assessment: TA）をキーワードとしつつ、知見の蓄積が行われてきた経緯がある。日本国内における TA の議論や研究は、1970 年代に当時の科学技術庁を中心としてはじめられ、その後は民間企業を中心に取り組まれてきた。その後、GMO などの萌芽的科学技術への社会的関心の高まりから参加型テクノロジーアセスメント（Participatory Technology Assessment）と呼ばれるような社会的関心の学習・可視化のプロセスへと世界的に展開が進み、科学的安全性に視点を絞るのではなく、社会的・経済的・政治的影響までを含めた課題の抽出、科学技術の正負両面における幅広いインパクトを捉えようとする試みへと変化してきた（吉澤 2013）。

　科学技術をめぐる ELSI や幅広い議題の探索行為において政策形成に関連するところでは、議会のために知見の収集・提供を行う議会テクノロジーアセスメント機関の制度が注目される（議会 TA と呼ばれる）。議会 TA の有名な事例としては、1972 年にアメリカで設置された技術評価局（Office of Technology Assessment: OTA）がある（田中 2007; Blair 2013）。OTA は科学技術の安全性から ELSI 的側面まで幅広い内容を取り扱い、数多くのレポートを議会に提出した。しかしながら、OTA は 1995 年に閉鎖に追い込まれている。十分なデータと客観性・中立性を担保するための OTA メソッドに

は時間とコストがかからざるをえないことが大きな論点とされたものの、実態としてはアメリカにおける共和党と民主党との政治的対立の流れのなかで象徴的な対象となってしまったきらいがある。現在は米国会計検査院（Government Accounting Office）によって試行的な TA が実施され、機能が縮小的に代替されてている（田中 2007）。このような事情を抱えてしまった OTA であるが、その組織・機能の復活の議論がたびたび試みられ、近年、その期待は高まりつつある。また、OTA の試みは欧州においても参照され、それをモデルとして各国に議会 TA が導入された（田中 2007; 春山 2007; 大磯 2011）。そして、各国の議会 TA 機関のネットワーキングが進められており（European Parliamentary Technology Assessment: EPTA）、積極的な情報交換と交流が行われている（春山 2007; 大磯 2011）。総じていうならば、各国における TA 基盤の整備・分析・実践のなかで、情報の共有と潜在的課題やインパクトの考察が鋭意進められている状態である。

　日本では、国立国会図書館調査および立法考査局がこうした動きに対応する機関の一つであり（小林 2014）、EPTA にも参加している。しかしながら、日本においては、予算・人員・法的枠組みなどの制限のなかで最大限の努力がなされているものの、その制度的基盤の脆弱性や人材育成の課題は依然多く、さまざまな萌芽的科学技術に関わる ELSI にリアルタイムでアプローチできるような十全な TA 体制が構築できているとはいえない（城山ほか 2010, 2011; 城山 2018）。

　本書では、このような状況を少しでも乗り越えるために、「科学技術と社会」に関わる現在の課題を概観し、科学技術を今後どのように社会のなかに位置づけていくのかについてのビジョン形成の際に必要となるような、基礎的な知見の整理・検討を行ってきた。

　第Ⅰ部では、科学技術研究の社会的基盤の重要な要素として、科学技術政策ならびに研究評価制度に注目した。国内外における科学技術政策の変遷とそれにともなうファンディング構造の変化、欧米におけるさらなる投資を前提としたイノベーション・エコシステム形成を進めるための政策的支援、日本の研究評価システムにおけるプログラム評価やメタ評価の不全などの構造

的課題といった状況を概観した。

　第Ⅱ部では、「科学技術と社会」に関わるコミュニケーションと多様なフレーミングに関する議論に注目し、その論点と課題を検討した。とりわけ再生医療をめぐる調査事例の分析から、一般の人びとと研究者コミュニティの間にある関心・フレーミングの差異を描出した。研究者コミュニティにおいて科学的妥当性や研究活動の可能性が主たる関心事となることは、その研究状況や職務内容などからみて自然なことである。しかし同時に、一般の人びとの関心が、その実、その先端的な科学技術が社会のなかにどのように位置づけられるのか、また万が一の際の対応を含め、どのようなガバナンスが構築されるのかにあることが示唆されたことは重要である。そのような科学技術ガバナンスへの社会的要請があることをふまえたコミュニケーション活動や政策的支援、メディアの関心の状況までを見据えた幅広い議題構築が必要となる。

　第Ⅲ部では、科学技術がもたらす幅広い社会的インパクトと ELSI に関する議論に注目した。研究活動がもたらす幅広いインパクトを評価するために各国で積み重ねられている議論と試行錯誤に基づく知見を概観するとともに、日本における研究活動の幅広い含意を適切に評価するための評価システムの形成、多様なインパクトを適切に共有・活用するためのプラットフォームの形成、そして研究者からのビジョンの提案の重要性などの課題を指摘した。加えて、先端バイオテクノロジーの事例を中心に、研究開発の「上流」からELSI や多様なフレーミングの探究について検討した。このような先端的な科学技術に関わるインパクトや ELSI をめぐる考察を科学技術ガバナンスに活かしていく試みについては、昨今では RRI に関する議論枠組みのなかで積極的に議論されており、その論点・実践状況・評価試行などについて検討した。

　第Ⅰ部から第Ⅲ部までを通じて行ったことは、「科学技術と社会」をとりまく現在進行形かつ多様なテーマに関して、RRI 的視点を十全にふまえた形でのガバナンスの構築はどのようにして可能であるのか、その問いを考えるうえでの基本的な論点と知見の整理であったともいえる。

シーラ・ジャザノフは、人びとがもつ科学技術（という人間の社会的活動）をめぐる認識（Civic Epistemology）と制度状況は共生成（Co-production）の関係にあると捉え、科学研究に関わる組織や制度がどのようなふるまいをしてきたのか、それに対する信頼が、非常に大きな影響をもつことを指摘した（Jasanoff 2005）。このジャザノフの論をふまえつつ、科学技術ガバナンスに対する信頼をよりよい形で実現するためには、人びとが科学技術とそのシステムをどのように捉えているのかについての理解を深めると同時に、科学技術研究によって生み出された新しい知識と社会の関係性をめぐる将来ビジョンの形成と潜在的な ELSI の抽出、その幅広い共有と議論の喚起、多様なフレーミングを考慮した意思決定プロセスの構築が、必要不可欠の作業となる。

　今後の科学技術ガバナンスの議論は、このような問いを見据え、本書で概観してきたような知見に依拠したものとして行われていく必要があるだろう。このような科学技術ガバナンスのあり方を、「責任ある科学技術ガバナンス」（Responsible Governance of Science and Technology）と表現しておきたい。「責任ある科学技術ガバナンス」のあり方を探究し、そのシステム構築と実践を行っていくことが、今後の科学技術研究をめぐるシステム全体への信頼構築につながってくる。本書が、今後行われていくことになるさまざまな活動のための小さな一助とでもなるのであれば幸甚であるが、その成否については読者の判断を仰ぎたい。

さらに学びたい人のために

　本書で取り扱ったテーマや関連する分野についてより広く学びたい人のための、学術誌や著作のリストを提示する。無論、筆者のバイアスがかかったものであるが、それぞれの関心に応えてくれる内容のものの例を挙げていきたい。

科学技術社会論・科学社会学・科学コミュニケーション関連の学術誌の例

- *Science, Technology, and Human Value*
- *Social Studies of Science*
- *Science as Culture*
- *East Asian Science, Technology, and Society: an International Journal*
- *Science, Technology and Society*
- *Technology in Society*
- 『年報 科学・技術・社会』
- 『科学技術社会論研究』

またバイオ系のテーマに特化したジャーナルであるが、*New Genetics and Society* 誌や *Biosocieties* 誌、また科学史分野では *Isis* 誌や *Osiris* 誌をはじめとした国際誌がある。

科学コミュニケーションならびにリスクコミュニケーション関連の学術誌の例

- *Risk Analysis*
- *Public Understanding of Science*
- *Science Communication*
- *Journal of Science Communication*
- 『科学技術コミュニケーション』
- 『リスク研究学会誌』

科学技術政策・科学計量学関連の学術誌の例

- *Scientometrics*
- *Journal of the Association for Information Science and Technology*

- *Research Evaluation*
- *Science and Public Policy*
- *Research Policy*
- *Technovation*
- *Journal of Responsible Innovation*
- 『研究 技術 計画』

科学技術政策分野に関する資料や著作

　科学技術政策に関する有用かつ入手しやすい資料としては、以下のものがある。まずはこれらを通覧し、そのうえで後述の著作や前述のジャーナル掲載の論文をみておくとよい。

- 国立国会図書館調査及び立法考査局『科学技術に関する調査プロジェクト』調査報告書
  ——2011年以降毎年発刊されている調査報告書であり、その時々の科学技術政策に関わる情報が網羅的にまとめられている。
- 国立国会図書館調査及び立法考査局『レファレンス』
  ——国会図書館がまとめている各種政策に関する調査結果が掲載されている。科学技術政策や高等教育政策などに関わる論考も多く、有用である。
- 科学技術・学術政策研究所（NISTEP）による報告書
  ——基本的状況の把握に有用である。興味のあるタイトルを順次押さえていく。
- 科学技術振興機構（JST）による報告書
  ——海外動向の概要をおおまかに把握する際などに活用できる。

これらに加えて、興味のあるテーマに関わる審議会の資料などWebに掲載されているものを一通りみておくことは、議論状況を把握するうえで有効な作業となる。

　また著作としては、例えば以下のものがある。
- 江原武一、馬越徹（2004）『大学院の改革』東信堂。
- 上山隆大（2010）『アカデミック・キャピタリズムを超えて——アメリカの大学と科学研究の現在』NTT出版。
- 國谷実（2014）『日米科学技術摩擦をめぐって——ジャパン・アズ・ナンバーワンだった頃』科学技術国際交流センター。
- 國谷実（2015）『一九八〇年代の基礎研究政策——創造科学技術推進制度と科学技術振興調整費をめぐって』科学技術国際交流センター。

- 城山英明（編）（2007）『科学技術ガバナンス』東信堂。
- 城山英明（編）（2008）『科学技術のポリティクス』東京大学出版会。
- 城山英明（2018）『科学技術と政治』ミネルヴァ書房。
- マイケル・ギボンズ（1994=1997）『現代社会と知の創造――モード論とは何か』丸善。

英語の文献（RRIなども含めて）については例えば以下のものなどがある。

- David Guston（2000）*Between Politics and Science: Assuring the Integrity and Productivity of Research.* Cambridge University Press.
- Richard Owen, John Bessant, & Maggy Heintz（2012）*Responsible Innovation: Managing the Responsible Emergence of Science and Innovation in Society.* Wiley.
- Michael Ochesner et al.（eds.）（2016）*Research Assessment in the Humanities: Towards Criteria and Procedures.* Springer Open.

　また、科学技術政策を考えるうえで、科学史の視点は重要である。例えば以下の著作などが参考となる。

- 廣重徹（2002）『科学の社会史〈上〉戦争と科学』岩波現代文庫。
- 廣重徹（2003）『科学の社会史〈下〉経済成長と科学』岩波現代文庫。
- 中島秀人（2008）『社会の中の科学』放送大学教育出版会。
- 古川安（1989=2018）『科学の社会史――ルネサンスから20世紀まで』ちくま学芸文庫。
- 杉山滋郎（1994）『日本の近代科学史』朝倉書店。
- 隠岐さや香（2011）『科学アカデミーと「有用な科学」――フォントネルの夢からコンドルセのユートピアへ』名古屋大学出版会。
- 隠岐さや香（2018）『文系と理系はなぜ分かれたのか』星海社新書。
- 佐藤靖（2019）『科学技術の現代史――システム、リスク、イノベーション』中公新書。

なお、より手軽に科学史という学問分野の面白さを体感できる著作としては、例えば瀬戸口明久『害虫の誕生――虫からみた日本史』（ちくま新書、2009）などがある。興味をもった方は、ぜひ手にとっていただきたい。

科学技術社会論・科学社会学・科学計量学などに関する著作

　科学社会学や科学技術社会論の入門的な著作としては、例えば以下のものがあ

る。興味のあるテーマに沿って読むことを推奨したい。より入門的あるいは総論的なものとしては、とりわけ小林信一らによる『社会技術概論』ならびに藤垣裕子（編）『科学技術社会論の技法』をまず読むことを勧めたい。

- 小林信一・小林傳司・藤垣裕子（2007）『社会技術概論』放送大学教育出版会。
- 小林傳司（2007）『トランス・サイエンスの時代——科学技術と社会をつなぐ』NTT 出版。
- 藤垣裕子（編）（2005）『科学技術社会論の技法』東京大学出版会。
- 平川秀幸（2010）『科学は誰のものか——社会の側から問い直す』NHK 出版。
- 八木絵香（2009）『対話の場をデザインする——科学技術と社会のあいだをつなぐということ』大阪大学出版会。
- 藤垣裕子（2003）『専門知と公共性——科学技術社会論の構築へ向けて』東京大学出版会。
- 藤垣裕子・廣野喜幸（編）（2008）『科学コミュニケーション論』東京大学出版会。
- 松本三和夫（2012）『構造災——科学技術社会に潜む危機』岩波書店。
- 山口富子・日比野愛子（編）（2009）『萌芽する科学技術——先端科学技術への社会学的アプローチ』京都大学学術出版会。
- 藤垣裕子・平川秀幸・富沢宏之・林隆之・調麻佐志・林隆之・牧野淳一郎（2004）『研究評価・科学論のための科学計量学入門』丸善。
- 御代川貴久夫（2013）『科学技術報道史』東京電機大学出版局。
- 江間有沙（2019）『AI 社会の歩き方——人工知能とどう付き合うか』化学同人。

また英語のものとなるが以下のものが標準的なテキストとなっている。
- M. Bucci（2004）*Science in Society: An Introduction to Social Studies of Science.* Routledge.
- S. Sismondo（2010）*An Introduction to Science and Technology Studies Second Edition.* Wiley-Blackwell.
- S. Jasanoff, G. E. Markle, J. C. Peterson, & T. J. Pinch（eds.）（2002）*The Handbook of Science and Technology Studies Second Edition.* Sage Publication.
- E. J. Hackett, O. Amsterdamska, M. Lynch, & J. Wajcman（eds.）（2008）*The Handbook of Science and Technology Studies Third Edition.* MIT Press.
- U. Felt, R. Fouché, A. Clark, C. A. Miller, & Laurel Smith-Doerr（eds.）（2016）

The Handbook of Science and Technology Studies Fourth Edition. MIT Press.

　ここまでに挙げたような資料や著作以外で、さらに発展的な内容について知りたい、あるいは科学社会学や科学人類学などの分野における特定のテーマに絞った研究書について知りたい場合は、例えば以下のようなものがある。

科学社会学
- 松本三和夫（2009）『テクノサイエンス・リスクと社会学——科学社会学の新たな展開』東京大学出版会。
- 立石裕二（2011）『環境問題の科学社会学』世界思想社。
- 山口富子・福島真人（編）（2019）『予測がつくる社会——「科学の言葉」の使われ方』東京大学出版会。

科学人類学
- 森田敦郎（2012）『野生のエンジニアリング——タイ中小工業における人とモノの人類学』世界思想社。
- 山崎吾郎（2015）『臓器移植の人類学——身体の贈与と情動の経済』世界思想社。
- 鈴木舞（2017）『科学鑑定のエスノグラフィ——ニュージーランドにおける法科学ラボラトリーの実践』東京大学出版会。
- 福島真人（2017）『真理の工場——科学技術の社会的研究』東京大学出版会。

そのほか
- 菅豊（2013）『「新しい野の学問」の時代へ——知識生産と社会実践をつなぐために』岩波書店。
- Theodore M. Porter（1995）*Trust in Numbers: The Pursuit of Objectivity in Science and Public Life.* Princeton University Press. 藤垣裕子（訳）『数値と客観性——科学と社会における信頼の獲得』みすず書房、2013。
- Steven Shapin & Schaffer Simon（1989）*Leviathan and the Air Pump: Hobbes, Boyle, and the Experimental Life,* Princeton University Press. 吉本秀之（監訳）、柴田和宏・坂本邦暢（訳）『リヴァイアサンと空気ポンプ——ホッブズ、ボイル、実験的生活』名古屋大学出版会、2016。

なお英語の著作としては、例えば以下のようなものがある。

- Steven Epstein (1996) *Impure Science: AIDS, Activism, and the Politics of Knowledge.* University of California Press.
- A. Irwin & B. Wynne (eds.) (1996) *Misunderstanding Science? The Public Reconstruction of Science and Technology.* Cambridge University Press.
- B. Latour & S. Woolger (1979) *Laboratory Life — The Construction of Scientific Facts.* Princeton University Press.
- Robert E. Kohler (1994) *Loads of the Fly: Drosophila Genetics and the Experimental Life.* University of Chicago Press.
- S. Jasanoff (1998) *The Fifth Branch: Science Advisers as Policymakers.* Harvard University Press.
- S. Jasanoff (2005) *Designs on Nature: Science and Democracy in Europe and the United States.* Princeton University Press.
- Karin Knorr Cetina (1999) *Epistemic Culture: How the Science Make Knowledge.* Harvard University Press.

　また、科学技術社会論ならびに科学人類学の分野では、ブルーノ・ラトゥールの著作への言及が多くなされ、近年では参照される領域も広がりつつある。日本語で読めるラトゥールの著作として、『科学が作られているとき——人類学的考察』（川崎勝・高田紀与志訳、産業図書、1999）、『虚構の「近代」——科学人類学は警告する』（川村久美子訳、新評論、2008）、『科学論の実在——パンドラの希望』（川崎勝・平川秀幸訳、産業図書、2007）、『社会的なものを組み直す——アクターネットワーク理論入門』（伊藤嘉高訳、法政大学出版局、2019）などがある。ラトゥールの議論はわかりやすいものではないが、久保明教『ブルーノ・ラトゥールの取説——アクターネットワーク論から存在様態探求へ』（月曜社、2019）が、詳細かつ手際よく解説した著作として推薦できる。

生命科学に関わる著作

　本書でも中心的な事例として取り上げた生命科学に関連するテーマであれば、まずは以下のような著作からスタートするのが読みやすいのではないだろうか。
- 菱山豊（2003）『生命倫理ハンドブック——生命科学の倫理的、法的、社会的問題』築地書館。
- 菱山豊（2010）『ライフサイエンス政策の現在——科学と社会をつなぐ』勁草書房。
- 米本昌平（2006）『バイオポリティクス——人体を管理するということはどうい

うことか』中公新書。
- 山根裕子（2008）『知的財産権のグローバル化——医薬品アクセスと TRIPS 協定』岩波書店。
- 神里彩子・武藤香織（編）（2015）『医学・生命科学の研究倫理ハンドブック』東京大学出版会。
- 井上悠輔・一家綱邦（編）（2018）『医学研究・臨床試験の倫理　わが国の事例に学ぶ』日本評論社。

そのうえで個別の研究書としては、例えば以下のようなものがある。
- 額賀淑郎（2009）『生命倫理委員会の合意形成——日米比較研究』勁草書房。
　——生命倫理や審議会の議事録を研究したものとしてお手本となる研究書である。
- 立川雅司（2003）『遺伝子組換え作物と穀物フードシステムの新展開——農業・食料社会学的アプローチ』農文協。
- 藤岡典夫・立川雅司（2006）『GMO——グローバル化する生産とその規制』農文協。
- 立川雅司（2017）『遺伝子組換え作物をめぐる「共存」——EU における政策と言説』農林統計出版。
　——GMO に関わる議論を取り扱うのであれば、立川雅司の著作・論文群はまず欠かすことができない。

生命の資源化や生命倫理に関わるものとしては、例えば以下のものなどが挙げられる。
- L. アンドルーズ、D. ネルキン（2001=2002）『人体市場——商品化される臓器・細胞・DNA』岩波書店。
- 柘植あづみ（2012）『生殖技術——不妊治療と再生医療は社会に何をもたらすか』みすず書房。
- 渕上恭子（2009）『バイオ・コリアと女性の身体——ヒトクローン ES 細胞研究「卵子提供」の内幕』勁草書房。
- 小門穂（2015）『フランスの生命倫理法——生殖医療の用いられ方』ナカニシヤ出版。
- 澤井努（2017）『ヒト iPS 細胞研究と倫理』京都大学学術出版会。
- 山本由美子（2015）『死産児になる——フランスから読み解く「死にゆく胎児」

と生命倫理』生活書院。

　本書でふれてきたようなテーマに関する近年の生命倫理に関連する比較的最近の研究書としては、ここで挙げた小門、山本、澤井による著作などをまずはみていただきたい。

　海外の議論においては、以下のものは基礎的な文献として外すことができない。

- M. Bauer, G. Gaskell, & J. Durant (eds.) (1998) *Biotechnology in the Public Sphere: A European Source Book.* Science Museum.
- M. Bauer & G. Gaskell (eds.) (2002) *Biotechnology — the Making of a Global Controversy.* Cambridge University Press.
- M. Bauer & G. Gaskell (eds.) (2006) *Genomics and Society: Legal, Ethical and Social Dimension.* Earthscan.

参 考 文 献

●英語文献

Allum, N., D. Boy, & W. M. Bauer, (2002) "European Regins and the Knowledge Deficit Model," In M. Bauer and G. Gaskell (eds.) *Biotechnology: The Making of a Global Controversy*, Cambridge University Press, pp. 224-243.

Allum, N., P. Sturgis, D. Tabourazi, & I. Brunton-Smith (2008) "Science Knowledge and Attitudes across Cultures: A Meta-analysis," *Public Understanding of Science*, 17, pp. 35-54.

Amin L, M. A. K. Azad, M. H. Gausmian, & F. Zulkifli (2014) "Determinants of Public Attitudes to Genetically Modified Salmon," *PLoS ONE*, 9(1), e86174.

Andrews, L. & D. Nelkin (2001=2002) *Body Bazaar: The Market for Human Tissue in the Biotechnology Age*, Crown. 野田亮・野田洋子 (訳)『人体市場——商品化される臓器・細胞・DNA』岩波書店.

Anzai Tomohiro, Kusama Ryoichi, Kodama Hiroyuki, & Sengoku Shintaro (2012) "Holistic Observation and Monitoring of the Impact of Interdisciplinary Academic Research Projects: An Empirical Assessment in Japan," *Technovation*, 32(6), pp. 345-357.

Armin, Grunwald (2012) *Responsible Nanotechnology: Philosophy and Ethics*, Pan Stanford Publishing.

Bakhshi, Hasan, Philippe Schneider & Christopher Walker (2008) *Arts and Humanities Research and Innovation.* (http://www.ahrc.ac.uk/documents/project-reports-and-reviews/arts-and-humanities-research-and-innovation/ 最終アクセス 2019 年 5 月 17 日)

Balmer, A. & P. Martin (2008) *Synthetic Biology: Social and Ethical Challenges.* (http://www.synbiosafe.eu/uploads/pdf/synthetic_biology_social_ethical_challenges.pdf 最終アクセス 2018 年 2 月 17 日)

Balmer, Andrew S., Jane Calvert, Claire Marris, Susan Molyneux-Hodgson, Emma Frow, Matthew Kearnes, Kate Bulpin, Pablo Schyfter, Adrian Mackenzie, & Paul Martin (2015) "Taking Roles in Interdisciplinary Collaborations: Reflections on Working in Post-ELSI Spaces in the UK Synthetic Biology Community," *Science & Technology Studies*, 28(3), pp. 3-25.

Balmer, Andrew S., Jane Calvert, Claire Marris, Susan Molyneux-Hodgson, Emma Frow, Matthew Kearnes, Kate Bulpin, Pablo Schyfter, Adrian Mackenzie, & Paul Martin (2016) "Five rules of Thumb for Post-ELSI Interdisciplinary Collaborations," *Journal of Responsible Innovation*, 3(1), pp. 73-80.

Barbagallo, F. & J. Nelson (2005) "Report: UK GM Dialogue — Separating Social and Scientific Issues," *Science Communication*, 26(3), pp. 318-325.

Barben, D., E. Fisher, C. Selin & D. H. Guston (2008) "Anticipatory Governance of Nanotechnology: Foresight, Engagement, and Integration," In E. J. Hackett, O. Amsterdamska, M. Lynch & J. Wajcman (eds.) *The Handbook of Science and Technology Studies*, The MIT Press, pp. 979-1000.

Bauer, M. W. (2002) "Controversial Medical and Agri-food Biotechnology: A Cultivation Analysis," *Public Understanding of Science*, 11(2), pp. 93-111.

Bauer, M., G. Gaskell, and J. Durant (eds.) (1998) *Biotechnology in the Public Sphere: A European Source Book*, Science Museum.

Bauer, M. & G. Gaskell (eds.) (2002) *Biotechnology — the Making of a Global Controversy*, Cambridge University Press.

Bauer, M. & G. Gaskell G. (eds.) (2006) *Genomics & Society Legal, Ethical and Social Dimension*, Earthscan.

Bauer, M. W. & J. M. Gutteling (2006) "Issue Salience and Media Framing Over Thirty Years," In M. W. Bauer & G. Gaskell (eds.) *Genomics and Society: Legal, Ethical, and Social Dimensions*, Earthscan, pp. 13-30.

Baumwol, Kate, Sharon T Mortimer, Timothy R Huerta, Cameron D Norman, & Alison M J Buchan (2011) "Promoting Interdisciplinarity in the Life Sciences: A Case Study," *Research Evaluation*, 20 (4), pp. 283-292.

BBSRC, EPSRC (2010) *Synthetic Biology Dialogue*. (https://bbsrc.ukri.org/documents/1006-synthetic-biology-dialogue-pdf/ 最終アクセス 2019 年 4 月 4 日)

Beck, U. (1986=1998) *Risikogesellschaft*, Suhrkamp verlag. 東廉・伊藤美登里 (訳) 『危険社会——新しい近代への道』法政大学出版会.

Beck, Ulrich (1988) *Gegengifte: Die organisierte Unverantwortlichkeit*, Surhkamp.

Betten, A. W., V. Rerimassie, J. Broerse, D. Stemerding, D., & F. Kupper (2018) "Constructing Future Scenarios as a Tool to Foster Responsible Research and Innovation among Future Synthetic Biologists," *Life Sciences, Society and Policy*, 14 (1), 21. doi:10.1186/s40504-018-0082-1.

Blair, Peter D. (2013) *Congress's Own Think Tank: Learning from the Legacy of the Office of Technology Assessment* (1972-1995), Palgrave Macmillan.

Block, Fred & Matthew R. Keller. (2009) "Where Do Innovations Come from? Transformations in the US Economy, 1970-2006," *Socio-Economic Review*, 7 (3), pp. 459-483.

Bornmann, Lutz (2013) "What Is Societal Impact of Research and How Can It Be Assessed? A Literature Survey," *Journal of the American Society for Information Science and Technology*, 64 (2), pp. 217-233.

Bozeman, B. & C. Boardman (2009) "Broad Impacts and Narrow Perspectives: Passing the Buck on Science and Social Impacts," *Social Epistemology*, 23 (3-4), pp. 183-198.

Braun, D. (1993) "Who Governs Intermediary Agencies? Principal-Agent Relations in Research Policy-Making," *Journal of Public Policy*, 13 (2), pp. 135-162.

Brewer, John D. (2011) "The Impact of Impact," *Research Evaluation*, 20 (3), pp. 255-6.

Bucci, M. (2004) *Science in Society: An Introduction to Social Studies of Science*, Routledge.

Butler, L. (2003) "Modifying Publication Practices in Response to Funding Formulas," *Research Evaluation*, 12 (1), pp. 39-46.

Calvert, Jane & Pablo Schyfter (2017) "What Can Science and Technology Studies Learn from Art and Design? Reflections on 'Synthetic Aesthetics'," *Social Studies of Science*, 47 (2), pp. 195-215.

Caulfield T., D. Sip, Charles E. Murry, George Q. Daley, & J. Kimmelman (2016) "Confronting Stem Cell Hype," *Science*, 352 (6287), pp. 776-777.

CBD (2003) *The Cartagena Protocol on Biosafety: A Record of the Negotiations*. (http://www.cbd.int/doc/publications/bs-brochure-03-en.pdf 最終アクセス 2019 年 5 月 1 日)

Cetina, Karin Knorr (1999) *Epistemic Culture: How the Science Make Knowledge*, Harvard University Press.

Chilvers, Jason (2008) "Deliberatiing Competence Theoretical and Practioner Perspectives on Effective Participatory Appraisal Practice," *Science, Technology & Human*

Values, 33(3), pp. 421-51.

Chubin, D.& E. Hackett (1990) *Peerless Science: Peer Review and U.S. Science Policy*, State University of New York Press.

Collee, J. G. & R. Bradley (1997) "BSE: A Decade on—Part I." *The Lancet*, 349 (9052), pp. 636-641.

Committee on STEM Education of the National Science and Technology Council (2018) *Charting a Course for Success: America's Strategy for STEM Education.* (https://www.whitehouse.gov/wp-content/uploads/2018/12/STEM-Education-Strategic-Plan-2018.pdf 最終アクセス 2019 年 8 月 19 日)

Condit, C, M., A. Ferguson, R. Kassel, C. Thadhani, H. C. Gooding, & R. Parrott (2001) "An Exploratory Study of the Impact of News Headlines on Genetic Determinism," *Science Communication*, 22 (4), pp. 379-395.

Cooper, Melinda (2008) *Life as Surplus: Biotechnology & Capitalism in the Neoliberal Era*, The University of Washington Press.

Dallas, D. (2006) "Cafe Scientifique-Déjà vu," *Cell*, 126, pp. 227-29.

de Jong, Stefan P. L., Pleun van Arensbergen, Floortje Daemen, Barend van der Meulen, & Peter van den Besselaar (2011) "Evaluation of Research in Context: An Approach and Two Cases," *Research Evaluation*, 20(1), pp. 61-72.

Department for Business, Innovation, and Skills. (2013) *Guide to BIS 2012-2013.* (https://www.gov.uk/government/uploads/system/uploads/attachment_data/file/34764/12-p120c-guide-to-bis-2012-2013.pdf 最終アクセス 2017 年 2 月 14 日)

Donovan, Claire & Stephen Hanney (2011) "The 'Payback Framework' Explained," *Research Evaluation*, 20(3), pp. 181-183.

Downs, A. (1972) "Up and Down with Ecology: The Issue Attention Cycle," *The Public Interest*, 28, pp. 38-51.

Drummond, C.& B. Fischhoff (2017) "Individuals with Greater Science Literacy and Education Have More Polarized Beliefs on Controversial Science Topics," *PNAS*, 114 (36), pp. 9587-9592.

Einsiedel, E. F., E. Jelsøe, & T. Breck (2001) "Publics at the Technology Table: The Consensus Conference in Denmark, Canada, and Australia," *Public Understanding of Science*, 10(1), pp. 83-98.

Enserink, M. (2011) "Keeping Europe's Basic Research Agency on Track," *Science*, 331 (6021), pp. 1134-1135.

Entman, R. M. (1993) "Framing: Toward Clarification of a Fractured Paradigm," *Journal of Communication*, 43, pp. 51-58.

Epstein, Steven (1996) *Impure Science: AIDS, Activism, and the Politics of Knowledge*, The University of California Press.

ERiC (2010) *Evaluating the Societal Relevance of Academic Research: A Guide.* (http://www.siampi.eu/Content/ERiC%20Guide%202010.pdf 最終アクセス 2019 年 5 月 17 日)

EU Commission (2001) *European Governance: A White Paper.* (http://europa.eu/rapid/press-release_DOC-01-10_en.pdf 最終アクセス 2019 年 5 月 17 日)

EU Commission (2002) *Science and Society Action Plan.* (https://ec.europa.eu/research/swafs/pdf/pub_gender_equality/ss_ap_en.pdf 最終アクセス 2019 年 5 月 17 日)

EU Commission (2005) *Impact Assessment Guidelines.* (http://ec.europa.eu/agriculture/sfs/documents/documents/sec2005-791_en.pdf 最終アクセス 2019 年 5 月 17 日)

EU Commission (2007) *Taking European Knowledge Society Seriously.* (https://ec.europa.eu/research/science-society/document_library/pdf_06/european-knowledge-society_en.pdf 最終アクセス 2019 年 5 月 17 日)

EU Commission (2008) *Communication from*

the Commission to the European Council: *A European Economic Recovery Plan*. （http://ec.europa.eu/economy-_finance/publications/pages/publication13504_en.pdf 最終アクセス 2019 年 5 月 17 日）

EU Commission（2010a）*EUROPE 2020: A European Strategy for Smart, Sustainable and Inclusive Growth*. （https://web.archive.org/web/20100401082914/http://ec.europa.eu/commission_2010-2014/president/news/documents/pdf/20100303_1_en.pdf 最終アクセス 2019 年 5 月 17 日）

EU Commission（2010b）*Smart Regulation in the European Union*. （http://eur-lex.europa.eu/legal-content/EN/TXT/PDF/?uri=CELEX:52010DC0543&from=EN 最終アクセス 2019 年 5 月 17 日）

EU Commission（2011a）*Commission Staff Working Paper Impact Assessment*. （http://ec.europa.eu/research/horizon2020/pdf/proposals/horizon_2020_impact_assessment_report.pdf 最終アクセス 2019 年 5 月 17 日）

EU Commission（2011b）*DG Research Workshop on Responsible Research & Innovation in Europe*. （http://ec.europa.eu/research/science-society/document_library/pdf_06/responsible-research-and-innovation-workshop-newsletter_en.pdf 最終アクセス 2019 年 5 月 17 日）

EU Commission（2013a）Factsheet: Horizon 2020 budget. （https://ec.europa.eu/programmes/horizon2020/sites/horizon2020/files/Factsheet_budget_H2020_0.pdf 最終アクセス 2019 年 5 月 17 日）

EU Commission（2013b）*Commission Staff Working Document: Strategy for European Technology Platforms: ETP 2020*. （ftp://ftp.cordis.europa.eu/pub/etp/docs/swd-2013-strategy-etp-2020_en.pdf 最終アクセス 2019 年 5 月 17 日）

EU Commission（2013c）*Horizon 2020 Work Programme 2014-2015 16. Science with and for Society* （http://ec.europa.eu/research/participants/data/ref/h2020/wp/2014_2015/main/h2020-wp1415-swfs_en.pdf 最終アクセス 2019 年 5 月 17 日）

EU Commission（2015a）*Guidelines on Impact Assessment*. （https://ec.europa.eu/info/sites/info/files/better-regulation-guidelines-impact-assessment.pdf 最終アクセス 2019 年 5 月 21 日）

EU Commission（2015b）*Horizon 2020 Indicators: Assessing the Results and Impact of Horizon*. （http://ec.europa.eu/newsroom/horizon2020/document.cfm?doc_id=10927 最終アクセス 2019 年 5 月 21 日）

EU Commission（2015c）*Indicators for Promoting and Monitoring Responsible Research and Innovation*. （http://ec.europa.eu/research/swafs/pdf/pub_rri/rri_indicators_final_version.pdf 最終アクセス 2019 年 5 月 21 日）

EU Commission（2016a）*Guidelines on Stakeholder Consultation*. （https://ec.europa.eu/info/sites/info/files/better-regulation-guidelines-stakeholder-consultation.pdf 最終アクセス 2019 年 5 月 21 日）

EU Commission（2016b）*Proposal for a Regulation of the European Parliament and of the Council*. （http://eur-lex.europa.eu/legal-content/EN/TXT/PDF/?uri=CELEX:52016PC0447&qid=1477284022851&from=EN 最終アクセス 5 月 18 日）

EU Commission（2016c）*Joint Staff Working Document Impact Assessment: Capacity Building in Support of Security and Development*. （https://eur-lex.europa.eu/legal-content/EN/TXT/PDF/?uri=CELEX:52016SC0222&from=EN 最終アクセス 5 月 18 日）

EU Commission（2016d）*Current RRI in Nano Landscape Report*. （http://www.nano2all.eu/wp-content/uploads/files/D2.1%20Current%20RRI%20in%20Nano%20Landscape%20Report.pdf 最終アクセス 2019 年 5 月 18 日）

EU Commission（2017a）*Interim Evaluation of*

Horizon 2020. （https://ec. europa. eu/re search/evaluations/pdf/book_interim_eval uation_horizon_2020. pdf#view=fit&page mode=none　最終アクセス 2019 年 5 月 21 日）

EU Commission （2017b）*Key Findings from the Horizon 2020 Interim Evaluation.* （https://ec.europa.eu/research/evaluations /pdf/brochure_interim_evaluation_horizon _2020_key_findings. pdf　最終アクセス 2019 年 5 月 21 日）

EU Commission （2017c）*LAB-FAB-APP: Investing in the European Future We Want.* （http://ec.europa.eu/research/evaluations /pdf/archive/other_reports_studies_and_ documents/hlg_2017_report. pdf　最終アクセス 2019 年 5 月 21 日）

EU Commission （2017d）*New Horizons Future Scenarios for Research and Innovation Policies in Europe — Study.* （https://pub lications. europa. eu/en/publication-detail/ -/publication/b2d78a84-3aae-11e7-a08e-01aa75ed71a1/language-en　最終アクセス 2019 年 5 月 21 日）

EU Commission （2018a）*Communication from the Commission to the European Parliament, The Council, The European Economic and Social Committee and the Committee of the Regions: Horizon 2020 Interim Evaluation: Maximising the Impact of EU Research and Innovation.* （https://publications. europa. eu/en/publi cation-detail/-/publication/8012ceac-f6bc -11e7-b8f5-01aa75ed71a1　最終アクセス 2019 年 5 月 21 日）

EU Commission （2018b）*Mission-oriented Research & Innovation in the European Union: A Problem-solving Approach to Fuel Innovation-led Growth.* （https://ec. europa.eu/info/sites/info/files/mazzucato_ report_2018.pdf　最終アクセス 2019 年 5 月 21 日）

EU Commission （2018c）*EU Budget for the Future.* （https://ec.europa.eu/commission /sites/beta-political/files/budget-propos als-research-innovation-may2018_en. pdf 最終アクセス 2019 年 5 月 21 日）

EU Commission （2018d）*The Democratic Scoeity: Citizen Participation in FP9: A model for Mission and Work Programme Engagement.* （https://ec.europa. eu/info/ sites/info/files/citizen-participation-in-fp9- a-model-for-mission-and-work-pro- gramme-engagement_2018_en_0. pdf　最終アクセス 2019 年 5 月 21 日）

EU Commission （2018e）*Proposal for a Regulation of the European Parliament and of the Council Establishing Horizon Europe — the Framework Programme for Research and Innovation, Laying Down Its Rules for Participation and Dissemination.* （https:// eur-lex. europa. eu/resource. html? uri=cel lar: b8518ec6-6a2f-11e8-9483-01aa75ed71a 1.0001.03/DOC_1&format=PDF　最終アクセス 2019 年 5 月 21 日）

EU Commission （2018f）*The Evolution of Responsible Research and Innovation in Europe: The MoRRI Indicators Report.* （http://www.technopolis-group.com/wp- content/uploads/2018/02/D4. 3_Revised_2 0022018_clean.pdf　最終アクセス 2019 年 5 月 21 日）

Felt, U., R. Fouché, A. Clark, C. A. Miller, & Laurel Smith-Doerr （eds.） （2016）*The Handbook of Science and Technology Studies Fourth Edition*, MIT Press.

Fernbach, P. M., N. Light, S. E. Scott, Y. Inbar, & P. Rozin （2019）"Extreme Opponents of Genetically Modified Foods Know the Least but Think They Know the Most," *Nature Human Behavior*, 3, pp. 251-256.

Forsberg, Ellen-Marie & Nico Groenendijk （2019）"RRI and Patenting: a Study of European Patent Governance," *Nanoethics*, 13, pp. 83-101.

Fox, Mary Frank, Kjersten Bunker Whittington, & Marcela Lincová （2017） "Gender, （In） ewuity, and the Scientific

Workforce" In U. Felt, F. Rayvon, Clark A. Miller, & L. Smith-Doerr (eds.), *The Handbook of Science and Technology Studies Fourth Edition*, The MIT Press, pp. 701-731.

Frodeman, Robert & Britt J. Holbrook (2011) "NSF's Struggle to Articulate Relevance," *Science*, 333(6039), pp. 157-158.

Furman, J. L., F. Murray, & S. Stern (2012) "Growing Stem Cells: The Impact of Federal Funding Policy on the U. S. Scientific Frontier," *Journal of Policy Analysis and Management*, 31(3), pp. 661-705.

Geuna, A. (2001) "The Changing Rationale for European University Research Funding: Are There Negative Unintended Consequences?" *Journal of Economic Issues*, 35, pp. 607-632.

Geuna, A. & B. R. Martine (2003) "University Research Evaluation and Funding: An International Comparison," *Minerva*, 41(4), pp. 277-304.

Gibbons, M., G. Limoges, H. Nowotony, S. Schwartzman, P. Scott, & M. Trow (1994= 1997) *The New Production of Knowledge: The Dynamics of Science and Research in Contemporary Societies*, Sage. 小林信一 (監訳)『現代社会と知の創造——モード論とは何か』丸善.

Gieryn, Thomas (1983) "Boundary-work and the Demarcation of Science from Non-science: Strains and Interests in Professional Ideologies of Scientists," *American Sociological Review*, 48(6), pp. 781-795.

Gieryn, T, F. (1995) "Boundary of Science." In S. Jasanoff, G. Markle, T. Pinch, & J. Peterson (eds.) *Handbook of Science and Technology Studies*, Sage, pp. 393-443.

Gläser, Jpchen (2007) "The Social Orders of Research Evaluation Systems," In R. Whitley & J. Gläser (eds.) *The Changing Governance of the Sciences: The Advent of Research Evaluation Systems* (Sociology of the Science Yearbook 26), Springer, pp. 245-266.

Guetzkow, Joshua, Michèle Lamont, & Grégoire Mallard (2004) "What Is Originality in the Humanities and the Social Sciences?" *American Sociological Review*, 69(2), pp. 190-212.

Guston, David H. (2000) *Between Politics and Science: Assuring the Integrity and Productivity of Research*, Cambridge University Press.

Guston, D. H. (2014) "Understanding 'Anticipatory Governance'," *Social Studies of Science*, 44(2), pp. 218-242.

Guston, D. H. & D. Sarewitz (2002) "Real-time Technology Assessment," *Technology in Society*, 24(1-2), pp. 93-109.

Gutteling, J. M., A. Olosfossen, B. Fjæstad, M. Kohring, A. Goerke, M. W. Bauer, T. Rusanen, A. Allandottir, A. Berthomier, C. Suzanne, F. Helle, G. Gaskell, M. Leonarz, M. Liakopoulos, T. M. Arne, P. Andrzej, R. Georg, R. Maria, M. Schanne, F. Sseifert, A. Stathopoulou, & W. Wagner (2002) "Media Coverage 1973-1996: Trends and Dynamics," in M. W. Bauer & G. Gaskell (eds.) *Biotechnology: The Making of a Global Controversy*, Cambridge University Press, pp. 95-128.

Hackett, E, J., O. Amsterdamska, M. Lynch, & J. Wajcman (eds.) (2008) *The Handbook of Science and Technology Studies Third Edition*, MIT Press.

Hails, R. & J. Kinderlerer (2003) "The GM Public Debate: Context and Communication Strategies," *Nature Reviews Genetics*, 4(10), pp. 819-825.

Hansen, J., L. Holm, L. Frewer, P. Robinson, & P. Sandøe (2003) "Beyond the Knowledge Deficit: Recent Research into Lay and Expert Attitudes to Food Risks," *Appetite*, 41(2), pp. 111-121.

Hart Research Associates (2013) *Awareness & Impressions of Synthetic Biology A Report of Findings Based on A National Survey Among Adults.*（https://www.cbd.int/doc/emerging-issues/emergingissues-2013-07-WilsonCenter-SynbioSurvey-en.pdf 最終アクセス 2019 年 5 月 17 日）

Hayashi, K., H. Ohta, K. Kurimoto, S. Aramaki, & M. Saitou（2011）"Reconstitution of the Mouse Germ Cell Specification Pathway in Culture by Pluripotent Stem Cells." *Cell,* 146, pp. 519-532.

Helmreich, Stefan（2008）"Species of Biocapital," *Science as Culture,* 17（4）, pp. 463-78.

Hemlin, S. & S.B. Rasmussen（2006）"The Shift in Academic Quality Control," *Science, Technology & Human Value,* 31（2）, pp. 173-198.

Hibino Aiko & Nagata Motohiko.（2006）"Biotechnology in the Japanese Media? Comparative Analysis of Newspaper Articles on Genetic Engineering between Japan and Europe," *Asian Journal of Social Psychology,* 9, pp. 12-23.

Hicks, Diana, Paul Wouters, Ludo Waltman, Sarah de Rijcke, & Ismael Rafols（2015）"Bibliometrics: The Leiden Manifesto for Research Metrics," *Nature,* 520（7548）, pp. 429-431.

HM Treasury Contacts, Department for Education and Skills contacts, Department of Trade and Industry Contacts, Department of Health Contacts（2006）*Science and Innovation Investment Framework 2004-2014: Next Step.*（http://webarchive.nationalarchives.gov.uk/+/http:/www.hm-treasury.gov.uk/media/7/8/bud06_science_332v1.pdf 最終アクセス 2019 年 5 月 19 日）

Ho, S. S., B. Dominique, & D. A. Scheufele（2008）"Effect of Value Predispositions, Mass Media Use, and Knowledge on Public Attitudes toward Embryonic Stem Cell Research," *International Journal of Public Opinion Research,* 20, pp. 171-192.

Holbrook, J., B.（2005）"Assessing the Science-Society Relation: The Case of the US National Science Foundation's Second Merit Review Criterion," *Technology in Society,* 27（4）, pp. 437-451.

Horlick-Jones, T., John Walls, Gene Rowe, Nick Pidgeon, Wouter Poortinga & Tim O'riordan.（2006）"On Evaluating the GM Nation? Public Debate about the Commercialisation of Transgenic Crops in Britain," *New Genetics and Society,* 25（3）, pp. 265-288.

Horlick-Jones, T., Gene. Rowe & John Walsh.（2007a）"Citizen Engagement Processes as Information Systems: The Role of Knowledge and the Concept of Translation Quality," *Public Understanding of Science,* 16（3）, pp. 259-278.

Horlick-Jones, T., John Walls, Gene Rowe, Nick Pidgeon, Wouter Poortinga, Graham Murdock, & Tim O'riordan（2007b）*The GM Debate: Risk, Politics, and Public Engagement,* Routledge.

Ikkatai, Yuko, Atsushi Inoue, Kei Kano, Azusa Minamizaki, Euan McKay, Hiromi M. Yokoyama（2019）"Parental Egalitarian Attitudes towards Gender Roles Affect Agreement on Girls Taking STEM Fields at University in Japan," *International Journal of Science Education,* 41（16）, pp. 2254-2270.

Inoue Yusuke, Shineha Ryuma, & Yashiro Yoshimi（2016）"Current Public Support for Human-Animal Chimera Research in Japan Is Limited, Despite High Levels of Scientific Approval," *Cell Stem Cell,* 19（2）, pp. 152-153.

International Society for Stem Cell Research（2006）*Guidelines for the Conduct of Human Embryonic Stem Cell Research.*（http://www.isscr.org/docs/default-source/all-isscr-guidelines/hesc-guidelines/isscrhescguidelines2006.pdf? sfvrsn=0 最終アクセス 2019 年 5 月 17 日）

International Society for Stem Cell Research

(2008) *Guidelines for the Clinical Transla-tion of Stem Cells*. (http://www.isscr.org/docs/guidelines/isscrglclinicaltrans.pdf 最終アクセス 2019 年 5 月 17 日)

International Society for Stem Cell Research (2009) *Tumors after Attempted Stem Cell Therapy Highlight Importance of Rigorous Standards before Clinical Treatment.* (http://www.isscr.org/professional-resources/news-publicationsss/isscr-news-articles/article-listing/2009/03/05/tumors-after-attempted-stem-cell-therapy-highlight-importance-of-rigorous-standards-before-clinical-treatment 最終アクセス 2019 年 5 月 17 日)

International Society for Stem Cell Research (2016) *Guidelines for Stem Cell Research and Clinical Translation.* (http://www.isscr.org/docs/default-source/guidelines/isscr-guidelines-for-stem-cell-research-and-clinical-translation.pdf 最終アクセス 2019 年 5 月 17 日)

IRGC (2005) *White Paper on Risk Governance towards an Integrative Approach.* (https://irgc.org/wp-content/uploads/2012/04/IRGC_WP_No_1_Risk_Governance__reprinted_version_3.pdf 最終アクセス 2019 年 5 月 17 日)

IRGC (2017) *Introduction to the IRGC Risk Governance Framework Revised Version.* (https://irgc.epfl.ch/wp-content/uploads/2018/10/IRGC.-2017.-An-introduction-to-the-IRGC-Risk-Governance-Framework.-Revised-version..pdf 最終アクセス 2019 年 5 月 17 日)

Irwin, A. & B. Wynne (eds.) (1996) *Misunderstanding Science? The Public Reconstruction of Science and Technology*, Cambridge University Press.

ISAAA (2017) *Global Status of Commercialized Biotech/GM Crops in 2017: Biotech Crop Adoption Surges as Economic Benefits Accumulate in 22 Years*, ISAAA Brief No. 53. (http://www.isaaa.org/resources/publications/briefs/53/download/isaaa-brief-53-2017.pdf 最終アクセス 2019 年 5 月 17 日)

Ishihara-Shineha Seiko (2017) "Persistence of the Deficit Model in Japan's Science Communication: Analysis of White Papers on Science and Technology," *East Asian Science, Technology and Society: An International Journal*, 11(3), pp. 1-25.

Ishii, T., Renee A R. Pera, & H. T. Greely (2013) "Ethical and Legal Issues Arising in Research on Inducing Human Germ Cells from Pluripotent Stem Cells," *Cell Stem Cell*, 13(2), pp. 145-148.

ISO/IEC (2004) *Guide2: Standardization and Related Activities: General Vocabulary, Eighth Edition.* (https://www.iso.org/files/live/sites/isoorg/files/archive/pdf/en/iso_iec_guide_2_2004.pdf 最終アクセス 2019 年 5 月 17 日)

Jasanoff, Sheila (1998) *The Fifth Branch: Science Advisers as Policymakers*, Harvard University Press.

Jasanoff, Sheila (2005) *Designs on Nature: Science and Democracy in Europe and the United States*, Princeton University Press.

Jasanoff, Sheila, Markle, G, E., Peterson, J, C., Pinch, T, J. (eds.) (2002) *The Handbook of Science and Technology Studies Second Edition.* Sage.

Jasanoff, Sheila & Kim Sang-Hyun. (2009) "Containing the Atom: Sociotechnical Imaginaries and Nuclear Power in the United States and South Korea," *Minerva*, 47, pp. 119-146.

Jo, A. B., H. Timothy, & S. Heather (2003) "Public Perception of Plant Biotechnology: A Focus Group Study," *New Genetics and Society*, 22(2), pp. 93-109.

Joint Committee on Quantitative Assessment of Research (2008) *Citation Statistics: A Report from the International Mathematical Union (IMU) in Cooperation with the International Council of Industrial and*

Applied Mathematics (*ICIAM*) *and the Institute of Mathematical Statistics* (*IMS*), (https://www.mathunion.org/fileadmin/IMU/Report/CitationStatistics.pdf 最終アクセス 2019 年 5 月 22 日). 日本数学会 (訳)『IMU-ICIAM-IMS 報告 Citation Statistics』(http://mathsoc.jp/IMU/Citation StatisticsJp20081202.pdf 最終アクセス 2019 年 5 月 22 日)

Kahn, Shulamit, & Donna K. Ginther (2017) "Women and Stem," *NBER Working Paper*, w23525. (https://papers.ssrn.com/sol3/papers.cfm?abstract_id=2988746 最終アクセス日 2019 年 11 月 26 日)

Kamenetzky, R Julia (2013) "Opportunities for Impact: Statistical Analysis of the National Science Foundation's Broader Impacts Criterion," *Science and Public Policy*, 40, pp.72-84.

Kamenova, K. & Caulfield, T. (2015) "Stem Cell Hype: Media Portrayal of Therapy Translation," *Science Translational Medicine*, 7(278), 278ps4.

Kasperson, Roger E. (1986) "Six Propositions on Public Participation and Their Relevance for Risk Communication," *Risk Analysis*, 6(3), pp.275-281.

Keller, Matthew, R. (2011) "The CIA's Pioneering Role in Public Venture Capital Initiatives," in Fred Block & Matthew R. Keller (eds.) *State of Innovation: the U.S. Government's Role in Technology Development*, Paradigm Publishers, pp.109-132.

Kevles, Daniel J. (2007) "Patents, Protections, and Privileges: The Establishment of Intellectual Property in Animals and Plants," *Isis*, (98), pp.323-331.

Kim, L. (2008) "Explaining the Hwang Scandal: National Scientific Culture and its Global Relevance," *Science as Culture*, 17 (4), pp.397-415.

Kim, T.-H. (2008) "How Could a Scientist Become a National Celebrity? Nationalism and the Hwang Woo-Suk Scandal," *East Asian Science, Technology and Society: An International Journal*, 2(1), pp.27-45.

Kline, Stephen J. (1985) "Innovation is not a Linear Process," *Research Management*, 28 (4), pp.36-45.

Kohler, Robert E. (1994) *Loads of the Fly: Drosophila Genetics and the Experimental Life*, The University of Chicago Press.

König, Thomas. (2015) "Peer Review in the Social Sciences and Humanities at the European Level: The Experiences of the European Research Council," In Michael Ochsner et al. (eds.) *Research Assessment in the Humanities: Towards Criteria and Procedures*, Springer, pp.151-164.

Krippendorff, Klaus (1980=1994) *Content Analysis: An Introduction to its Methodology*, Sage. 三上俊治・橋元良明・椎野信雄 (訳)『メッセージ分析の技法──「内容分析」への招待』勁草書房.

Kruvand, M. & S. Hwang (2007) "From Revered to Reviled: A Cross-Cultural Narrative Analysis of the South Korean Cloning Scandal," *Science Communication*, 29(2), pp.177-197.

Lamont, Michèle. (2009) *How Professors Think: Inside the Curious World of Academic Judgment*, Harvard University Press.

Lamont, Michèle & Joshua Guetzkow (2015) "How Quality Is Recognized by Peer Review Panels: The Case of the Humanities," In Michael Ochsner et al. (eds.) *Research Assessment in the Humanities: Towards Criteria and Procedures*, Springer, pp.31-42.

Latour, Bruno (1987=1999) *Science in Action: How to Follow Scientists and Engineers through Society*, Harvard University Press. 川崎勝・高田紀代志 (訳)『科学が作られているとき──人類学的考察』産業図書.

Latour, Bruno (1993=2008) *We Have Never Been Modern,* Harvard University Press. 川崎勝・高田紀代志 (訳)『虚構の「近代」──科学人類学は警告する』新評論.

Latour, Bruno（1999=2007）*Pandora's Hope: Essays on the Reality of Science Studies*, Harvard University Press. 川崎勝・平川秀幸（訳）『科学論の実在──パンドラの希望』産業図書.

Latour, Bruno（2005=2019）*Reassembling the Social: An Introduction to Actor-Network-Theory*, Oxford University Press. 伊藤嘉高（訳）『社会的なものを組み直す──アクターネットワーク理論入門』法政大学出版会.

Latour B. & Woolger S.（1979）*Laboratory Life: The Construction of Scientific Facts*, Princeton University Press.

League of European Research Universities（2012）*Research Universities and Research Assessment*.（https://www.leru.org/files/Research-Universities-and-Research-Assessment-Full-paper.pdf 最終アクセス 2019 年 5 月 17 日）

Leem, S. Y. & J. H. Park（2008）"Rethinking Women and Their Bodies in the Age of Biotechnology: Feminist Commentaries on the Hwang Affair," *East Asian Science, Technology and Society: An International Journal*, 2(1), pp. 9-26.

Lepori, B., P. Van den Besselaar, M. Dinges, B. Potì, E. Reale, S. Slipersæte, J. Thèves, & B. Van der Meulen（2007）"Comparing the Evolution of National Research Policies: What Patterns of Change?" *Science and Public Policy*, 34(6), pp. 372-388.

Lewison, G.（2007）"The Reporting of the Risks from Genetically Modified Organisms in the Mass Media, 2002-2004," *Scientometrics*, 72, pp. 439-458.

Leydesdorff, L. & I. Hellsten（2005）"Metaphors and Diaphors in Science Communication: Mapping the Case of 'Stem-Cell Research'," *Science Communication*, 27, pp. 64-99.

Leydesdorff, L. & I. Hellsten（2006）"Measuring the Meaning of Words in Contexts: An Automated Analysis of Controversies about 'Monarch Butterflies,' 'Frankenfoods,' and 'Stem Cells'," *Scientometrics*, 67, pp. 231-258.

Leydesdorff, L., & M. Meyer（2010）"The Decline of University Patenting and the End of the Bayh-Dole Effect," *Scientometrics*, 83, pp. 355-362.

Liakopoulos, M.（2002）"Pandora's Box or Panacea? Using Metaphors to Create the Public Representations of Biotechnology," *Public Understanding of Science*, 11 (1), pp. 5-32.

Lincoln, A. E., S. Pincus, J. B. Koster, & P. S. Leboy（2012）"The Matilda Effect in Science: Awards and Prizes in the US, 1990s and 2000s.," *Social Studies of Science*, 42(2), pp. 307-320.

Listerman, T.（2010）"Framing of Science Issues in Opinion-Leading News: International Comparison of Biotechnology Issue Coverage," *Public Understanding of Science*, 19, pp. 5-15.

Lundgren, Regina E. & Andrea H. McMakin（2018）*Risk Communication: A Handbook for Communicating Environmental, Safety, and Health Risks*, Wiley-IEEE Press.

Macer, D. & M, A. Chen Ng（2000）"Changing Attitudes to Biotechnology in Japan," *Nature Biotechnology*, 18(9): 945-947.

Mair, Christian（2015）"Rating Research Performance in the Humanities: An Interim Report on an Initiative of the German Wissenschaftsrat," In Michael Ochsner et al. (eds.) *Research Assessment in the Humanities: Towards Criteria and Procedures*, Springer, pp. 23-30.

Marks, L. A., N. Kalaitzandonakes., L. Wilkins, & L. Zakharova（2007）"Mass Media Framing of Biotechnology News," *Public Understanding of Science*, 16, pp. 183-203.

Marris, C.（2015）"The Construction of Imaginaries of the Public as a Threat to Synthetic Biology," *Science as Culture*, 24 (1), pp. 83-98.

Marris, C, C. Jefferson, & F. Lentzos (2014) "Negotiating the Dynamics of Uncomfortable Knowledge: The Case of Dual Use and Synthetic Biology," *BioSocieties*, 9(4), pp. 393-420.

Marris, C. & J. Calvert (2019) "Science and Technology Studies in Policy: The UK Synthetic Biology Roadmap," *Science, Technology & Human Values*. https://doi.org/10.1177/0162243919828107

Martin, B. R. (2011) "The Research Excellence Framework and the 'Impact Agenda': Are We Creating a Frankenstein Monster?" *Research Evaluation*, 20(3), pp. 247-254.

McCombs, M. (2014=2018) *Setting Agenda: 2nd Edition*, Polity Press. 竹下俊郎 (訳)『アジェンダセッティング──マスメディアの議題設定力と世論』学文社.

McCombs, M. E. & D. L. Shaw, D. L. (1972) "The Agenda-Setting Function of Mass Media," *Public Opinion Quarterly*, 36, pp. 176-187.

Merton, Robert K. (1949=1961) *Social Theory and Social Structure: Toward the Codification of Theory and Research*, The Free Press. 森東吾・森好夫・金沢実・中島竜太郎 (訳)『社会理論と社会構造』みすず書房.

Merton, Robert K. (1968) "The Matthew Effect in Science," *Science*, 159(3810), pp. 56-63.

Mervis, J. (2011) "Beyond the Data," *Science*, 334(6053), pp. 169-171.

Midden C, D. Boy D, E. Einsiedel, B. Fjaestad, M. Liakopoulos, J. D. Mill er, O. Susanna, & W. Wagner (2002) "The structure of Public Perception" in M. Bauer & G. Gaskell (eds.) *Biotechnology: The Making of a Global Controversy*, Cambridge University Press, pp. 203-223.

Mikami Koichi (2015) "State-Supported Science and Imaginary Lock-in: The Case of Regenerative Medicine in Japan," *Science as Culture*, 24(2), pp. 183-204.

MIT (1999) *A Study on the Status of Women Faculty in Science at MIT*. (http://web.mit. edu/FNL/women/women. pdf 最終アクセス 2019 年 5 月 17 日)

MIT (2002) *Reports of the Committees on the Status of Women Faculty*. (http://faculty governance. mit. edu/sites/default/files/reports/2002-03_Status_of_Women_Faculty-All_Reports.pdf 最終アクセス 2019 年 5 月 17 日)

MIT (2011) *A Report on the Status of Women Faculty in the Schools of Science and Engineering at MIT*. (http://facultygovernance. mit.edu/sites/default/files/reports/2011-03_Status_Women_Faculty-SoE_and _SoS.pdf 最終アクセス 2019 年 5 月 17 日)

Mol, Annemarie (2002=2016) *The Body Multiple: Ontology in Medical Practice*, Duke University Press; 浜田明範・田口陽子 (訳)『多としての身体──医療実践における存在論』水声社.

Moss-Racusin, Corinne A., John F. Dovidio, Victoria L. Brescoll, Mark J. Graham, & Jo Handelsman (2012) "Faculty's Subtle Gender Biases Favor Male Students," *PNAS*, 109(41), pp. 16474-16479.

Muller, Jerry. Z. (2018=2019) *The Tyranny of Metrics*, Princeton University Press. 松本裕 (訳)『測りすぎ──なぜパフォーマンス評価は失敗するのか?』みすず書房.

National Academy of Public Administration (2001) *A Study of the National Science Foundation's Criteria for Project Selection*. (http://www.nsf.gov/nsb/documents/2005/nsb05119.pdf 最終アクセス 2019 年 5 月 18 日)

National Economic Council and Office of Science and Technology Policy (2009) *A Strategy for American Innovation: Driving Towards Sustainable Growth and Quality Jobs*. (https://obamawhitehouse.archives.gov/sites/default/files/strategy_for_american_innovation_october_2015. pdf 最終

アクセス 2019 年 8 月 19 日）

National Economic Council and Office of Science and Technology Policy（2015）*A Strategy for American Innovation.*（https://files. eric. ed. gov/fulltext/ED511653. pdf 最終アクセス 2019 年 8 月 19 日）

National Research Council（1983）*Risk Assessment in the Federal Government: Managing the Process,* National Academy Press.

National Research Council（2006）*A Matter of Size: Triennial Review of the National Nanotechnology Initiative,* National Academy Press.

National Science Board（2011）*National Science Foundation's Merit Review Criteria: Review and Revisions.*（https://www.nsf. gov/nsb/publications/2011/meritreview criteria.pdf 最終アクセス 2019 年 5 月 18 日）

National Science Foundation（2013）*Revised NSF Merit Review Criteria Effective for Proposals Submitted or Due on or After January 14.*（https://www. nsf. gov/bfa/ dias/policy/merit_review/overview.pdf 最終アクセス 2019 年 5 月 18 日）

National Science Foundation（2015）*Perspectives on Broader Impacts.*（https://www. nsf.gov/od/oia/publications/Broader_Im pacts.pdf 最終アクセス 5 月 18 日）

Nisbet, M. C. & B. V. Lewenstein（2002）"Biotechnology and the American Media: The Policy Process and the Elite Press, 1970 to 1999," *Science Communication,* 23, pp. 359-391.

Nisbet, M. C.（2005）"The Competition for Worldviews: Values, Information, and Public Support for Stem Cell Research," *International Journal of Public Opinion Research,* 17, pp. 90-112.

Nisbet, M. C., D. Brossard, & A. Kroepsch（2003）"Framing Science: The Stem Cell Controversy in an Age of Press/Politics," *Press/Politics,* 8, pp. 36-70.

Nisbet, M. C. & M. Huge（2006）"Attention Cycles and Frames in the Plant Biotechnology Debate Managing Power and Participation through the Press/Policy Connection," *Press/Politics,* 11, pp. 3-40.

Nishizawa, M.（2005）"Citizens Deliberations on Science and Technology and Their Social Environments: Case Study on the Japanese Consensus Conference on GM Crops," *Science and Public Policy,* 32(6), pp. 479-489.

Nowotony, Helga（2009）*Frontier Research in the Social Sciences and Humanities: What Does It Mean, What Can It Mean?*（http:// www. helga-nowotny. eu/downloads/hel ga_nowotny_b1.pdf 最終アクセス 2019 年 5 月 18 日）

Ochsner Michael, Sven E. Hug, Hans-Dieter Daniel（2015）"Humanities Scholars' Conceptions of Research Quality," In Michael Ochsner et al. (eds.) *Research Assessment in the Humanities: Towards Criteria and Procedures,* Springer, pp. 43-69.

OECD（1971=1972）*Science Growth and Society: A New Perspective: Report.* 大来佐武郎（監訳）『科学・成長・社会――問い直される科学技術』日本経済新聞社.

OECD（2004）*University Research Management: Meeting the Institutional Challenge,* OECD Publishing.

OECD（2014）*Emerging Policy Issues in Synthetic Biology.*（https://kusip.gov.tr/kusip /yonetici/tematikAlanEkGoster.htm?id=71 最終アクセス 2019 年 5 月 18 日）

Owen, Richard, Phil Macnaghten, & Jack Stilgoe（2012）"Responsible Research and Innovation: From Science in Society to Science for Society, with Societ," *Science and Public Policy,* 39(6), pp. 751-760.

Owen, Richard, Jack Stilgoe, Phil Macnaghten, Mike Gorman, Erik Fisher, & David Guston（2013）"A Framework for Responsible Innovation," In Richard Owen et al. (eds) *Responsible Innovation: Managing the Responsible Emergence of Science and*

Innovation in Society, Wiley, pp. 27-50.

Parliamentary Office of Science and Technology (2001) *Open Channels Public Dialogue in Science and Technology*. (http://www.parliament.uk/documents/post/pr153.pdf 最終アクセス 2019 年 5 月 18 日)

Pauwels, E. (2013) "Public Understanding of Synthetic Biology," *BioScience*, 63 (2), pp. 79-89.

Penfield, Teresa, Matthew J. Baker, Rosa Scoble, & Michael C. Wykes (2014) "Assessment, Evaluations, and Definitions of Research Impact: A Review," *Research Evaluation*, 23 (1), pp. 21-32.

Pidgeon, N. F., W. Poortinga, G. Rowe, T. H. Jones, J. Walls, & T. O'Riordan (2005) "Using Surveys in Public Participation Processes for Risk Decision Making: The Case of the 2003 British GM Nation? Public Debate," *Risk Analysis*, 25 (2), pp. 467-479.

Pisano, Gary P. (2006=2008) *Science Business: The Promise, the Reality, and the Future of Biotech*, Harvard Business School Press. 池村千秋 (訳)『サイエンス・ビジネスの挑戦——バイオ産業の失敗の本質を検証する』日経 BP 社.

Poliakoff, E. & T. L. Webb (2007) "What Factors Predict Scientists' Intentions to Participate in Public Engagement of Science Activities," *Science Communication*, 29 (2), pp. 242-263.

Porter, A. L. & A. Rossini (1985) "Peer Review of Interdisciplinary Research Proposals," *Science, Technology & Human Values*, 10 (3), pp. 33-38.

Porter, Theodore M. (1995=2013) *Trust in Numbers: The Pursuit of Objectivity in Science and Public Life*, Princeton University Press. 藤垣裕子 (訳)『数値と客観性——科学と社会における信頼の獲得』みすず書房.

Pruvot, E. B., A. L. Claeys-Kulik, & T. Estermann (2015) "Strategies for Efficient Funding of Universities in Europe,"

In Adrian Curaj, Liviu Matei Remus Pricopie, Jamil Salmi, & Peter Scott (eds.) *The European Higher Education Area: Between Critical Reflections and Future Policies*, Springer, pp. 153-168.

Rajan, Kaushik Sunder (2006=2011) *Biocapital: The Constitution of Postgenomic Life*, Duke University Press. 塚原東吾 (訳)『バイオキャピタル——ポストゲノム時代の資本主義』青土社.

Rajan, Kaushik Sunder (2017) *Pharmocracy: Value, Politics, and Knowledge in Global Biomedicine*, Duke University Press.

Research Council Economic Impact Group (2006) *Increasing the Economic Impact of Research Councils: Advice to the Director General of Science and Innovation*. (https://webarchive.nationalarchives.gov.uk/20060810193031/http://www.dti.gov.uk/science/page32834.html 最終アクセス 2019 年 5 月 18 日)

Research Excellence Framework (2011) *Assessment Framework and Guidance on Submissions*. (https://webarchive.nationalarchives.gov.uk/20110824152028/http://www.hefce.ac.uk/research/ref/pubs/2011/02_11/ 最終アクセス 2019 年 5 月 18 日)

Research Excellence Framework (2019a) *Guidance on Submissions*. (https://www.ref.ac.uk/media/1092/ref-2019_01-guidance-on-submissions.pdf 最終アクセス 2019 年 7 月 6 日)

Research Excellence Framework (2019b) *Panel Criteria and Working Methods*. (https://www.ref.ac.uk/media/1084/ref-2019_02-panel-criteria-and-working-methods.pdf 最終アクセス 2019 年 7 月 6 日)

Ribeiro, Barbara E., Robert D. J. Smith, & Kate Millar (2017) "A Mobilising Concept? Unpacking Academic Representations of Responsible Research and Innovation," *Science and Engineering Ethics*, 23 (1), pp. 81-103.

Riffe, Daniel, Stephen Lacy, & Frederik Fico

(2013=2018) *Analyzing Media Messages: Using Quantitative Content Analysis in Research* (*Third Edition*), Routledge. 日野愛郎, 千葉涼, 永井健太郎 (訳)『内容分析の進め方：メディア・メッセージを読み解く』勁草書房, 2018.

Rip, Arie (2014) "The past and Future of RRI," *Life Science, Society and Policy*, 10, 17. https://doi.org/10.1186/s40504-014-0017-4

Roberts, M., R. (2009) "Realizing Societal Benefit from Academic Research: Analysis of the National Science Foundation's Broader Impacts Criterion," *Social Epistemology*, 23 (3-4), pp. 199-219.

Rose, Nikolas. (2007=2014) *The Politics of Life Itself: Biomedicine, Power, and Subjectivity in the Twenty-First Century*, Princeton University Press. 檜垣立哉 (監訳), 小倉拓也・佐古仁志・山崎吾郎 (訳)『生そのものの政治学——二十一世紀の生物医学, 権力, 主体性』法政大学出版会.

Rowe, G. & L. J. Frewer (2000) "Public Participation Methods: A Framework for Evaluation," *Science, Technology & Human Values*, 25 (1), pp. 3-29.

Rowe, G. & L. J. Frewer (2004) "Evaluating Public-participation Exercises: A research Agenda," *Science, Technology & Human Values*, 29 (4), pp. 512-557.

Rowe, G. & L. J. Frewer (2005) "A Typology of Public Engagement Mechanisms," *Science, Technology & Human Values*, 30 (2), pp. 251-290.

Rowe, G., T. Horlick-Jones, J. Walls, & N. Pidgeon (2005) "Difficulties in Evaluating Public Engagement Initiatives: Reflections on an Evaluation of the UK GM Nation? Public Debate about Transgenic Crops," *Public Understanding of Science*, 14 (4), pp. 331-352.

Salter, B. & C. Salter (2007) "Bioethics and the Global Moral Economy: The Cultural Politics of Human Embryonic Stem Cell Science," *Science, Technology, and Human Value*, 32, pp. 554-581.

Samuel, Gabrielle N. & Gemma E. Derrick (2015) "Societal Impact Evaluation: Exploring Evaluator Perceptions of the Characterization of Impact under the REF 2014," *Research Evaluation*, 24 (3), pp. 229-241.

Sasaki, K., S. Yokobayashi, T. Nakamura, I. Okamoto, Y. Yabuta, K. Kurimoto, H. Ohta, Y. Moritoki, C. Iwatani, H. Tsuchiya, S. Nakamura, K. Sekiguchi, T. Sakuma, T. Yamamoto, T. Mori, K. Woltjen, M. Nakagaw, T. Yamamoto, K. Takahashi, S. Yamanaka, & M. Saitou (2015) "Robust In Vitro Induction of Human Germ Cell Fate from Pluripotent Stem Cells," *Cell Stem Cell*, 17, 178-194.

Sawai Tsutomu, Hatta Taichi & Fujita Misao (2017) "Public Attitudes in Japan Towards Human-animal Chimeric Embryo Research Using Human Induced Pluripotent Stem Cells," *Regenerative Medicine*, 12 (3), 233-248.

Schäfer, S. M. (2009) "From Public Understanding to Public Engagement: An Empirical Assessment of Changes in Science Coverage," *Science Communication*, 30, pp. 475-505.

Scheufele, D. A. (1999) "Framing as a Theory of Media Effects," *Journal of Communication*, 49, pp. 103-122.

Shapin, Steven & Simon Schaffer (1989=2016) *Leviathan and the Air Pump: Hobbes, Boyle, and the Experimental Life*, Princeton University Press. 吉本秀之 (監訳)、柴田和宏・坂本邦暢 (訳)『リヴァイアサンと空気ポンプ——ホッブズ、ボイル、実験的生活』名古屋大学出版会.

Schroeder, Doris, Sally Dalton-Brown, Benjamin Schrempf, & David Kaplan (2015) "Responsible, Inclusive Innovation and the Nano-Divide," *Nanoethics*, 10 (2), pp. 177-188.

Shineha, R. (2016) "Attention to Stem Cell Research in Japanese Mass Media: Twenty-year Macrotrends and the Gap between Media Attention and Ethical, Legal, and Social Issues," *East Asian Science, Technology and Society: An International Journal*, 10(3), pp. 229-246.

Shineha, R., A. Hibino, & K. Kato (2008) "Analysis of Japanese Newspaper Articles on Genetic Modification," *Journal of Science Communication*, 2, pp. 1-8.

Shineha, R, Y. Inoue, T. Ikka, A. Kishimoto, & Y. Yashiro (2017) "Science Communication in Regenerative Medicine: Implications for the Role of Academic Society and Scientific Policy," *Regenerative Therapy*, 7, pp. 89-97.

Shineha, R, Y. Inoue, T. Ikka, A. Kishimoto, & Y. Yashiro (2018) "Comparative Analysis of Attitudes on Communication toward Stem Cell Research and Regenerative Medicine between the Public and the Scientific Community," *Stem Cells Translational Medicine*, 7(2), pp. 251-257.

Shineha, R. & K. Kato (2009) "Public Engagement in Japanese Policy-making: A History of the Genetically Modified Organisms Debate," *New Genetics and Society*, 28(2), pp. 139-152.

Shineha, R., M. Kawakami, K. Kawakami, M. Nagata, T. Tada, & K. Kato (2010) "Familiarity and Prudence of the Japanese Public with Research into Induced Pluripotent Stem Cells, and Their Desire for Its Proper Regulation," *Stem Cell Reviews and Reports*, 6, pp. 1-7.

Sismondo, S. (2010) *An Introduction to Science and Technology Studies Second Edition*, Wiley-Blackwell.

Sleeboom-Faulkner, M. (2008) "Debates on Human Embryonic Stem Cell Research in Japan: Minority Voices and Their Political Amplifiers," *Science as Culture*, 17, pp. 85-97.

Sleeboom-Faulkner, M. (2010) "Contested Embryonic Culture in Japan-Public Discussion, and Human Embryonic Stem Cell Research in an Aging Welfare Society," *Medical Anthropology*, 29, pp. 44-70.

Smith, M. D., F. Asche, A. G. Guttormsen, & J. B. Wiener (2010) "Genetically Modified Salmon and Full Impact Assessment," *Science*, 330(6007), pp. 1052-1053.

Spaapen, Jack (2012) *SIAMPI Final Report*. (http://www.siampi.eu/Content/SIAMPI _Final%20report.pdf 最終アクセス 2019 年 5 月 18 日)

Spaapen, Jack & Leonie van Drooge (2011) "Introducing 'Productive Interactions' in Social Impact Assessment," *Research Evaluation*, 20(3), pp. 211-218.

Stern, N. L. (2016) *Building on Success and Learning from Experience: An Independent Review of the Research Excellence Framework*. (https://assets.publishing.ser vice. gov. uk/government/uploads/system /uploads/attachment_data/file/541338/ind -16-9-ref-stern-review.pdf 最終アクセ ス 2019 年 7 月 5 日)

Stewart, C. O., D. L. Dicerson, & R. Hotchkiss (2009) "Belief about Science and News Frames in Audience Evaluations of Embryonic and Adult Stem Cell Research," *Science Communication*, 30, pp. 427-452.

Stierstorfer, Klaus & Peter Schneck (2015) "'21 Grams': Interdisciplinarity and the Assessment of Quality in the Humanities," In Michael Ochsner et al. (eds.) *Research Assessment in the Humanities: Towards Criteria and Procedures*, Springer, pp. 211-218.

Stilgoe, Jack & D. H. Guston (2017) "Responsible Research and Innovation," In U. Felt, F. Rayvon, Clark A. Miller, & L. Smith-Doerr (eds.) *The Handbook of Science and Technology Studies Fourth Edition*, The MIT Press, pp. 853-880.

Stilgoe Jack, Richard Owen, & Phil

Macnaghten (2013) "Developing a Framework for Responsible Innovation," *Research Policy*, 42(9), pp. 1568-1580.

Sturgis, P. & N. Allum (2004) "Science in Society: Re-evaluating the Deficit Model of Public Attitudes," *Public Understanding of Science*, 13(1), pp. 55-74.

Sumner, P., S. Vivian-Griffiths, J. Boivin, A. Williams, C. A. Venetis, A. Davies, J. Ogden, L. Whelan, B. Hughes, B. Dalton, F. Boy, & C. D. Chambers (2014) "The Association between Exaggeration in Health Related Science News and Academic Press Releases: Retrospective Observational Study," *BMJ*, 349, pp. g7015.

Sutcliffe, H. (2011) *A Report on Responsible Research & Innovation*. (http://ec.europa.eu/research/science-society/document_library/pdf_06/rri-report-hilary-sutcliffe_en.pdf 最終アクセス 2019 年 5 月 18 日)

Szymanski, Erika & Jane Calvert Jane (2018) "Designing with Living Systems in the Synthetic Yeast Project," *Nature Communications*, 9(1), pp. 2950-2955.

Takahashi, K., K. Tanabe, M. Ohnuki, M. Narita, T. Ichisaka, K. Tomoda, & S. Yamanaka (2007) "Induction of Pluripotent Stem Cells from Adult Human Fibroblasts by Defined Factors," *Cell*, 131, pp. 861-872.

Takahashi, K. & S. Yamanaka (2006) "Induction of Pluripotent Stem Cells from Mouse Embryonic and Adult Fibroblast Cultures by Defined Factors," *Cell*, 126, pp. 663-676.

Ten Eyck, T. A. & M. Williment (2003) "The National Media and Things Genetic: Coverage in the New York Times (1971-2001) and the Washington Post (1977-2001)," *Science Communication*, 25, pp. 129-152.

The Academy of Medical Science (2011) *Animals Containing Human Material Report Synopsis*. (https://acmedsci.ac.uk/file-download/34765-ACHMrepo.pdf 最終アクセス 2019 年 5 月 18 日)

The House of Load (2000) *Science and Society: Third Report*. (https://publications.parliament.uk/pa/ld199900/ldselect/ldsctech/38/3802.htm 最終アクセス 2019 年 5 月 18 日)

The Royal Society (2006) *Science Communication: Survey of Factors Affecting Science Communication by Scientists and Engineers*. (https://royalsociety.org/~/media/Royal_Society_Content/policy/publications/2006/1111111395.pdf 最終アクセス 2019 年 5 月 18 日)

The Wellcome Trust (2000) *The Role of Scientists in Public Debate*. (https://wellcome.ac.uk/sites/default/files/wtd003425_0.pdf 最終アクセス 2019 年 5 月 18 日)

The Wellcome Trust (2001) "Science and the Public: A Review of Science Communication and Public Attitudes toward Science in Britain," *Public Understanding of Science* 10(3), pp. 315-330.

Thomson, J. A., J. Itskovitz-Eldor, S. S. Shapiro, M. A. Waknitz, J. J. Swiergiel, V. S. Marshall, & J. M. Jones (1998) "Embryonic Stem Cell Lines Derived from Human Blastocysts," *Science*, 282, pp. 1145-1147.

Townsend, E., D. D. Clarke, & B. Travis (2004) "Effect of Context and Feeling on Perceptions of Genetically Modified Food," *Risk Analysis*, 24(5), pp. 1369-1384.

Travis, G. D. L. & H. M. Collins (1991) "New Light on Old Boys Cognitive and Institutional Particularism in the Peer Review System," *Science, Technology & Human Values*, 16(3), pp. 322-341.

Uchiyama, Masato, Akiko Nagai, & Kaori Muto (2018) "Survey on the Perception of Germline Genome Editing among the General Public in Japan," *Journal of Human Genetics*, 63, pp. 645-748.

Upton, Steve, Paul Vallance, & Jhon Goddard (2014) "From Outcomes to Process: Evidence for a New Approach to Research Impact Assessment," *Research Evaluation*, 23(4), pp. 352-365.

UK Synthetic Biology Roadmap Coordination Group (2013) *A Synthetic Biology Roadmap for the UK.* (https://webarchive.nationalarchives.gov.uk/20130302042701/http://www.innovateuk.org/_assets/tsb_syntheticbiologyroadmap.pdf 最終アクセス 2019 年 5 月 18 日)

UK Parliament (1993) *Realizing our Potential: A Strategy for Science, Engineering, and Technology.* (https://assets.publishing.service.gov.uk/government/uploads/system/uploads/attachment_data/file/271983/2250.pdf 最終アクセス 2019 年 9 月 14 日)

U.S. Congress House of Representatives Committee on Science (1998) *Unlocking Our Future: Toward a New National Science Policy.* (https://www.aaas.org/sites/default/files/s3fs-public/GPO-CPRT-105hprt105-b.pdf 最終アクセス 2019 年 5 月 18 日)

UNESCO (2000) *World Conference on Science: Science for the Twenty-First Century, A New Commitment.* (http://unesdoc.unesco.org/images/0012/001207/120706e.pdf 最終アクセス 2019 年 5 月 18 日)

UNESCO. (2006) *The Ethics and Politics of Nanotechnology.* (https://unesdoc.unesco.org/ark:/48223/pf0000145951 最終アクセス日 2019 年 11 月 26 日)

Uzogara, Stella G. (2000) "The Impact of Genetic Modification of Human Foods in the 21st Century: A Review," *Biotechnology Advances*, 18(3), pp. 179-206.

Vickery, Brian, C. (2000=2002) *Scientific Communication in History*, Scarecrow Press. 村主朋英 (訳)『歴史のなかの科学コミュニケーション』勁草書房, 2002.

von Schomberg, René (2011) "Prospects for Technology Assessment in a Framework of Responsible Research and Innovation," In M. Dusseldorp & R. Beecroft (eds.) *Technikfolgen abschätzen lehren: Bildungspotenziale transdisziplinärer Methoden, Wiesbaden*, Vs Verlag, pp. 39-61.

Waldby, C. (2008) "Oocyte Markets: Women's Reproductive Work in Embryonic Stem Cell Research," *New Genetics and Society*, 27, pp. 19-31.

Weinberg, A, M. (1972) "Science and Trans-Science," *Minerva*, 10(2), pp. 209-22.

Whitley, R. (2007) "Changing Governance of the Public Sciences — The Consequences of Establishing Research Evaluation Systems for Knowledge Production in Different Countries and Scientific fields," In R. Whitley & J. Gläser (eds.) *The Changing Governance of the Sciences: The Advent of Research Evaluation Systems* (Sociology of the Science Yearbook 26), Springer, pp. 3-27.

Wickson, Fern & Anna L. Carew (2014) "Quality Criteria and Indicators for Responsible Research and Innovation: Learning from Transdisciplinarity," *Journal of Responsible Innovation*, 1(3), pp. 254-273.

Williams, Neil (2004) *Organisational and Performance Review of the Agriculture and Environment Biotechnology Commission Final Report.* (https://web.archive.org/web/20051026230925/http://www.ost.gov.uk/policy/bodies/AEBC_Review_Final_Report.pdf 最終アクセス 2019 年 5 月 18 日)

Wilsdon, James, Litz Allen, Eleonora Belfiore, Philip Campbell, Stephen Curry, Steven Hill, Richard Jones, Roger Kain, & Simon Kerridge, Mike Thelwall, Jane Tinkler, Ian Viney, Paul Wouters, Jude Hill, & Ben Johnson (2015) *The Metric Tide: Report of the Independent Review of the Role of Metrics in Research Assessment and Management.* (https://responsiblemetrics.org/wp-content/uploads/2019/02/2015_metrictide.pdf 最終アクセス 2019 年 4 月 1 日)

Wynne, B. (1991) "Knowledege in Context," *Science, Technology & Human Values*, 16

(1), pp. 111-121.

Wynne, B.（1993）"Public Uptake of Science: A Case for Institutional Reflexivity," *Public Understanding of Science*, 2（4）, pp. 321-337.

Wynne, B.（1996）"Misunderstood Misunderstandings: Social Identities and Public Uptake of Science," In Alan Irwin & Brian Wynne（eds.）*Misunderstanding Science? The Public Reconstruction of Science and Technology*, Cambridge University Press, pp. 19-46.

Wynne, B.（2001）"Creating Public Alienation: Expert Cultures of Risk and Ethics on GMOs," *Science as Culture*, 10（4）, pp. 445-481.

Wynne, B.（2006）"Public Engagement as a Means of Restoring Public Trust in Science — Hitting the Notes, but Missing the Music?" *Community Genetics*, 9（3）, pp. 211-220.

Yamashiro, C., K. Sasaki, Y. Yabuta, Y. Kojima, T. Nakamura, I. Okamoto, S. Yokobayashi, Y. Murase, Y. Ishikura, K. Shirane, H. Sasaki, T. Yamamoto, & M. Saitou（2018）"Generation of Human Oogonia from Induced PluripOtent Stem Cells in Vitro," *Science*, 362（6412）, pp. 356-360.

Yu, J., M. A. Vodyanik, K. Smuga-Otto., J. Antosiewicz-Bourget, J. L. Frane, S. Tian, J. Nie, G. A. Jonsdottir, V. Ruotti, R. Stewart, I. I. Slukvin, & J. A. Thomson（2007）"Induced Pluripotent Stem Cell Lines Derived from Human Somatic Cells," *Science*, 318, pp. 1917-1920.

Ziman, John M.（1994=1995）*Prometheus Bound: Science in a Dynamics Steady State*, Cambrige University Press. 村上陽一郎・川崎勝・三宅苞（訳）『縛られたプロメテウス——動的定常状態における科学』シュプリンガーフェアラーク東京.

●日本語文献

秋山辰穂・水島希・標葉隆馬（2018）「生物多様性国家戦略の定量分析——内容の変遷と施策の偏り」『保全生態学研究』23, pp. 187-198.

阿曽沼明裕（2014）『アメリカ研究大学の大学院——多様性の基盤を探る』名古屋大学出版会.

阿部容子（2015）「情報通信技術の融合期における欧州市場統合と標準化政策——アプローチの変容を中心に」『北九州市立大学国際論集』13, pp. 41-54.

有本建男・佐藤靖・松尾敬子（2016）『科学的助言——21世紀の科学技術と政策形成』東京大学出版会.

石井哲也（2017）『ゲノム編集を問う——作物からヒトまで』岩波書店.

石村源生（2011）「科学技術コミュニケーション実践の評価手法——評価の一般的定義と体系化の試み」『科学技術コミュニケーション』10, pp. 33-49.

伊地知寛博（2009）「我が国の公共セクターにおける研究とイノベーションのための評価システムとマネジメントの現状と課題」『研究 技術 計画』24(3), pp. 214-230.

伊地知寛博（2011a）「基本的枠組みと予算・租税」『科学技術に関する調査プロジェクト調査報告書——科学技術政策の国際的な動向』国立国会図書館, pp. 169-198.

伊地知寛博（2011b）「連合王国における政策形成への科学的助言の活用——制度化された機構と広範な意見照会」『科学技術社会論研究』8, pp. 48-62.

一家綱邦（2014）「再生医療関係3法——新たな医療を規律する新たな法と倫理の考察」『京府医大誌』123(8), pp. 553-63.

一家綱邦（2017）「再生医療安全性確保法に関する考察」甲斐克則（編）『医事法口座第8巻再生医療と医事法』pp. 63-96.

糸久正人（2016）「複雑性の増大とコンセンサス標準——標準化活動がもたらす競争優位」『研究 技術 計画』31(1), pp. 22-30.

乾侑（1982）『科学技術政策——その体系化の試み』東海大学出版会.

犬塚典子（2017）『カナダの女性政策と大学』東信堂.

井上悠輔（2019）「人試料を用いる科学研究——バイオバンクと「約束」のあり方」『科学技術社会論研究』17, pp. 156-163.

井上悠輔・一家綱邦（編）（2018）『医学研究・臨床試験の倫理　わが国の事例に学ぶ』日本評論社.

井ノ上逸朗・米本昌平・市川家國・武藤香織・町野朔・飯田香穂里・標葉隆馬・見上公一（2014）『ヒトゲノム解読の現状と ELSI に関する検討報告——今後のテクノロジーアセスメントに向けて』総合研究大学院大学学融合推進センター戦略的共同研究報告書, （https://ir.soken.ac.jp/?action=repository_action_common_download&item_id=4755&item_no=1&attribute_id=24&file_no=1　最終アクセス 2019 年 5 月 18 日）

ウェーバー，マックス（1920=1989）『プロテスタンティズムの倫理と資本主義の精神』岩波書店.

上山隆大（2010）『アカデミック・キャピタリズムを超えて——アメリカの大学と科学研究の現在』NTT 出版.

打越綾子（2016）『日本の動物政策』ナカニシヤ出版.

江原武一・馬越徹（2004）『大学院の改革』東信堂.

江間有沙（2013）「科学知の品質管理としてのピアレビューの課題と展望：レビュー」『科学技術社会論研究』10, pp. 29-40.

江間有沙（2019）『AI 社会の歩き方——人工知能とどう付き合うか』化学同人.

遠藤悟（2012a）「国際的観点からみたファンディング・システムの多様性」『科学技術に関する調査プロジェクト調査報告書——国による研究開発の推進　大学・公的研究機関を中心に』国立国会図書館, pp. 175-184.

遠藤悟（2012b）「【解題】国立科学財団 2011〜2016 会計年度戦略計画「発見とイノベーションを通じて国家に活力を付与する」」『科学技術に関する調査プロジェクト調査報告書——国による研究開発の推進　大学・公的研究機関を中心に』国立国会図書館, pp. 141-148.

遠藤悟（2018）「米国トランプ政権の政策決定における科学的知識の意味」『研究 技術 計画』33（1）: 8-25.

大磯輝将（2011）「諸外国の議会テクノロジーアセスメント——ドイツを中心に」『レファレンス』726, pp. 49-66.

大久保嘉子（2011）「フランスの研究・イノベーション戦略——競争力強化政策の策定と実施のロード・マップ」『科学技術社会論研究』8, pp. 63-81.

大谷信介・木下栄二・後藤範章・小松洋（編）（2013）『新・社会調査へのアプローチ——論理と方法』ミネルヴァ書房.

大塚善樹（2002）「知的財産権の政治学——プロパテント政策下のゲノム特許と公共性」小林傳司（編）『公共のための科学技術』玉川大学出版部, pp. 241-64.

岡本信司・丹羽冨士雄・清水欽也・杉万俊夫（2001）『科学技術に関する意識調査　2001 年 2 〜 3 月調査』（https://nistep.repo.nii.ac.jp/?action=repository_uri&item_id=4385&file_id=13&file_no=3　最終アクセス 2019 年 5 月 18 日）

岡村浩一郎（2011）「解説：「米国イノベーション戦略」の発表」『科学技術に関する調査プロジェクト調査報告書——科学技術政策の国際的な動向』国立国会図書館, pp. 55-59.

隠岐さや香（2011）『科学アカデミーと「有用な科学」——フォントネルの夢からコンドルセのユートピアへ』名古屋大学出版会.

隠岐さや香（2018）『文系と理系はなぜ分かれたのか』星海社新書.

小野寺夏生・伊神正貫．（2016）「研究計量に関するライデン声明について」『STI Horizon』2（4）, pp. 35-39.

小山田和仁（2016）「デュアルユース技術の研究開発——海外と日本の現状」『科学技術コミュニケーション』19, pp. 87-103.

科学技術会議（1960）『諮問第 1 号「10 年後を目標とする科学技術振興の総合的基本法策について」に対する答申』

科学技術会議（1971）『諮問第 5 号「1970 年代における総合的科学技術政策の基本について」に対する答申』

科学技術会議 (1977)『議諮問第6号「長期的展望に立った総合的科学技術政策の基本について」に対する答申』

科学技術会議 (1984)『諮問第11号「新たな情勢変化に対応し、長期的展望に立った科学技術振興の総合的基本方策について」に対する答申』

科学技術・学術審議会学術分科会 (2002)『学術研究における評価の在り方について（報告)』(http://www.mext.go.jp/b_menu/shingi/gijyutu/gijyutu4/toushin/1247106.htm 最終アクセス2019年5月18日)

科学技術・学術審議会学術分科会 (2014)『「学術研究の推進方策に関する総合的な審議について」中間報告』(http://www.mext.go.jp/component/b_menu/shingi/toushin/__icsFiles/afieldfile/2014/07/23/1348495_01_1.pdf 最終アクセス2019年5月18日)

科学技術・学術審議会学術分科会 (2015)『「学術研究の推進方策に関する総合的な審議について」最終報告』(http://www.mext.go.jp/component/b_menu/shingi/toushin/__icsFiles/afieldfile/2015/03/13/1355910_01.pdf 最終アクセス2019年5月18日)

科学技術・学術審議会研究計画・評価分科会研究評価部会 (2009)『研究開発評価システム改革の方向性について（審議のまとめ)』(http://www.mext.go.jp/a_menu/kagaku/hyouka/1289630.htm 最終アクセス2019年5月18日)

科学技術政策研究所 (2009)『日本の大学に関するシステム分析——日英の大学の研究活動の定量的比較分析と研究環境（特に、研究時間、研究支援）の分析』(https://nistep.repo.nii.ac.jp/?action=repository_uri&item_id=4443&file_id=13&file_no=2 最終アクセス2019年5月18日)

科学技術・学術政策研究所 (2018)『科学技術指標2018』(https://nistep.repo.nii.ac.jp/?action=repository_uri&item_id=4799&file_id=13&file_no=3 最終アクセス2019年5月18日)

学術審議会 (1997)『学術研究における評価の在り方について（学術審議会（建議))』(http://www.mext.go.jp/b_menu/shingi/old_gijyutu/gakujyutu_index/toushin/1314927.htm 最終アクセス2019年5月18日)

学術審議会 (1999)『科学技術創造立国を目指す我が国の学術研究の総合的推進について——「知的存在感のある国」を目指して（答申)』(http://www.mext.go.jp/b_menu/shingi/old_gijyutu/gakujyutu_index/toushin/1314989.htm 最終アクセス2019年5月18日)

加藤直子・前田忠彦・立川雅司 (2017)「ゲノム編集由来製品のガバナンスをめぐる消費者の認識——農業と食品への応用に着目して」『フードシステム研究』24 (3), pp. 257-262.

金森修 (2010)『〈生政治〉の哲学』ミネルヴァ書房.

鎌谷親善 (1988)『技術大国百年の計』平凡社.

神里彩子・武藤香織（編）(2015)『医学・生命科学の研究倫理ハンドブック』東京大学出版会.

神里達博 (2005)「BSE／牛海面状脳症／狂牛病にみる日本の食品問題」藤垣裕子（編）『科学技術社会論の技法』東京大学出版会, pp. 101-131.

粥川準二 (2018)『ゲノム編集と細胞政治の誕生』青土社.

川島浩誉・山下泰弘・川井千香子 (2016)「大学における研究関連求人の推移——JREC-IN Portal掲載の求人票に基づく分析」『情報管理』59 (6), pp. 384-392.

川本思心 (2017)「デュアルユース研究とRRI——現代日本における概念整理の試み」『科学技術社会論研究』14, pp. 134-157.

神田由美子・富澤宏之 (2015)『大学等教員の職務活動の変化——「大学等におけるフルタイム換算データに関する調査」による2002年、2008年、2013年の3時点比較』科学技術・学術政策研究所調査資料, 236. (http://www.nistep.go.jp/wp/wp-content/uploads/NISTEP-RM236-FullJ1.pdf 最終アクセス2019年5月18日)

北田淳子・林知己夫 (1999)「日本人の原子力

発電に対する態度——時系列から見た変化・不変化」*Journal of the Institute of Nuclear Safety System*, 6, pp. 2-22.

木場隆夫（2000）「コンセンサス会議の成立過程及びその意義に関する考察」『研究 技術 計画』15(2), pp. 122-131.

教育再生実行会議（2013）『これからの大学教育等の在り方について（第三次提言）』（https://www.kantei.go.jp/jp/singi/kyouikusaisei/pdf/dai3_1.pdf 最終アクセス2019年5月18日）

國谷実（2014）『日米科学技術摩擦をめぐって——ジャパン・アズ・ナンバーワンだった頃』科学技術国際交流センター.

國谷実（2015）『一九八〇年代の基礎研究政策——創造科学技術推進制度と科学技術振興調整費をめぐって』科学技術国際交流センター.

久保明教（2019）『ブルーノ・ラトゥールの取説——アクターネットワーク論から存在様態探求へ』月曜社.

経済産業省（2006）『社会人基礎力に関する研究会——「中間取りまとめ」』（http://warp.da.ndl.go.jp/info:ndljp/pid/3518969/www.meti.go.jp/policy/kisoryoku/honbun.pdf 最終アクセス2019年5月18日）

香西豊子（2007）『流通する「人体」——献体・献血・臓器提供の歴史』勁草書房.

厚生労働省（2004）『若年者就職基礎能力修得のための目安策定委員会報告書』（http://www.mhlw.go.jp/houdou/2004/07/dl/h0723-4h.pdf 最終アクセス2019年5月18日）

小門穂（2006）「死亡胎児の法的な取り扱いについて——遺体としての尊厳と感染性廃棄物との間で」『助産雑誌』60(2), pp. 172-175.

小門穂（2015）『フランスの生命倫理法——生殖医療の用いられ方』ナカニシヤ出版.

小島剛（2010）「幹細胞の規制に関する国際動向の研究」『年報・科学技術社会』19, pp. 79-100.

小林信一（2004）「大学院重点化政策の功罪」江原武一・馬越徹（編）『大学院の改革』

東信堂, pp. 51-78.

小林信一（2011a）「科学技術政策とは何か」『科学技術に関する調査プロジェクト調査報告書——科学技術政策の国際的な動向』国立国会図書館, pp. 7-34.

小林信一（2011b）「日本の科学技術政策の長い転換期——最近の動向を読み解くために」『科学技術社会論研究』8, pp. 19-31.

小林信一（2012）「研究開発におけるファンディングと評価　総論」『科学技術に関する調査プロジェクト調査報告書——国による研究開発の推進　大学・公的研究機関を中心に』国立国会図書館, pp. 149-173.

小林信一（2014）「なぜ国立国会図書館で「科学技術プロジェクト」なのか？　専門調査員に聞く」『国立国会図書館月報』642, pp. 4-10.

小林信一（2015）「大学改革と研究費——運営費交付金と競争的研究費の一体的改革をめぐって」『リファレンス』775, pp. 1-30.

小林信一（2016）「大学教育の境界——新しい高等職業教育機関をめぐって」『リファレンス』785, pp. 23-52.

小林信一（2017a）「科学技術イノベーション政策の誕生とその背景」『科学技術社会論研究』13, pp. 48-65.

小林信一（2017b）「CIA In-Q-Tel モデルとは何か——IT 時代の両用技術開発とイノベーション政策」『リファレンス』793, pp. 25-42.

小林信一・小林傳司・藤垣裕子（2007）『社会技術概論』放送大学教育振興会.

小林傳司（2002a）「社会的意思決定への市民参加——コンセンサス会議」小林傳司（編）『公共のための科学技術』玉川大学出版部, pp. 158-183.

小林傳司（2002b）「科学コミュニケーション——専門家と素人の対話は可能か」中島秀人・金森修（編）『科学論の現在』勁草書房, pp. 117-147.

小林傳司（2004）『誰が科学技術を考えるのか——コンセンサス会議という実験』名古屋大学出版会.

小林傳司（2007）『トランス・サイエンスの時

代——科学技術と社会をつなぐ』NTT 出版.

後藤邦夫（2017）「「科学技術イノベーション」の思想と政策」『科学技術社会論研究』13, pp. 66-81.

斎藤光（1995）「ライフサイエンスの国策的推進」中山茂・後藤邦夫・吉岡斉（編）『［通史］日本の科学技術 4　転移期 1970-1979』学陽書房, pp. 315-331.

阪彩香・伊神正貫（2015）『科学研究のベンチマーキング 2015——論文分析でみる世界の研究活動の変化と日本の状況』科学技術・学術政策研究所調査資料, 239.（http://www. nistep. go. jp/wp-content/uploads/NISTEP-RM239-FullJ.pdf　最終アクセス 2019 年 5 月 18 日）

佐藤郁哉（2018a）「英国の研究評価事業——口に苦い良薬かフランケンシュタイン的怪物か？」佐藤郁哉（編）『50 年目の「大学解体」20 年後の大学再生——高等教育政策を巡る知の貧困を超えて』京都大学出版会, pp. 223-306.

佐藤郁哉（2018b）「補論 REF 2021——新たなルールと新たなゲームの可能性」佐藤郁哉（編）『50 年目の「大学解体」20 年後の大学再生——高等教育政策を巡る知の貧困を超えて』京都大学出版会, pp. 338-361.

佐藤哲（2012）『社会技術研究開発事業「科学技術と人間」研究開発領域 研究開発プログラム「科学技術と社会の相互作用」研究開発プロジェクト「地域主導型科学者コミュニティの創生」研究開発実施終了報告書』（http://localsci.org/pdf/LSNESreport2012Full_j.pdf　最終アクセス 2019 年 5 月 21 日）

佐藤靖（2019）『科学技術の現代史——システム、リスク、イノベーション』中公新書.

澤井努（2017）『ヒト iPS 細胞研究と倫理』京都大学学術出版会.

JST（2013）『研究者による科学コミュニケーション活動に関するアンケート調査報告書』（https://www. jst. go. jp/sis/archive/items/csc_fy2013_03.pdf　最終アクセス日 2019 年 5 月 18 日）

JST-CRDS（2013）『欧州の新しい研究開発・イノベーション枠組プログラム Horizon 2020 の概要』（https://www.jst.go.jp/crds/pdf/2013/FU/EU20140221.pdf　最終アクセス 2019 年 5 月 18 日）

JST-CRDS（2015）『米国イノベーション戦略 2015 年概要』（https://www.jst.go.jp/crds/pdf/2015/FU/US20151105.pdf　最終アクセス 2019 年 8 月 19 日）

JST-CRDS（2017a）『2018 年度米国大統領予算教書 研究開発予算の概要』（https://www.jst.go.jp/crds/pdf/2017/FU/US20170621.pdf　最終アクセス 2019 年 8 月 19 日）

JST-CRDS（2017b）『米国・フランス・韓国新政権の科学技術政策と英国の EU 離脱の影響』（https://www.jst.go.jp/crds/sympo/20170831/pdf/02.pdf　最終アクセス 2019 年 8 月 19 日）

JST-CRDS（2018）『「トランプ政権初年度の科学技術ハイライト」概要』（https://www.jst.go.jp/crds/pdf/2017/FU/US20180323.pdf　最終アクセス 2019 年 8 月 19 日）

JST-CRDS（2019a）『「トランプ政権 2 年目の科学技術ハイライト」概要』（https://www.jst.go.jp/crds/pdf/2018/FU/US20190304.pdf　最終アクセス 2019 年 8 月 19 日）

JST-CRDS（2019b）『2020 年度米国大統領予算教書 研究開発予算の概要』（https://www.jst.go.jp/crds/pdf/2019/FU/US20190514.pdf　最終アクセス 2019 年 8 月 19 日）

塩沢文朗（2008）「標準をめぐる国際動向」『特許研究』45(3), pp. 5-18.

標葉靖子（2018）「オバマ政権以降における米国 STEM 教育関連予算の変化」『科学技術コミュニケーション』23: 35-36.

標葉靖子（2019）「科学リテラシーはどこまで必要か」東谷護（編）『教養教育再考——これからの教養について語る 5 つの講義』ナカニシヤ出版, pp. 131-175.

標葉隆馬（2016）「政策的議論の経緯から見る科学コミュニケーションのこれまでとその

課題」『コミュニケーション紀要』27, pp. 13-29.

標葉隆馬（2017a）「『インパクト』を評価する──科学技術政策・研究評価」『科学技術に関する調査プロジェクト調査報告書──冷戦後の科学技術政策の変容』国立国会図書館, pp. 39-53.

標葉隆馬（2017b）「人文・社会科学を巡る研究評価の現在と課題」『年報 科学・技術・社会』27, pp. 1-39.

標葉隆馬（2017c）「学会組織は RRI にどう関わりうるのか」『科学技術社会論研究』14, pp. 158-174.

標葉隆馬（2018）「科学技術イノベーション政策と標準化」国立国会図書館調査及び立法考査局『自動運転技術の動向と課題（科学技術に関する調査プロジェクト報告書2017）』国立国会図書館, pp. 39-53.

標葉隆馬（2019）「科学技術社会論における生‐資本論」『科学技術社会論研究』17, pp. 37-53.

標葉隆馬・飯田香穂里・中尾央・菊池好行・見上公一・伊藤憲二・平田光司・長谷川眞理子（2014）「研究者育成における「科学と社会」教育の取り組み──総合研究大学院大学の事例から」『研究 技術 計画』29(2/3), pp. 90-105.

標葉隆馬・井上悠輔・八代嘉美（2017）「ヒト動物キメラを巡る意識の多様性──一般モニター調査の分析から」『成城文藝』240, pp. 398-416.

標葉隆馬・川上雅弘・加藤和人・日比野愛子（2009）「生命科学分野研究者の科学技術コミュニケーションに対する意識──動機、障壁、参加促進のための方策について」『科学技術コミュニケーション』6, pp. 17-32.

標葉隆馬・調麻佐志（2013）「知識 7-1 科学コミュニケーション」伊勢田哲治・戸田山和久・調麻佐志・村上祐子（編）『科学技術をよく考える──クリティカルシンキング練習帳』名古屋大学出版会, pp. 182-187.

標葉隆馬・林隆之（2013）「研究開発評価の現在──評価の制度化・多元化・階層構造化」『科学技術社会論研究』10, pp. 52-68.

白川展之（2017）「米国トランプ政権における科学技術政策と在ワシントンの関係者の認識」『STI Horizon』3(2): 36-39.

調麻佐志（2013）「科学計量学と評価」『科学技術社会論研究』10, pp. 16-28.

白田茜（2009）「食品安全政策に関する社会的意思決定への市民参加の意義」『科学技術コミュニケーション』5, pp. 41-52.

城山英明（2007）「科学技術ガバナンスの機能と組織」城山英明（編）『科学技術ガバナンス』東信堂, pp. 39-72.

城山英明（2018）『科学技術と政治』ミネルヴァ書房.

城山英明・吉澤剛・松尾真紀子・畑中綾子（2010）「TA（テクノロジーアセスメント）の制度設計における選択肢と実施上の課題──欧米における経験からの抽出」『社会術研究論文集』8, pp. 204-218.

城山英明・吉澤剛・松尾真紀子（2011）「制度化なき活動──日本における TA（テクノロジーアセスメント）及び TA 的活動の限界と教訓」『社会術研究論文集』7, pp. 199-210.

菅豊（2013）『「新しい野の学問」の時代へ──知識生産と社会実践をつなぐために』岩波書店.

杉原真晃（2010）「〈新しい能力〉と教養‐高等教育の質保障の中で」松下佳代（編）『〈新しい能力〉は教育を変えるか──学力・リテラシー・コンピテンシー』ミネルヴァ書房, pp. 108-140.

杉山滋郎（1994）『日本の近代科学史』朝倉書店.

杉山滋郎（2017）『「軍事研究」の戦後史──科学者はどう向きあってきたか』ミネルヴァ書房.

鈴木淳（2010）『科学技術政策』山川出版.

鈴木舞（2017）『科学鑑定のエスノグラフィ──ニュージーランドにおける法科学ラボラトリーの実践』東京大学出版会.

鈴木和歌奈（2013）「希望／期待から見る科学技術」『研究 技術 計画』28(2), pp. 163-174.

STAFF（2001）『遺伝子組換え農作物を考え
　るコンセンサス会議報告書』（https://
　www.jataff.jp/project/download/pdf/01-2
　006051018003523147.pdf　最終アクセス日
　2019 年 5 月 17 日）

政策科学研究所（2002）『研究開発プロジェク
　ト等の評価手法に関する調査報告書』
　（http://www.ifeng.or.jp/wordpress/wp-
　content/uploads/2012/06/CR-2001-15.pdf
　最終アクセス 2019 年 5 月 18 日）

政策科学研究所（2004）『重要課題解決型研究
　等の推進：科学技術政策に必要な調査研究
　事前評価手法の我が国に適した質的改善』
　（平成 16 年度科学技術振興調整費調査研究
　報 告 書）（http://www.ifeng.or.jp/word
　press/wp-content/uploads/2012/10/CR20
　04-23.pdf　最終アクセス 2019 年 5 月 18
　日）

盛山和夫（2004）『社会調査法入門』有斐閣.

関谷直也（2011）『風評被害——そのメカニズ
　ムを考える』光文社新書.

瀬戸口明久（2009）『害虫の誕生——虫からみ
　た日本史』筑摩書房.

セン，アマルティア（2006）『人間の安全保障』
　集英社新書.

セン，アマルティア（2009）『アマルティア・
　セン講義　グローバリゼーションと人間の
　安全保障』ちくま学芸文庫.

総合研究大学院大学「科学知の総合化」特別委
　員会（2016）『「科学知の総合化」プロジェ
　クト成果報告書』（https://ir.soken.ac.jp/?
　action=repository_uri&item_id=5350&file_
　id=24&file_no=1　最終アクセス 2019 年 5
　月 18 日）

総務省（2018）『平成 30 年科学技術研究調査
　結果の概要』（http://www.stat.go.jp/data
　/kagaku/kekka/kekkagai/pdf/30ke_gai.
　pdf　最終アクセス 2019 年 5 月 18 日）

曽根泰教・柳瀬昇・上木原弘修・島田圭介
　（2013）『「学ぶ、考える、話し合う」討論
　型世論調査——議論の新しい仕組み』ソト
　コト新書.

高嶋佳代（2015a）「インフォームド・コンセン
　ト」神里彩子・武藤香織（編）『医学・生

命科学の研究倫理ハンドブック』東京大学
　出版会, pp.30-39.

高嶋佳代（2015b）「幹細胞研究の倫理」神里
　彩子・武藤香織（編）『医学・生命科学の
　研究倫理ハンドブック』東京大学出版会,
　pp.101-111.

高野良太郎・山下泉（2015a）『科学技術・イノ
　ベーション動向報告　EU 編（2015 年度
　版）』（https://www.jst.go.jp/crds/pdf/
　2015/OR/CRDS-FY2015-OR-04.pdf　最
　終アクセス 2019 年 5 月 17 日）

高野良太郎・山下泉（2015b）『EU の科学技術
　情 勢』（https://www.jst.go.jp/crds/pdf/
　2015/FU/EU20151101.pdf　最終アクセス
　2019 年 5 月 17 日）

高橋真木子・吉岡（小林）徹（2016）「日本の
　URA の役割の多様さとその背景、総合的
　な理解のためのフレームワーク」『研究 技
　術 計画』31(2), pp.223-235.

高山丈二（2011）「国際標準化の現状と我が国
　の課題」『レファレンス』725, pp.32-50.

立川雅司（2003）『遺伝子組換え作物と穀物フ
　ードシステムの新展開——農業・食料社会
　学的アプローチ』農文協.

立川雅司（2006）「EU における遺伝子組換え
　作物関連規制の動向——食品・飼料規則制
　定後の動きを中心に」藤岡典夫・立川雅司
　（編）『GMO——グローバル化する生産と
　その規制』農文協, pp.47-80.

立川雅司（2008）「食品・農業におけるナノテ
　クノロジー——遺伝子組換え作物規制から
　の示唆」『科学技術社会論研究』6, pp.68-
　75.

立川雅司（2017）『遺伝子組換え作物をめぐる
　「共存」——EU における政策と言説』農
　林統計出版.

立川雅司（2018）「海外におけるゲノム編集の
　規制動向——各国はどのような観点からゲ
　ノム編集を規制しようとしているのか」
　『化学と生物』56(5), pp.364-370.

立川雅司・加藤直子・前田忠彦（2017）「ゲノ
　ム編集由来製品のガバナンスをめぐる消費
　者の認識——農業と食品への応用に着目し
　て」『フードシステム研究』24(3), pp.

251-256.

辰井聡子（2014）「再生医療等安全性確保法の成立——医療・医学研究規制を考えるための覚書」『立教法務研究』7, pp. 151-177.

辰井聡子・境田正樹・高山佳奈子・米村滋人・曽我部真裕（2014）「次世代医療の実現に向けた法制度の在り方　提言」『立教法務研究』7, pp. 178-188.

立石裕二（2011）『環境問題の科学社会学』世界思想社.

田中毎実（2013）「なぜ『教育』が『問題』として浮上してきたのか」広田照幸・吉田文・小林傳司・上山隆大・濱中淳子・白川優治（編）『教育する大学——何が求められているのか』（シリーズ大学5）岩波書店, pp. 21-47.

田中智彦（2010）「生命倫理に問う——忘れてはならないことのために」小松美彦・香川知晶（編）『メタバイオエシックスの構築へ——生命倫理を問いなおす』NTT出版, pp. 235-257.

田中久徳（2007）「米国における議会テクノロジーアセスメント——議会技術評価局（OTA）の果たした役割とその後の展開」『レファレンス』675, pp. 98-115.

田中幹人（2013）「科学技術をめぐるコミュニケーションの位相と議論」中村征樹（編）『ポスト3.11の科学と政治』ナカニシヤ出版, pp. 123-175.

田中幹人「科学とメディア」藤垣裕子（編）『科学技術社会論の挑戦』東京大学出版会（近刊）.

塚原修一（2013）「文系と理系の間——分離の壁の克服とその課題」広田照幸・吉田文・小林傳司・上山隆大・濱中淳子・白川優治（編）『研究する大学——何のための知識か』（シリーズ大学4）岩波書店, pp. 135-164.

塚原修一・小林信一（1996）『日本の研究者養成』玉川大学出版部.

塚原東吾（2011）「バイオ資本主義の系譜学——生–資本という概念について」『現代思想』39（3）, pp. 214-237.

柘植あづみ（2012）『生殖技術——不妊治療と再生医療は社会に何をもたらすか』みすず書房.

土屋智子・小杉素子（2011）『市民と専門家のリスク認知の違い　2009年度調査結果報告』, 電力中央研究所報告書.（https://criepi.denken.or.jp/jp/kenkikaku/report/download/vMJJWSYMV3As6PdLJGqJQnDT8OQ15okZ/Y11003.pdf　最終アクセス2019年5月17日）

徳田昭雄（2016）「EUの研究イノベーション政策と官民パートナーシップ——エコシステムの形成に向けた標準化活動」『研究　技術　計画』31（1）: 31-47.

豊田長康（2019）『科学立国の危機——失速する日本の研究力』東洋経済新報社.

内閣府（1996）『第一期科技術基本計画』（http://www.mext.go.jp/b_menu/shingi/kagaku/kihonkei/honbun.htm　最終アクセス2019年5月18日）

内閣府（1997）『国の研究開発全般に共通する評価の実施方法のあり方についての大綱的指針』（http://www.mext.go.jp/b_menu/shingi/kagaku/hyoka/reportan.htm　最終アクセス2019年5月18日）

内閣府（2001a）『第二期科学技術基本計画』（http://www8.cao.go.jp/cstp/kihonkeikaku/honbun.html　最終アクセス2019年5月18日）.

内閣府（2001b）『国の研究開発評価に関する大綱的指針』（https://www8.cao.go.jp/cstp/hyoukasisi.pdf　最終アクセス2019年5月18日）

内閣府（2005）『国の研究開発評価に関する大綱的指針』（http://www8.cao.go.jp/cstp/taikou050329.pdf　最終アクセス2019年5月18日）

内閣府（2006）『第三期科学技術基本計画』（http://www.mext.go.jp/a_menu/kagaku/kihon/06032816/001/001.pdf　最終アクセス2019年5月18日）.

内閣府（2008）『国の研究開発評価に関する大綱的指針』（http://www8.cao.go.jp/cstp/kenkyu/taikou081031.pdf　最終アクセス2019年5月18日）

内閣府（2010a）『独立行政法人の事務・事業の見直しの基本方針』，（https://www.gyoukaku.go.jp/siryou/h221209/101207kakugi.pdf　最終アクセス 2019 年 5 月 18 日）

内閣府（2010b）『諮問第 11 号「科学技術に関する基本政策について」に対する答申』，（http://www8.cao.go.jp/cstp/output/toushine11.pdf　最終アクセス 2019 年 5 月 18 日）

内閣府（2011）『第四期科学技術基本計画』（http://www.mext.go.jp/component/a_menu/science/detail/__icsFiles/afieldfile/2011/08/19/1293746_02.pdf　最終アクセス 2019 年 5 月 18 日）

内閣府（2012）『国の研究開発評価に関する大綱的指針』（http://www8.cao.go.jp/cstp/output/20121206sisin.pdf　最終アクセス 2019 年 5 月 18 日）．

内閣府（2013）『科学技術イノベーション総合戦略 —— 新次元日本創造への挑戦』（https://www8.cao.go.jp/cstp/sogosenryaku/2013/honbun.pdf　最終アクセス 2019 年 5 月 8 日）

内閣府（2014）『科学技術イノベーション総合戦略 2014』（https://www8.cao.go.jp/cstp/sogosenryaku/2014/honbun2014.pdf　最終アクセス 2019 年 5 月 8 日）

内閣府（2015a）『科学技術イノベーション総合戦略 2015』（https://www8.cao.go.jp/cstp/sogosenryaku/2015/honbun2015.pdf　最終アクセス日 2019 年 5 月 8 日）

内閣府（2015b）『経済財政運営と改革の基本方針 2015 —— 経済再生なくして財政健全化なし』（https://www5.cao.go.jp/keizai-shimon/kaigi/cabinet/2015/2015_basicpolicies_ja.pdf　最終アクセス 2019 年 5 月 8 日）

内閣府（2015c）『「日本再興戦略」改訂 2015 —— 未来への投資・生産性革命』（https://www5.cao.go.jp/keizai-shimon/kaigi/minutes/2015/0630/shiryo_02-1.pdf　最終アクセス 2019 年 5 月 8 日）

内閣府（2016a）『科学技術イノベーション総合戦略 2016』（https://www8.cao.go.jp/cstp/sogosenryaku/2016/honbun2016.pdf　最終アクセス 2019 年 5 月 8 日）

内閣府（2016b）『第五期科学技術基本計画』（http://www8.cao.go.jp/cstp/kihonkeikaku/5honbun.pdf　最終アクセス日 2019 年 5 月 18 日）

内閣府（2016c）『国の研究開発評価に関する大綱的指針』（http://www8.cao.go.jp/cstp/kenkyu/taikou201612.pdf　最終アクセス日 2019 年 5 月 18 日）

内閣府（2017）『科学技術イノベーション総合戦略 2017』（https://www8.cao.go.jp/cstp/sogosenryaku/2017/honbun2017.pdf　最終アクセス 2019 年 5 月 8 日）

内閣府（2018）『統合イノベーション戦略』（https://www8.cao.go.jp/cstp/tougosenryaku/tougo_honbun.pdf　最終アクセス日 2019 年 5 月 8 日）

内閣府（2019）『統合イノベーション戦略 2019』（https://www8.cao.go.jp/cstp/togo2019_honbun.pdf　最終アクセス日 2019 年 8 月 13 日）

中島秀人（2008）『社会の中の科学』放送大学教育振興会.

中田はる佳・吉田幸恵・有田悦子・武藤香織（2017）「患者の経験からみる臨床試験への参加判断とインフォームドコンセントの意義」『臨床薬理』48(2), pp.31-39.

永田健・伊藤憲二（2016）「国際地球観測年における南極観測事業と朝日新聞社 —— 日本における巨大科学の民間起源」『年報・科学技術社会』25, pp.25-47.

永田素彦・日比野愛子（2008）「バイオテクノロジー受容の規定因」『科学技術社会論研究』5, pp.73-83.

永野博（2016）『ドイツに学ぶ科学技術政策』近代科学社.

中村禎里（1999）『胞衣（えな）の生命』海鳴社.

中村征樹（2008）「サイエンスカフェ 現状と課題」『科学技術社会論研究』5, pp.31-43.

中山茂（1999）「科学技術立国から国際化へ」中山茂・後藤邦夫・吉岡斉（編）『[通史]日本の科学技術 5-Ⅰ　国際期　1980-

1995』学陽書房, pp. 132-143.

中山茂（2006）『科学技術の国際競争力――ア
メリカと日本 相剋の半世紀』朝日新聞社.

夏目賢一（2018）「デュアルユース技術研究の
大学への期待と外交問題――日本の防衛技
術外交と科学技術外交を通じた政策導入」
『科学技術社会論研究』16, pp. 191-209.

西澤真理子（2006）「科学技術のリスク認知へ
のマス・メディアの影響と科学ジャーナリ
ズムの現状――日本での遺伝子組み換え食
品の新聞報道を例に」『科学技術社会論研
究』4, pp. 118-130.

日本学術会議（2012a）『我が国の研究評価シス
テムの在り方――研究者を育成・支援する
評価システムへの転換』（http://www.scj.
go.jp/ja/info/kohyo/pdf/kohyo-22-t163-1.
pdf 最終アクセス 2019 年 5 月 18 日）.

日本学術会議（2012b）『科学・技術のデュア
ルユース問題に関する検討報告』（http://
www.scj.go.jp/ja/info/kohyo/pdf/kohyo-
22-h166-1.pdf 最終アクセス 2019 年 9 月
18 日）.

額賀淑郎（2009）『生命倫理委員会の合意形成
――日米比較研究』勁草書房.

林隆之（2009）「大学の研究評価の変容と科学
研究のガバナンス」『研究 技術 計画』24
(3), pp. 231-242.

林隆之（2011）「政策評価」『科学技術に関する
調査プロジェクト調査報告書――科学技術
政策の国際的な動向』国立国会図書館, pp.
169-198.

林隆之（2014）「大学の機能別分化と評価指標
の課題」『研究 技術 計画』29(1), pp. 18-
30.

林知己夫・守川伸一（1994）「国民性とコミュ
ニケーション――原子力発電に対する態度
構造と発電側の対応のあり方」*Journal of
the Institute of Nuclear Safety System*, 1,
pp. 93-158.

原現吉（1982）『科学研究費――その成立ちと
変遷』科学新聞社.

原塑（2015）「トランス・サイエンス概念と科
学技術意思決定への市民参加」座小田豊
（編）『自然観の変遷と人間の運命』東北大

学出版会, pp. 171-189.

春山明哲（2007）「科学技術と社会の「対話」
としての「議会テクノロジーアセスメン
ト」――ヨーロッパの動向と日本における
展望」『レファレンス』675, pp. 83-97.

樋口耕一（2014）『社会調査のための計量テキ
スト分析――内容分析の継承と発展を目指
して』ナカニシヤ出版.

久野秀二（2002）『アグリビジネスと遺伝子組
換え作物――政治経済学アプローチ』日本
経済評論社.

菱山豊（2003）『生命倫理ハンドブック――生
命科学の倫理的、法的、社会的問題』築地
書館.

菱山豊（2010）『ライフサイエンス政策の現在
――科学と社会をつなぐ』勁草書房.

日比野愛子・永田素彦（2008）「バイオテクノ
ロジーをめぐるメディア言説の変遷――朝
日新聞記事の内容分析を通じて」『科学技
術社会論研究』5, pp. 59-72.

平川秀幸（2002）「リスクの政治学――遺伝子
組み換え作物のフレーミング問題」小林傳
司（編）『公共のための科学技術』玉川大
学出版部, pp. 109-138.

平川秀幸（2005）「遺伝子組換え食品規制のリ
スクガバナンス」藤垣裕子（編）『科学技
術社会論の技法』東京大学出版会, pp.
133-154.

平川秀幸（2008）「科学技術の社会的問題をめ
ぐる公共の議論――遺伝子組換え作物の問
題を例に」『蛋白質 核酸 酵素』53(10),
pp. 1299-1305.

平川秀幸（2009）「科学技術コミュニケーショ
ン」奈良由美子・伊勢田哲治（編）『生活
知と科学知』放送大学教育振興会, pp.
106-121.

平川秀幸（2010）『科学は誰のものか――社会
の側から問い直す』NHK 出版.

廣重徹（2002）『科学の社会史（上） 戦争と科
学』岩波現代文庫.

廣重徹（2003）『科学の社会史（下） 経済成長
と科学』岩波現代文庫.

広田照幸（2013）「日本の大学とグローバリゼ
ーション」広田照幸・吉田文・小林傳司・

上山隆大・濱中淳子・白川優治（編）『グローバリゼーション、社会変動と大学』（シリーズ大学1），岩波書店，pp. 43-72.

廣野喜幸（2019）「人体の商品化と生権力」『科学技術社会論研究』17: 18-36.

藤岡典夫・立川雅司（編）(2006)『GMO——グローバル化する生産とその規制』農文協.

福島真人（2017）『真理の工場——科学技術の社会的研究』東京大学出版会.

藤垣裕子（2003）『専門知と公共性——科学技術社会論の構築へ向けて』東京大学出版会.

藤垣裕子（2008）「受け取ることのモデル」廣野喜幸・藤垣裕子（編）『科学コミュニケーション論』東京大学出版会，pp. 109-124.

藤垣裕子（2019）『科学者の社会的責任』岩波書店.

藤垣裕子・平川秀幸・富沢宏之・林隆之・調麻佐志・林隆之・牧野淳一郎（2004）『研究評価・科学論のための科学計量学入門』丸善.

藤垣裕子・廣野喜幸（編）(2008)『科学コミュニケーション論』東京大学出版会.

渕上恭子（2009）『バイオ・コリアと女性の身体——ヒトクローンES細胞研究「卵子提供」の内幕』勁草書房.

フリック、ウヴェ（2011）『新版 質的研究入門——〈人間の科学〉のための方法論』春秋社.

古川安（1989=2018）『科学の社会史——ルネサンスから20世紀まで』ちくま学芸文庫.

北海道大学リスコミ職能教育プロジェクト（2019）『北海道大学リスコミ職能教育プロジェクト報告書』（http://lab.agr.hokudai.ac.jp/voedtonfrc/wp-content/uploads/2019/07/%E3%83%97%E3%83%AD%E3%82%B8%E3%82%A7%E3%82%AF%E3%83%88%E5%A0%B1%E5%91%8A%E6%9B%B8.pdf 最終アクセス日 2019年11月22日）

松井博和（2006a）「北海道『遺伝子組換え作物に関する条例』の背景と経緯」『遺伝』2 (33), pp. 413-419.

松井博和（2006b）「北海道における遺伝子組換え作物栽培条例にみる合意形成」『化学と生物』44, pp. 413-419.

松井博和（2009）『遺伝子組換え作物対話フォーラムプロジェクト成果報告書』（http://lab.agr.hokudai.ac.jp/gmtaiwa/RISTEXreport.pdf. 最終アクセス2019年5月18日）

松尾真紀子（2008）「食品の安全性をめぐる国際合意のダイナミクス 遺伝子組換え食品の事例」城山英明（編）『科学技術のポリティクス』東京大学出版会, pp. 191-224.

松尾真紀子・城山英明・今村知明（2008）「未承認GMの微量混入問題——コーデックス・バイオ部会（TFFBT）の合意形成プロセスおよび議論の推移に関する分析」『食品衛生研究』58(1), pp. 21-27.

松尾真紀子・立川雅司（2019）「食・農分野における新たなバイオテクノロジーをめぐるガバナンス上の課題——ゲノム編集技術を中心に」『リスク研究学会誌』29(1), pp. 59-71.

松尾真紀子・湊隆幸・城山英明（2015）「食品安全の国際基準策定における「科学」と「科学以外の要素」の位置づけの再考」『リスク研究学会誌』25(1), pp. 9-18.

松下佳代（2010）「〈新しい能力〉概念と教育——その背景と系譜」松下佳代（編）『〈新しい能力〉は教育を変えるか——学力・リテラシー・コンピテンシー』ミネルヴァ書房, pp. 1-42.

松田健太郎（2008）「日本のサイエンスカフェをみる——サイエンスアゴラ2007でのサイエンスカフェポスター展・ワークショップから」『科学技術コミュニケーション』3, pp. 3-15.

松本三和夫（2009）『テクノサイエンス・リスクと社会学——科学社会学の新たな展開』東京大学出版会.

松本三和夫（2012）『構造災——科学技術社会に潜む危機』岩波書店.

松本三和夫（2013）「知の分断化と大学の役割」広田照幸・吉田文・小林傳司・上山隆大・濱中淳子・白川優治（編）『研究する大学——何のための知識か』（シリーズ大学1），岩波書店, pp. 73-110.

見上公一（2011）「iPS細胞が可能にする社会

構造——移植医療研究から見た再生医療」『年報・科学技術社会』20, pp. 57-80.

三上直之・杉山滋郎・高橋祐一郎・山口富子・立川雅司. (2009a)「ナノテクノロジーの食品への応用」をめぐる三つの対話——アップストリーム・エンゲージメントのための手法の比較検討」『科学技術コミュニケーション』6, pp. 50-66.

三上直之・杉山滋郎・高橋祐一郎・山口富子・立川雅司 (2009b)「「上流での参加」にコンセンサス会議は使えるか——食品ナノテクに関する「ナノトライ」の実践事例から」『科学技術コミュニケーション』6, pp. 34-49.

三上直之・高橋祐一郎. (2013)「萌芽的科学技術に向きあう市民——「ナノトライ」の試み」立川雅司・三上直之（編）『萌芽的科学技術と市民——フードナノテクからの問い』日本経済評論社, pp. 73-107.

三上直之・立川雅司 (2019)『「ゲノム編集作物」を話し合う』ひつじ書房.

水沢光 (2008)「米国および欧州の傾向」廣野喜幸・藤垣裕子（編）『科学コミュニケーション論』東京大学出版会, pp. 21-38.

三菱総合研究所 (2014)『第4期科学技術基本計画及び科学技術イノベーション総合戦略における科学技術イノベーションのシステム改革等のフォローアップに係る調査——科学技術イノベーション総合戦略第3章におけるフォローアップに係る調査報告書』

御代川貴久夫 (2013)『科学技術報道史』東京電機大学出版局.

武藤香織 (2015)「ゲノム医学研究の倫理」神里彩子・武藤香織（編）『医学・生命科学の研究倫理ハンドブック』東京大学出版会, pp. 58-68.

武藤香織・井上悠輔・八代嘉美. (2014)『再生医療の実現化ハイウェイ 課題D 調査資料』

村上昭義・伊神正貫 (2017)『科学研究のベンチマーキング2017——論文分析でみる世界の研究活動の変化と日本の状況』科学技術・学術政策研究所. (https://nistep.repo.nii.ac.jp/?action=repository_uri&item_id=4787&file_id=13&file_no=3　最終アクセス 2019年5月18日)

森田敦郎 (2012)『野生のエンジニアリング——タイ中小工業における人とモノの人類学』世界思想社.

文部科学省 (2004a)『平成16年度科学技術白書　これからの科学技術と社会』(http://www.mext.go.jp/b_menu/hakusho/html/hpaa200401/index.html　最終アクセス 2019年5月18日)

文部科学省 (2004b)『我が国の研究活動の実態に関する調査報告（平成15年度）』

文部科学省 (2005)『我が国の高等教育の将来像（答申）』(http://www.mext.go.jp/b_menu/shingi/chukyo/chukyo0/toushin/05013101.htm　最終アクセス 2019年5月18日)

文部科学省 (2006)『我が国の研究活動の実態に関する調査報告（平成17年度）』

文部科学省 (2008)『学士課程教育の構築に向けて（答申）』(http://www.mext.go.jp/component/b_menu/shingi/toushin/__icsFiles/afieldfile/2008/12/26/1217067_001.pdf　最終アクセス 2019年5月18日)

文部科学省 (2009a)『文部科学省における研究及び開発に関する評価指針』, (https://www8.cao.go.jp/cstp/tyousakai/hyouka/haihu82/sanko2-1.pdf　最終アクセス 2019年5月18日)

文部科学省 (2009b)『平成21年版科学技術白書』(http://www.mext.go.jp/b_menu/hakusho/html/hpaa200901/1268148.htm　最終アクセス 2019年5月18日)

文部科学省 (2011)『グローバル化社会の大学院教育（答申）』(http://www.mext.go.jp/component/b_menu/shingi/toushin/__icsFiles/afieldfile/2011/03/04/1313019_01.pdf　最終アクセス 2019年5月18日)

文部科学省 (2012)『大学改革実行プラン～社会の変革のエンジンとなる大学づくり～』(http://www.mext.go.jp/b_menu/houdou/24/06/__icsFiles/afieldfile/2012/06/05/1312798_01_3.pdf　最終アクセス 2019年5月18日)

文部科学省（2013）『国立大学改革プラン』（http://www.mext.go.jp/component/a_menu/education/detail/__icsFiles/afieldfile/2013/12/18/1341974_01.pdf　最終アクセス 2019 年 5 月 18 日）

文部科学省（2019）『令和元年度 国立大学法人運営費交付金の重点支援の評価結果について』（http://www.mext.go.jp/a_menu/koutou/houjin/__icsFiles/afieldfile/2019/08/09/1417263_01.pdf　最終アクセス 2019 年 8 月 13 日）

八木絵香（2009）『対話の場をデザインする——科学技術と社会のあいだをつなぐということ』大阪大学出版会.

八木絵香（2019）『続・対話の場をデザインする——安全な社会をつくるために必要なこと』大阪大学出版会.

安本雅典（2016）「複雑システムの標準化戦略のアプローチ——社会的な課題解決に向けた課題と展望」『研究 技術 計画』31(1), pp. 7-21.

山口富子（2019）「未来の語りが導くイノベーション——先端バイオテクノロジーへの期待」山口富子，福島真人（編）『予測がつくる社会——「科学の言葉」の使われ方』東京大学出版会, pp. 27-50.

山口富子・日比野愛子（編）（2009）『萌芽する科学技術——先端科学技術への社会学的アプローチ』京都大学学術出版会.

山口富子・福島真人（2019）『予測がつくる社会——「科学の言葉」の使われ方』東京大学出版会.

山崎吾郎（2015）『臓器移植の人類学——身体の贈与と情動の経済』世界思想社.

山根裕子（2008）『知的財産権のグローバル化——医薬品アクセスと TRIPS 協定』岩波書店.

山本由美子（2015）『死産児になる——フランスから読み解く「死にゆく胎児」と生命倫理』生活書院.

吉澤剛（2013）「責任ある研究・イノベーション——ELSI を超えて」『研究 技術 計画』28(1), pp. 106-122.

吉澤剛（2017）「私はテラスにいます——責任ある研究・イノベーションの実践における憂慮と希望」『科学技術社会論研究』14, pp. 116-133.

吉田幸恵・中田はる佳・武藤香織（2017）「臨床試験に関与した、がん患者の語り——「治療」と「研究」を区別することの困難さに関する考察」『生命倫理』28(1), pp. 122-131.

吉田省子（2005）「北海道の GM 作物論争——試験栽培はよいが商業栽培はまだ早いとの結果を生んだ双方向リスクコミュニケーション」『バイオニクス』3, pp. 38-40.

吉田省子（2008）「「遺伝子組換え作物対話フォーラムプロジェクト」って何ですか？」『科学技術コミュニケーション』3, pp. 161-168.

米本昌平（2006）『バイオポリティクス——人体を管理するということはどういうことか』中公新書.

李成柱・裴淵弘（2006）『国家を騙した科学者——「ES 細胞」論文捏造事件の真相』牧野出版.

RIRiC（2012）『GM どうみん議会報告書』（http://lab.agr.hokudai.ac.jp/riric/GM-domin-gikai-houkokusho.pdf　最終アクセス 2019 年 5 月 18 日）

RIRiC（2013）『「はなしてガッテン」プロジェクト報告書』

若松征男（2010）『科学技術政策に市民の声をどう届けるか——コンセンサス会議、シナリオ・ワークショップ、ディープ・ダイアローグ』東京電機大学出版局.

渡辺稔之（2007）「GM 条例の課題と北海道におけるコンセンサス会議の取り組」『科学技術コミュニケーション』1, pp. 73-83.

渡辺政隆（2008）「科学技術理解増進からサイエンスコミュニケーションへの流れ」『科学技術社会論研究』5, pp. 10-20.

渡辺政隆・今井寛（2003）『科学技術理解増進と科学コミュニケーションの活性化について』（https://nistep.repo.nii.ac.jp/?action=repository_action_common_download&item_id=4614&item_no=1&attribute_id=13&file_no=2　最終アクセス 2019 年 5 月 18 日）

渡辺政隆・今井寛（2005）『科学技術コミュニケーション拡大への取り組みについて』（https://nistep.repo.nii.ac.jp/?action=repo sitory_action_common_download&item_id=5000&item_no=1&attribute_id=12&file_no=1　最終アクセス 2019 年 5 月 18 日）.

あ と が き

　本書は、筆者がこれまでに発表してきた論文、そしてそれらの内容をベースとして行ってきた総合研究大学院大学、東京大学、京都大学、北海道大学などでの「科学技術と社会」関連講義の資料をもとに執筆したものである。「科学技術と社会」に関連するテーマについてある程度専門的に学びたい人が、関連する話題について幅広く、できる限り最近までの議論・知見・データに網羅的にふれながらその概況を知ることができるようにと書いたものである。そのため「専門的な教科書」、あるいはそのような教科書と専門書の「中間」のような位置づけのものをあえて目指した。

　本書におけるデータや記述の多くは、筆者が発表してきた論文が初出となっている。執筆に際しては、教科書としても使うことができる章立てになるよう、旧稿に相当の圧縮と編集を加え、そのうえで新しい知見や関連する先行研究の含意をふまえながら加筆・修正を行った。また人文・社会科学領域を専門としていない読者も想定していることから、できる限り具体的な事例中心の記述を重視する形をとり、科学社会学や科学技術社会論における理論的議論の展開は最小限に抑えることにした（無論、これらの分野で得られてきた知見や視点は各章における議論の底を流れる形で影響しているが）。

　このような本書の目論見の成否については読者の判断を仰ぎたい。また、もちろん、本書がもつ限界や不見識、あるいは疵瑕はすべて筆者の責に負うものである。

　本書の第Ⅰ部〜第Ⅲ部のベースとなった内容あるいはデータの初出論文は以下のとおりである。

第Ⅰ部　科学技術政策
標葉隆馬・林隆之（2013）「研究開発評価の現在——評価の制度化・多元

化・階層構造化」『科学技術社会論研究』10, pp. 52-68.

標葉隆馬（2017）「「インパクト」を評価する——科学技術政策・研究評価」
『冷戦後の科学技術政策の変容（科学技術に関する調査プロジェクト報
告書 2016)』国立国会図書館, pp. 39-53.

標葉隆馬（2017）「人文・社会科学を巡る研究評価の現在と課題」『年報 科
学・技術・社会』26, pp. 1-39.

標葉隆馬（2018）「科学技術イノベーション政策と標準化」『自動運転技術の
動向と課題（科学技術に関する調査プロジェクト報告書 2017)』国立国
会図書館, pp. 49-66.

第Ⅱ部　科学技術と社会

Shineha R., A. Hibino & K. Kato (2008) "Analysis of Japanese Newspaper
Articles on Genetic Modification," *Journal of Science Communication*, 2,
pp. 1-8.

Shineha R & K. Kato (2009) "Public Engagement in Japanese Policy-mak-
ing: A history of the Genetically Modified Organisms Debate," *New
Genetics and Society*, 28(2), pp. 139-152.

標葉隆馬, 川上雅弘, 加藤和人, 日比野愛子（2009）「生命科学分野研究者
の科学技術コミュニケーションに対する意識——動機、障壁、参加促進
のための方策について」『科学技術コミュニケーション』6, pp. 17-32.

標葉隆馬（2016）「政策的議論の経緯から見る科学コミュニケーションのこ
れまでとその課題」『コミュニケーション紀要』27, pp. 13-29.

Shineha R. (2016) "Attention to Stem Cell Research in Japanese Mass
Media: Twenty-Year Macrotrends and the Gap between Media
Attention and Ethical, Legal, and Social Issues," *East Asian Science,
Technology and Society: An International Journal*, 10(3), pp. 229-246.

Shineha R., Y. Inoue, T. Ikka, A. Kishimoto & Y. Yashiro (2017) "Science
Communication in Regenerative Medicine: Implications for the Role of
Academic Society and Scientific Policy," *Regenerative Therapy*, 7, pp.

89-97.

Shineha R., Y. Inoue, T. Ikka, A. Kishimoto & Y. Yashiro (2018) "Comparative Analysis of Attitudes on Communication toward Stem Cell Research and Regenerative Medicine between the Public and the Scientific Community," *Stem Cells Translational Medicine*, 7 (2), pp. 251-257.

第Ⅲ部　責任ある科学技術ガバナンスのために

Shineha R., M. Kawakami, K. Kawakami, M. Nagata, T. Tada & K. Kato (2010) "Familiarity and Prudence of the Japanese Public with Research into Induced Pluripotent Stem Cells, and Their Desire for its Proper Regulation," *Stem Cell Reviews and Reports*, 6 (1), pp. 1-7.

標葉隆馬, 飯田香穂里, 中尾央, 菊池好行, 見上公一, 伊藤憲二, 平田光司, 長谷川眞理子 (2014)「研究者育成における「科学と社会」教育の取り組み――総合研究大学院大学の事例から」『研究 技術 計画』29 (2/3), pp. 90-105.

Inoue Y., R. Shineha & Y. Yashiro (2016) "Current Public Support for Human-Animal Chimera Research in Japan Is Limited, Despite High Levels of Scientific Approval," *Cell Stem Cell*, 19 (2), pp. 152-153.

標葉隆馬, 井上悠輔, 八代嘉美 (2017)「ヒト動物キメラを巡る意識の多様性――一般モニター調査の分析から」『成城文藝』240, pp. 398-416.

標葉隆馬 (2017)「学会組織は RRI にどう関わりうるのか」『科学技術社会論研究』14, pp. 158-174.

標葉隆馬 (2019)「科学技術社会論における生――資本論」『科学技術社会論研究』17, pp. 37-53.

また本書の執筆にあたっては、以下の研究助成のもとで進めているプロジェクトで得た知見ならびに情報をふまえた形で執筆を行った。記して感謝したい。

- 日本学術振興会『課題設定による先導的人文学・社会科学研究推進事業』領域開拓プログラム「RRI の新展開のための理論的・実践的研究——教育・評価・政治性に注目して」（代表：標葉隆馬）
- 日本学術振興会・科学研究費助成事業（若手 B）「メディア分析による萌芽的科学技術のリアルタイム・テクノロジーアセスメントの研究」（代表：標葉隆馬）
- JST 社会技術開発センター『人と情報のエコシステム』研究開発領域「情報技術・分子ロボティクスを対象とした議題共創のためのリアルタイム・テクノロジーアセスメントの構築」（代表：標葉隆馬）

　上記のものに加えて、文部科学省・科学技術人材育成費補助金『リスクコミュニケーションのモデル形成事業』「社会と歩む再生医療のためのリテラシー構築事業」（日本再生医療学会）、私立大学研究ブランディング事業「持続可能な相互包摂型社会の実現に向けた世界的グローカル研究拠点の確立と推進」（成城大学）、日本学術振興会『課題設定による先導的人文・社会科学研究推進事業』領域開拓プログラム「責任ある研究・イノベーションのための組織と社会」（代表：吉澤剛）、科学技術振興機構社会技術開発センター『科学技術イノベーション政策のための科学　研究開発プログラム』「ファンディングプログラムの運営に資する科学計量学」（代表者：調麻佐志）などに分担者・協力者として参加したなかで得た知見・データ・経験も、本書には盛り込まれている。

＊　　＊　　＊

　本書は、ナカニシヤ出版の酒井敏行さんのご尽力により完成した作品である。本書のスタートはたしか 2016 年のことである。以前よりお世話になっている酒井さんが東京に来られる際に、成城大学の研究室に来室された。その際、世間話的に本書のもとになる趣旨やラフな構成についてざっくばらんにお話したところ、「やりましょう」と言ってくださった。これが本書を本格的に書くことになったきっかけであった。その後、なかなかスタートの切

れない私の原稿を辛抱強く待っていただいた。酒井さんからいただいた期待と忍耐力がなければ本書は完成をみなかっただろう。最大限の感謝を申し上げたい。

また本書の執筆までにさまざまな研究プロジェクトに関わらせていただき、多くの方にお世話になった。そのすべての方をここで挙げることはできないが、本書のベースとなる論文群を執筆する間に、日比野愛子さん、田中幹人さん、八木絵香さん、調麻佐志さん、林隆之さん、川島浩誉さん、山下泰弘さん、八代嘉美さん、吉澤剛さん、中村征樹さん、井上悠輔さん、一家綱邦さん、岸本充生さん、寿楽浩太さん、吉永大祐さん、河村賢さん、川本思心さん、岡村麻子さん、佐野亘さん、加納圭さん、田原敬一郎さん、小長谷明彦さんといった方々から、共同の作業とプロジェクトなどを通じて、とりわけ多くの示唆を頂いたことをここに記しておきたい。ただただ御礼申し上げるばかりである。

また博士課程を終えて最初の就職先となった総合研究大学院大学（総研大）での経験は得難いものであった。そこでの経験は、以降の研究・教育の基盤となっており、本書を書く際の底流にあるものである。総研大の諸先生方には感謝しかない。また、5年間にわたり落ち着いた教育・研究環境を提供いただいた成城大学に感謝したい。大学教員としての充実した経験をくれた学生諸氏にも感謝である。

そしてこの場をお借りする形で、私の研究者・大学人としての人生において重要な契機となった京都時代からの友人、有賀暢迪さん、中尾央さん、瀬戸口明久さんらに特別の感謝をしたい。京都での大学院生時代、折にふれて研究会・読書会を彼らと一緒にさせていただいた時間がなければ、研究者としても、大学教員としても、おそらくとっくの昔に挫折していただろう。いま現在、なんとかでもやれているのはまさしく彼らのお蔭である。

また有賀暢迪さん、田中幹人さんには、多忙のなか、草稿へのコメントもいただいた。重ねてお礼を申し上げたい。

なお筆者は現在、JST社会技術開発センター『人と情報のエコシステム』研究開発領域からの研究助成を受け、萌芽的科学技術をめぐるリアルタイ

ム・テクノロジーアセスメントのための分析アプローチならびに議題共創プラットフォームの形成を行っている。この研究は、「萌芽的な科学技術をとりまく社会的想像」の多様性と実態を捉える分析アプローチと議論の場の開発を目的とするものであり、本書のなかで今後のアジェンダとして指摘した「責任ある科学技術ガバナンス」の構築に資するような方法論とは何かという問いに対して、一定の回答を目指すものでもある。本書の執筆段階では、いまだ研究プロジェクトの最中であり、その内容と成果については機会をあらためてまとめたいと思っている。しかしながら、そのプロジェクトを通じて得た経験が陰に陽に本書に影響していることは疑いようもない。ご協力をいただいている多くの方々に感謝を申し上げたい。

　最後に、控えめに言ってもワーカホリックの私を、暖かく見守り、また支えてくれているパートナーの靖子に心からの感謝をしたい。彼女は、私にとって最も身近な議論相手であり、また本書の最初の読者でもある。彼女の知的協力なくして本書は完成しなかっただろう。

標　葉　隆　馬

人名索引

事 項 索 引

標葉隆馬（しねは　りゅうま）

1982 年生まれ。京都大学農学部応用生命科学科卒業、京都大学大学院生命科学研究科博士課程修了（生命文化学分野）。博士（生命科学）。総合研究大学院大学先導科学研究科「科学と社会」分野・助教、成城大学文芸学部マスコミュニケーション学科・准教授などを経て、現在、大阪大学社会技術共創研究センター・准教授。専攻は、科学社会学・科学技術社会論・科学技術政策論。

責任ある科学技術ガバナンス概論

2020 年 6 月30日　初版第 1 刷発行 2022 年11月 1 日　初版第 2 刷発行	（定価はカヴァーに 表示してあります）

著　者　標葉隆馬

発行者　中西　良

発行所　株式会社ナカニシヤ出版

〒 606-8161　京都市左京区一乗寺木ノ本町 15 番地
TEL 075-723-0111　FAX 075-723-0095
http://www.nakanishiya.co.jp/

装幀＝宗利淳一デザイン
印刷・製本＝創栄図書印刷
© R. Shineha 2020　Printed in Japan
＊落丁・乱丁本はお取り替え致します。
ISBN978-4-7795-1484-5　C1036

ポスト3・11の科学と政治

中村征樹 編

放射能汚染や低線量被爆、被災者の苦悩や、専門家や科学技術のあり方、震災被害の経済的社会的背景など、東日本大震災によって浮き彫りになった諸問題の構図を、科学技術社会論の立場から明らかにする。

二六〇〇円

日本の動物政策

打越綾子

愛玩動物から野生動物、動物園動物、実験動物、畜産動物まで、日本の動物政策、動物行政の現状および今後の展望をトータルに解説する決定版。動物好きの人、動物関係の仕事についている人必携の一冊。

三五〇〇円

フランスの生命倫理法
生殖医療の用いられ方

小門 穂

生命倫理についての包括的な規則を法律で定める「フランス方式」は有効なのか。1994年に成立したフランス生命倫理法の詳細を明らかにし、今後の展望をうらなう。第33回渋沢・クローデル賞特別賞受賞。

三八〇〇円

宇宙倫理学入門
人工知能はスペース・コロニーの夢を見るか？

稲葉振一郎

宇宙開発は公的に行われるべきか、倫理的に許容されるスペース・コロニーとはどのようなものか、自律型宇宙探査ロボットは正当化できるか。宇宙開発が与える哲学的倫理的インパクトについて考察する、初の宇宙倫理学入門！ 二五〇〇円

表示は本体価格です。